原発事故後の
エネルギー供給からみる
日本経済

―――― 東日本大震災はいかなる影響をもたらしたのか ――――

馬奈木俊介

[編著]

ミネルヴァ書房

はしがき

　東日本大震災に伴う福島の原子力発電所事故によって増大したエネルギー供給体制の不確実性は，日本のエネルギー需給，エネルギー政策，温暖化防止政策に大きな影響を与えている。我が国では福島の原発事故以降，全国の原子力発電所が発電を停止しており，今後の経済成長戦略，温室効果ガスの排出量およびエネルギーセキュリティーなどを考慮した総合的なエネルギー・ポートフォリオの構築が急務である。

　しかしそうしたエネルギー・ポートフォリオの設定のためには，現在の我が国が立たされている経済・社会状況とそれに伴う産業構造の変化を十分に考慮する必要がある。これまで不安定な円為替や中国，韓国経済の急速な台頭により，日本企業の国際競争力の低下が危惧されており，さらに長期的なエネルギー供給体制が未整備であることがエネルギー供給体制の不確実性の増大をもたらしている。こうした経済・社会状況の変化は今後一層の産業構造の変化を引き起こさせると予想され，この産業構造変化が日本国内のエネルギー需給に与える影響は必至である。そのため産業構造の変化による経済影響を定量的に把握することは，今後の産業政策やエネルギー・環境政策を考えるうえで不可欠である。

　本書では，前述のような背景に基づき，近年の経済状況の変化がどれほど大きいかを明らかにすることを目的とする。そして，日本における最適な経済戦略を検討する。最終的には今後のエネルギー政策や温暖化政策，経済政策，復興政策の方向性を提言する。

　本書の内容は，独立行政法人経済産業研究所（RIETI）の研究プロジェクト「原発事故後の経済状況及び産業構造変化がエネルギー需給に与える影響」（研究期間2013年7月1日〜2015年12月31日）の研究成果をまとめたものである。研究

の機会を与えて下さった研究所の方々，特に大橋弘東京大学教授・RIETIプログラムディレクター，藤田昌久所長，森川正之副所長，星野光秀研究調整ディレクター，および小黒真理氏に感謝の意を表したい。本書の研究成果は，定期的に開催した研究会にお越しいただいた多数の方々との議論に負う所大であり，ここに謝意を表したい。最後に，ミネルヴァ書房の東寿浩氏には，本書の企画の段階から完成に至るまで，多大なサポートをしていただいた。ここに深く感謝の意を表しておきたい。

馬奈木俊介

原発事故後のエネルギー供給からみる日本経済
――東日本大震災はいかなる影響をもたらしたのか――

目　次

はしがき　i

序　章　エネルギー問題とは何か ………………馬奈木俊介・北村利彦 … 1
　1　エネルギーを考える視座　1
　2　エネルギー供給——電力供給を中心に　2
　3　エネルギー需要　12
　4　エネルギー情勢を概観してみえたこと　25
　5　本書の構成　26

第1章　製造業における自家発電の位置付け
　　　　——購入電力と自家発電の価格弾力性分析——
　　　　　………………………………………北村利彦・馬奈木俊介 … 31
　1　電力需給を巡る情勢　31
　2　先行研究のレビュー　33
　3　LA/AIDS モデルの説明　33
　4　自家発電用燃料データとその使用パターン　36
　5　購入電力と自家発電用燃料の価格／支出弾力性　39
　6　購入電力と自家発電との関係　50
　付録　(14) 式の推定結果　52

第2章　原子力発電所停止の影響と火力代替の効果
　　　　——季節・時間帯別のシミュレーション分析——
　　　　　…………………………………………………細江宣裕 … 61
　1　原発停止シミュレーションの目的　61
　2　9 地域電力空間均衡モデルの概要　63
　3　原発停止と代替電源導入のシミュレーション　71
　4　季節・時間帯ごとに異なる電力価格上昇とその政策的含意　89

目 次

第3章　太陽光発電のある家庭のデマンドレスポンス
　　　　——横浜市のフィールド実験から——
　　　　　………………………………………… 田中　誠・依田高典・村上佳世 … 93
1　再生可能エネルギーの導入促進と需要側のマネジメント　93
2　米国におけるデマンドレスポンスのフィールド実験　95
3　日本におけるデマンドレスポンスのフィールド実験　96
4　太陽光発電のプロシューマーとデマンドレスポンス　98
5　横浜市のフィールド実験　99
6　太陽光発電プロシューマーと電力システム，環境負荷　106

第4章　社会規範 vs 価格インセンティブ
　　　　——フィールド実験による家計の省エネルギーの分析——
　　　　　………………………………………………………… 松川　勇 … 109
1　省エネルギー政策における価格介入と非価格介入　109
2　家計を対象とした省エネルギー政策の有効性に関する実験　111
3　実験の方法　116
4　電力需要のパネル分析　128
5　HER および CPP による節電効果の向上　138

第5章　東日本大震災と製造事業所の回復
　　　　——どのような製造事業所が早期回復に成功したか——
　　　　　…………………………………… 乾　友彦・枝村一磨・一宮央樹 … 143
1　問題の背景と研究目的　143
2　日本各地域における生産指数の状況　145
3　自然災害が経済活動に与える影響の先行研究　147
4　分析に用いたデータ　150
5　生産回復のモデルと推計結果　158
6　まとめと復興政策への示唆　167

第6章　エネルギー生産効率性の変化
――産業集積のエネルギー効率化に対する影響分析――
　　　　　　　　　　　　　　　　　　　　　田中健太・馬奈木俊介 … 171

1　製造業における更なるエネルギー効率性向上の必要性　171
2　エネルギー生産効率性に関する先行研究および産業集積の影響可能性　173
3　エネルギー効率性の推定と要因分析の方法　176
4　エネルギー効率性の推定および要因分析に用いるデータ　181
5　エネルギー効率性の推計結果および要因分析結果　182
6　地域性を考慮したエネルギー政策の必要性　191

第7章　製造業におけるエネルギー消費の変動要因
――要因分析法を用いた検証――　………　岩田和之・田中健太 … 195

1　製造業での温室効果ガス排出量　195
2　要因分析法　199
3　分析に用いるデータ　202
4　要因分析法の分析結果　204
5　エネルギー変化の主要因と今後の課題　210

第8章　消費者を対象とした環境技術導入に関する要因分析
――選好，行動経済的要因による技術普及に対する影響可能性の検証――
　　　　　　　　　　　　　　　　　　　　　田中健太・馬奈木俊介 … 213

1　消費者のエネルギー関連機器の購買行動　213
2　自動車購入に関する先行研究　216
3　アンケート概要　217
4　時間選好と行動経済的要因の車種選択への影響可能性　219
5　燃費選択の要因分析　222
6　民生部門における省エネ技術普及のあり方　224

第9章　日本の固定価格買取制度と太陽光発電普及の効果
　　　――価格インセンティブはどの程度太陽光発電の普及を促進したか――
　　　　　　　　　　　　　　　　　　　　　　　　　　　　日引　聡 … 227

1　再生可能エネルギーの普及と固定価格買取制度　227
2　固定価格買取制度と再生可能エネルギーの現状　229
3　買取価格の効果　234
4　制度改正の意義と今後の規制緩和　240

あとがき　243
索　　引　249

序章
エネルギー問題とは何か

馬奈木俊介・北村利彦

1 エネルギーを考える視座

　東日本大震災では東北地方と関東地方にある発電所が被災したため,電気の供給力が低下し電力需給が逼迫した。そのため東京電力管内では計画停電が行われ,東北電力管内と東京電力管内では電気事業法第27条に基づく使用制限が発動された。そして,福島第一原子力発電所の事故は今もなお国民の生活に大きな影響を及ぼしている。

　震災から4年が経ち,国は「長期エネルギー需給見通し」(経済産業省,2015)を発表した。そのなかで2030年度の電源構成として,原子力発電は20〜22％,再生可能エネルギー発電は22〜24％を占めており,原子力発電と再生可能エネルギー発電を推進していくことが示されている。この電源構成比率は,日本が国連気候変動枠組条約第21回締約国会議(COP21)に先立ち,国連気候変動枠組条約事務局に提出した二酸化炭素排出量の削減目標設定の基になっている。

　国により将来のエネルギーミックスが示されたわけであるが,エネルギーを利用する我々が国の示したエネルギーミックスを判断し,エネルギーのあり方について考えるうえで重要なことは,エネルギー自給率の低い日本が必要とするエネルギーの安定確保と需要の低減という多角的な視点である。エネルギーの安定確保上重要なことは,Energy Security(エネルギーの安定供給),Economic Efficiency(経済性効率),Environment(環境),Safety(安全性)という3E+Sの概念である。一方,需要低減は費用削減や環境負荷低減の点から重要である。

本章の前半は，東日本大震災での電力需給逼迫の経験を踏まえ，電力供給について3E+Sの視点から概観する。後半は，地球温暖化問題への対応が大きな課題となっていることから，電気需要だけではなくエネルギー需要全体を概観する。最後に本書の目次紹介を行う。

2　エネルギー供給——電力供給を中心に

(1) 電力と安定供給
① 石油危機

　1970年代から1980年代にかけて起こった石油危機を記憶している人はどれだけいるのであろうか。第一次石油危機では第四次中東戦争を契機に原油の価格が高騰した。日本各地ではスーパーからトイレットペーパーが無くなるという社会現象まで起きた。1974年には火力発電所での石油使用量を減らす目的で電気事業法第27条に基づく使用制限が発動された。第二次石油危機ではイラン革命が起こり原油の価格が高騰し民間備蓄の一部取り崩しが行われた。実は第一次石油危機が起こる1973年度の原油輸入量は過去最大の2億8667万klであった（矢野恒太記念会，2013，p.146）。以降1970年代の原油輸入低下量は1973年度比で10％未満に留まっている。1980年代に入ると第二次石油危機のため原油輸入低下量は同比20％程度となった。

　石油危機以降，電力会社は発電用燃料を多様化してきた。一般電気事業者10社合計の発電電力量構成比をみると（電気事業連合会，2015，b-13），東日本大震災前の2010年度時点でLNG火力が29.3％，原子力が28.6％を占めていた。震災後は，原子力発電所の停止により，2014年度時点でLNG火力が46.2％，火力全体が87.8％と化石燃料による発電の割合が高くなっている。石油危機後における石油による発電は9.3％まで低下してはいるが，原油は輸送用燃料や産業用石油製品の原料として依然として必要不可欠なものとなっている。原油の一次エネルギー供給に占める割合は，石油危機当時の70％を超えるレベルから比べると減少しているものの2012年度実績では44％を占める。

② 東日本大震災

　2011年に発生した東北地方太平洋沖地震により東北地方と関東地方にある発電所は大きな打撃を受けた。電力供給力は東北電力が1430万kWから震災直後に620万kWに（東北電力，2012），東京電力が5,200万kWから震災直後に3,100万kWに（東京電力，2013）減少した。そして電力供給力不足により東京電力管内では計画停電が行われた。さらに東北電力管内及び東京電力管内で，電気の契約電力が500kW以上の大口の消費者に対して，電気事業法第27条に基づく使用制限が再び求められた。具体的には使用最大電力を前年夏の最大使用電力等の85％以内に制限するというものである。この使用制限は2011年7月1日から9月9日までの土日祝日を除く50日間，9：00〜20：00の11時間，合計550時間にわたって実施された（経済産業省，2012）。

③ シーレーン

　原油やLNGの海上輸送におけるペルシャ湾岸諸国からインド洋，そして東南アジアへと繋がるシーレーンと呼ばれる輸送航路は日本のエネルギー安全保障上重要である。特にホルムズ海峡やマラッカ海峡は日本のエネルギー安全保障上重要なポイントである。2013年の原油のホルムズ海峡依存度は81％，マラッカ海峡依存度は83％，天然ガスのホルムズ海峡依存度は25％，マラッカ海峡依存度は34％と高い（経済産業省，2014，p.10）。最近では中国が南シナ海で岩礁を埋め立て人工島にする工事を行っていることが国際的に問題視されている。

　原油の国内需要のうち事業用発電用途が減少していることは先に述べたとおりであるが，天然ガスの国内需要のうち事業用発電や自家用発電に使用される割合は6割を超えており高い（経済産業省，2014，p.141）。シーレーン上で緊急事態が発生したときの電力供給への影響が懸念される。

④ シェール革命

　米国では非在来型ガスの産出が増えており，米国に安価なエネルギーを提供している。2015年12月末現在，日本の商社，電力会社，ガス会社は米国からシェールガスを輸入するために準備を進めている。また，米国EIA（2013）は世界のシェールガスの技術的回収可能資源量を報告している。この報告による

とシェールオイルやシェールガスの所在は世界各地にあることから，将来，天然ガスの調達先が分散されればエネルギー資源の調達リスクは低くなるであろう。
⑤　メタンハイドレート
　国内に目を向けると太平洋側に主に存在している砂層型メタンハイドレートと日本海側に主に存在している表層型メタンハイドレートがエネルギー資源として注目されている。海洋エネルギー資源開発促進日本海連合のホームページによると，2012年から日本海沿岸の秋田県，山形県，新潟県，富山県，石川県，福井県，京都府，兵庫県，鳥取県，及び島根県は，海洋エネルギー資源開発促進日本海連合を設立し情報収集や調査研究を行っている。こうした国内資源の開発が進めば日本のエネルギー安定供給に大きく貢献することになるであろう。

(2) 電力と安全
① 　福島第一原子力発電所の事故
　2011年3月11日に発生した東北地方太平洋沖地震による津波により，福島第一原子力発電所では原子炉を冷却できずに深刻な事故となった。原子力施設の安全機能上重要な設備は，多重性，多様性，または独立性を持っている。今回の事故は外部電源を喪失し，複数台設置していた非常用電源(ディーゼル発電機)，および原子炉を冷却するために海水を利用する冷却系統（海水注入ではない）が津波という共通原因により機能喪失した。このように電源は多様性と多重性を備えていたにもかかわらず全交流電源喪失となった。この事故では今なお避難区域内の住民の方々が帰還できないままである。そして廃炉という長期的課題が残っている。
　原子力規制委員会は，これまでの規制基準を強化しシビアアクシデントやテロ対策を新設しており，新規制基準に基づく審査を行うこととした。新しい規制基準の下で2015年12月末現在，九州電力の川内原子力発電所が再稼働している。国が決めた規制要件は最低限度満たさなければならないものにすぎない。福島第一原子力発電所の事故がもたらした被害の大きさを考えるとき，国，自治体，そして事業者が原子力に係る意思決定を行う際は，経済性や環境性より

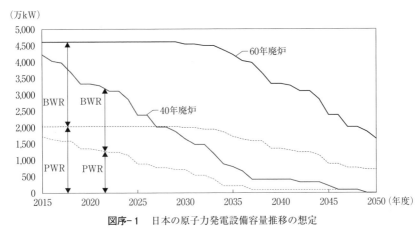

図序-1 日本の原子力発電設備容量推移の想定

出所：平成24年版原子力施設運転管理年報を基に筆者作成。

も先に「原子力安全上どうなのか」ということを自ら問いかける姿勢を持っていなければならない。そうでなければ原子力発電に携わる資格は無いといってよいであろう。

② 原子炉の運転期間

　震災後の電力供給力に影響する大きな動きは，原子炉の運転期間が法律で定められたことでる。2012年に改正された「核原料物質，核燃料物質及び原子炉の規制に関する法律」(運転の期間) 第四十三条の三の三十二において，発電用原子炉を運転することができる期間が40年と定められた。そして，運転期間を原子力規制委員会の認可を受けて一回限り20年を超えない期間で延長することができることになっている。2015年12月末時点で，電力会社各社においては運転期間延長の判断に当たり，関西電力の美浜1，2号機，日本原子力発電の敦賀1号機，中国電力の島根1号機，九州電力の玄海1号機の廃炉を決めている。

　図序-1に実用発電用原子炉の運転期間を40年とした場合と60年とした場合の原子力発電設備容量推移の推定結果を示す (着工準備中のものを除く)。仮に全ての原子炉の運転期間が延長された場合は，2030年まで現状通りの発電容量がほぼ維持される。

③　米国の原子炉運転期間

　沸騰水型原子炉（BWR）または加圧水型原子炉（PWR）を採用している日本の原子力発電は，米国のGE社とウェスティングハウス社から技術導入したものである。地震大国である日本の状況とは異なる点はあるが，設計思想が同じ米国の原子力発電所の運転期間更新状況はどのようになっているのであろうか。米国のNuclear Regulatory Commission（NRC）は，Atomic Energy Actに基づき40年間のライセンスを発行し，さらに20年間までライセンス更新を認めることができることになっている。NRCのホームページによると[1]，この運転期間は経済性や独占の禁止を考慮したものであって，原子力技術の限界ということではない（40年間の供用期間を前提に構造物や機器が設計されたものであることとしている）。

④　原子力発電の電源構成割合

　「長期エネルギー需給見通し」（経済産業省，2015）の2030年における電源ミックスをみると，総発電電力量1兆650億kWhのうち22～24％が原子力発電によるものである。設備利用率を70％と仮定すると必要な発電容量は3800～4200万kWとなる。この数字を図序-1と比較すると，原子炉の運転期間を40年と仮定したのでは上記電源ミックスの数字を満足できない。つまり「長期エネルギー需給見通し」は，原子炉の運転期間延長を前提としたものであることがわかる。

（3）電力と経済性

① 発電単価

　経済産業省（2015）は，世界で広く使われているモデルプラント方式に基づ

---

(1)　―NRCのホームページから引用―

　　The Atomic Energy Act and NRC regulations limit commercial power reactor licenses to an initial 40 years but also permit such licenses to be renewed. This original 40-year term for reactor licenses was based on economic and antitrust considerations -- not on limitations of nuclear technology. Due to this selected period, however, some structures and components may have been engineered on the basis of an expected 40-year service life. (省略)．　　　　　　　　　　Page Last Reviewed/Updated Monday, March 09, 2015
　　　　　　　　（http://www.nrc.gov/reactors/operating/licensing/renewal/overview.html）

き発電コストを評価している。2014年モデルプラントの試算結果によると，発電コストは原子力が10.1〜円/kWh，石炭火力が12.3円/kWh，LNG 火力が13.7円/kWh，石油火力が30.6〜43.4円/kWh と評価された。

一方，風力（陸上）は21.9円/kWh，地熱は19.2円/kWh，太陽光（メガ）は24.3円/kWh，太陽光（住宅用）は29.4円/kWh と既存電源と比較して高い。

② 震災後の電気料金

『エネルギー白書2014』（経済産業省，2014，p.18）に「原子力発電所の停止分の発電電力量を火力発電の焚き増しにより代替していると仮定すると，海外に流出する燃料費は，2013年度で約3.6兆円と試算されます」とある。また，伊原賢，末廣能史『天然ガスシフトの時代』によると，天然ガス価格は，国内生産のある米国，パイプラインと LNG による欧州，その両方がある東アジアの価格比が，1対2対3から震災後に1対2対5まで広がっているとしている。

火力燃料の価格変動は燃料費調整制度により電気料金に反映される。しかしながら，原子力発電所の稼働が前提となっていた電気料金は震災後の原子力発電所停止のために値上げされた。『エネルギー白書2014』（経済産業省，2014，p.22）によると，2013年度時点の電気料金は2010年度と比較して，一般家庭用の電灯料金は19.4%，工場やオフィス用の電力料金は28.4%上昇している。

（4）電力と環境性

① 電気の二酸化炭素排出係数

電気は原子力発電，石炭発電，天然ガス発電，水力発電等，その電源構成によって二酸化炭素排出係数は変わる。**図序-2**に一般電気事業者10社のデータを基にした二酸化炭素排出係数を示す。震災後，原子力発電所の停止により電気の二酸化炭素排出係数は大きくなっている。電気の二酸化炭素排出係数の変動は家庭部門，業務部門，そして産業部門の二酸化炭素排出量に直接影響を及ぼす。

② 再生可能エネルギー

福島第一原子力発電所の事故以来，再生可能エネルギーへの期待が高まった。

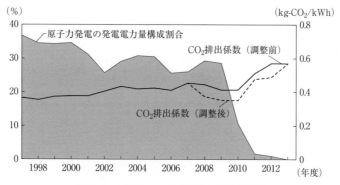

図序-2　電気のCO_2排出係数と原子力発電

出所：INFOBASE 2015電気事業における環境行動計画

ここでは2012年以降導入されている固定価格買取制度についてみていく。

(a)　再生可能エネルギーの導入ポテンシャル

　2013年度における日本の電源構成に占める再生可能エネルギー等の割合は2.2％と高くない。環境省（2011）は再生可能エネルギーの導入ポテンシャルを評価している。そのなかで太陽光発電（非住宅）が1億5000万 kW，風力発電が19億 kW，中小水力発電（設備容量3万 kW 未満）が1400万 kW，地熱発電が1400万 kW のポテンシャルがあると報告している。原子炉1基による発電が約100万 kW であることを考えると大きなポテンシャルがあるといえる。しかし，再生可能エネルギー発電は自然環境に依存するため，発電容量をもって電気の供給力と見積もることはできない。同報告書は設備利用率を太陽光発電（非住宅）が12％，風力発電が24％（風速6.5m/sec）と31％（風速7.5m/sec）としている点を考慮する必要がある。その他の再生可能エネルギーにおける設備利用率を中小水力発電が65％，地熱発電が70％（5000kW 未満），80％（2万 kW 以上）および90％（温泉発電）としている。

(b)　固定価格買取制度

　再生可能エネルギー発電は他電源に比べて環境性に優れているがコストが高い。このため導入ポテンシャルがあっても実際にはなかなか導入されない。よっ

て再生可能エネルギーによる発電量を増やすために固定価格買取制度や補助金給付といった政策が必要になる。日本ではRPS法や太陽光発電の余剰電力買取制度が導入されていたが，2012年7月から，固定価格買取制度が新たに導入された。この制度は次のような仕組みになっている。①電気事業者は再生可能エネルギーによる発電電気を経済産業大臣が決定した価格で買い取ることが義務付けられている。②買取費用は電気事業者が電気料金と合わせて電気使用者から再生エネルギー促進賦課金として回収する。③費用負担調整機関に回収される。④電気事業者の買取実績に応じて買取費用が電気事業者に交付される。

制度導入後，電力会社は電気需要に対して供給が多くなりすぎることから，電力安定供給のため太陽光発電の系統連携の申し込みに応じることができないという問題が生じた。さらに，再生可能エネルギー発電事業者が設備認定を受けていながら，そのための土地取得が済んでいないケースが散見された。このため制度が見直された。ここから得られる教訓は，再生可能エネルギー発電を推進しようとするときは，再生可能エネルギー発電により利益を得る事業者と，技術的制約のある一般電気事業者の状況を十分に把握した上で制度設計することの重要性であろう。

『エネルギー白書2014』(経済産業省，2014, p.66) によると，再生可能エネルギー発電設備は，固定価格買取制度導入前の2012年6月までに累積で約2060万kW分導入されていた。制度導入後は2013年2月末までに815.0万kW分が運転を開始している。そして，2012年7月から2014年2月末までに設備認定を受けている容量は4120.5万kWとなっている。

「長期エネルギー需給見通し」は，2030年の総発電電力量1兆650億kWの7％を太陽光としている。先のポテンシャル評価で使用されている設備利用率12％を想定すると，発電容量は約7000万kWに相当する。よって今後も「長期エネルギー需給見通し」が想定している電源構成割合まで，再生可能エネルギー発電は増えることになる。

(c) 再生可能エネルギー発電電力の調達価格と調達期間

再生可能エネルギー発電電力の調達価格と調達期間は「電気事業者による再

表序-1　調達価格及び調達期間

	買取期間	買取価格			
		2012年度	2013年度	2014年度	2015年度
太陽光（10kW 以上）	20年	40円+税	36円+税	32円+税	29円+税（H27.4.1～6.30）(注) 27円+税（H27.7.1～）
太陽光（10kW 未満）	10年	42円	38円	37円	
太陽光（10kW 未満　余剰買取）	10年				33円（出力制御対応機器設置義務なし） 35円（出力制御対応機器設置義務あり）
太陽光（10kW 未満ダブル発電）	10年	34円	31円	30円	
太陽光（10kW 未満ダブル発電・余剰買取）	10年				27円（出力制御対応機器設置義務なし） 29円（出力制御対応機器設置義務あり）
風力（20kW 以上）	20年	22円+税	22円+税	22円+税	22円+税
風力（20kW 未満）	20年	55円+税	55円+税	55円+税	55円+税
風力（洋上風力）	20年			36円+税	36円+税
水力（1,000kW 以上30,000kW 未満）	20年	24円+税	24円+税	24円+税	24円+税
水力（200kW 以上1,000kW 未満）	20年	29円+税	29円+税	29円+税	29円+税
水力（200kW 未満）	20年	34円+税	34円+税	34円+税	34円+税
既設導水路活用中小水力（1,000kW 以上30,000kW 未満）	20年			14円+税	14円+税
既設導水路活用中小水力（200kW 以上1,000kW 未満）	20年			21円+税	21円+税
既設導水路活用中小水力（200kW 未満）	20年			25円+税	25円+税
地熱（15,000kW 以上）	15年	26円+税	26円+税	26円+税	26円+税
地熱（15,000kW 未満）	15年	40円+税	40円+税	40円+税	40円+税

注：利潤配慮期間
出所：経済産業省資源エネルギー庁ホームページ（http://www.enecho.meti.go.jp/category/saving_and_new/saiene/kaitori/kakaku.html）

表序-2　再生可能エネルギー発電促進賦課金単価の推移

	太陽光発電促進付加金単価 [円/kWh] ①	再エネ発電促進賦課金単価 [円/kWh] ②	月額試算例 [円] (428kWh/月) ③=(①+②)×428	年額試算例 [円] (428kWh/月) ③×12
平成22年度	0.00	—	0.0	0
平成23年度	0.03	—	12.8	154
平成24年度	0.06	0.22	119.8	1,438
平成25年4月分	0.06	0.22	119.8	1,438
平成25年5月分から平成26年3月分まで	0.05	0.35	171.2	2,054
平成26年4月分	0.05	0.35	171.2	2,054
平成26年5月から平成26年9月まで	0.05	0.75	342.4	4,109
平成26年10月分から平成27年4月分まで	—	0.75	321.0	3,852
平成27年5月分から平成28年4月分まで	—	1.58	676.2	8,115

出所：単価については東京電力ホームページ

生可能エネルギー電気の調達に関する特別措置法」に則り，経済産業大臣が毎年度，当該年度の開始前に定めることになっている。経済産業大臣は調達価格等を決めるにあたり，調達価格等算定委員会の意見を尊重することになっている。調達価格等算定委員会はコストデータを見て調達価格を経済産業大臣に意見する。これまで決定された太陽光発電電力の調達価格はシステム価格低下のため年々安くなっている（表序-1）。

(d) 再生可能エネルギー発電促進賦課金

既存電源の発電コストより高い再生可能エネルギー発電電力の調達に必要な費用は，法人や個人を問わず一律1kWh当たり所定の再生エネルギー促進賦課金として電気料金に上乗せされて回収される。**表序-2**に再生可能エネルギー発電促進賦課金単価と一般家庭における推定支払額の推移を示す。ここで使用した一世帯当たりの電気使用量は「家計調査結果」（総務省統計局）の2014年に

おける毎月の電気使用量を平均して求めた。今後は再生可能エネルギー発電用設備価格が安価になり調達価格は低下していくと予想される。一方，再生可能エネルギー発電促進賦課金は，既に発電を開始している分がこれまでの調達価格による買い取りが続き，そして新たな発電分の買い取りが増えるため高くなる。

3　エネルギー需要

　我が国は1973年度から2012年度の間に実質GDPが2.4倍になっているのに対して，各部門のエネルギー消費は，産業部門が0.8倍，家庭部門が2.1倍，業務部門が2.8倍，そして運輸部門が1.8倍となっている（経済産業省，2014，p.140）。よって，エネルギー需要抑制のためには家庭部門と業務部門の対策が重要であることがわかる。

　今後のエネルギー需要について検討することはエネルギー政策上重要となる。ここではエネルギー消費が伸び続けている家庭部門と業務部門についてシナリオ分析を試みる。ただし，分析は将来を予測するものでないことに留意する必要がある。

（1）エネルギーの需要分析
① 計量分析モデル

　家庭部門のエネルギー消費は所得，エネルギー価格，冷暖房負荷に関係する気象条件，世帯数及びその世帯構成から影響を受ける。業務部門のエネルギー消費は生産量に影響を受ける。そこで次のようなモデルにより分析した。

家庭部門　　$E_{it} = \alpha\ income_{it} + \beta\ income2_{it} + \gamma\ p_{it} + \delta\ weather_{it}$
　　　　　　　　$+ \eta\ person_{it} + \zeta\ family_{it} + \varepsilon_{it}$
業務部門　　$E_{it} = \alpha\ prefout_{it} + \beta\ prefout2_{it} + \varepsilon_{it}$

　それぞれEは各都道府県の一次エネルギー合計（PJ），$income$は県民所得（兆

円), *income2* は *income*×*income*, *p* は価格指数, *weather* は気象条件（月平均が夏季25℃または冬季17℃からの温度差の合計）, *person* は一世帯当人員（人）, *family* は世帯数（1000世帯）, *prefout* は県内総生産（兆円）, *prefout2* は *prefout*×*prefout* を表し，また誤差項 ε は各都道府県個体効果と攪乱項から成るものとする。価格指数は電気料金や燃料の価格を一次エネルギー量で重み付けした値である。

シナリオ分析に当たり次の前提を設ける。

家庭部門
・エネルギー価格と気象条件を2012年度の値に固定。
・一世帯当人員と世帯数は国立社会保障・人口問題研究所の予測値を使用。
・県民所得は一人当所得上昇率として現状維持，0.5％，及び1％を想定。

業務用部門
・都道府県総生産の成長率として0.5％と1％を想定。

② データ

エネルギー使用量として「都道府県別エネルギー消費統計」（資源エネルギー庁ホームページ）の1990年度から2012年度までのデータを使用する。県民所得および県内総生産は「県民経済計算」（内閣府ホームページ）のデータを使用しGDPデフレータにより実質化する。一世帯当人員および世帯数については国立社会保障・人口問題研究所（人口統計資料集）のデータを使用する。気象条件については気象庁の各都道府県月平均気温データを使用する（気象庁ホームページ）。燃料価格は日本エネルギー研究所計量ユニットのEDMCエネルギー・経済統計要覧（2014）のデータを利用しGDPデフレータにより実質化する。

③ 推計結果

表序-3 に推定結果を示す。ランダム効果推定と固定効果推定を比較するハウスマン検定において，家庭部門はランダム効果推定結果が選択され，業務部門は固定効果推定結果が選択された。推定結果には選択されたモデルのみ記載している。

図序-3 に家庭部門のシナリオに基づくエネルギー需要（95％有意水準含）を示す。一人当所得維持ケースでは人口減少のためになだらかに需要が減少して

表序-3　需要予測モデルに関する推計結果

	家庭部門			業務部門	
変数	係数	標準誤差	変数	係数	標準誤差
income	2.0571***	0.1600	income	7.6853***	0.2390
income2	−0.1815***	0.0017	income2	−0.0211***	0.0015
p	−1.0533***	0.0648			
person	−12.2724***	0.7207			
family	0.02610***	0.0007			
weather	0.1051***	0.0187			
常数項	50.1597***	3.8333	常数項	−23.8259***	2.0485
観測数	1081		観測数	1081	
Waldχ^2値	4522.41		F値	1688.95	
R^2値			R^2値		
Within	0.7417		within	0.7660	
Between	0.9643		between	0.9872	
Overall	0.9616		overall	0.9807	
Hausman検定			Hausman検定		
χ^2	4.59	(p=0.5973)	χ^2	111.96	(p=0.0000)

注：有意水準*，**，と***は，それぞれ10％，5％，および1％レベル。

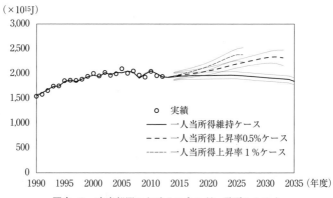

図序-3　家庭部門におけるエネルギー需要シナリオ

序章 エネルギー問題とは何か

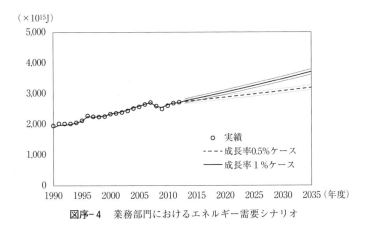

図序-4 業務部門におけるエネルギー需要シナリオ

いる。一方，一人当所得が0.5％上昇ケースと1.0％上昇ケースではエネルギー消費量が上昇した後に飽和する傾向がみられた。

図序-4に業務部門のシナリオに基づくエネルギー需要（95％有意水準含）を示す。県民総生産量増加に対応してエネルギー消費量が増加している。

（2）エネルギーの価格弾力性

東日本大震災で発電所が被災したことにより電気の需給が逼迫し，東京電力管内で計画停電が行われ，東北電力管内と東京電力管内で使用制限が発動された。電気需要に応じて電源構成は，発電コストが安価な原子力発電，石炭火力発電，及び水力発電をベースロード電源とし，出力調整の可能な天然ガス発電をミドル電源としている。そして，発電コストが高い石油発電や揚水発電をピーク電源として使用している。このような電源構成となっているため，電力のピーク需要を抑えることは，非効率な発電を減らすことができると同時に安定供給に繋がる。

経済産業省は料金体系を変えることで電気のピーク需要を抑制するデマンドレスポンス実証試験を横浜市，豊田市，けいはんな学研都市，及び北九州市で行っている（経済産業省, 2014, pp.64-65）。

また，国内で使用される化石燃料に対して地球温暖化のための税が2012年10月から原則課税されている。その効果は価格効果と財源を中立化することで税収を二酸化炭素排出量削減対策に使用する財源効果がある。課税により化石燃料価格が上がることで需要が抑制されることを期待する訳である。

　このようなデマンドレスポンスや課税の効果は価格弾力性によってその傾向を把握することができる。価格弾力性は価格が1％変動したときに需要がどのくらい変動するのかを見る指標である。本節ではエネルギー需要が価格に対してどれくらい変化するのかを表す価格弾力性の分析を試みる。

① 計量分析モデル

　推定モデルは次のようなものである。

家庭部門　　　$\ln E_{it} = \alpha \ln income_{it} + \beta \ln p_{it} + \gamma \ln weather_{it}$
　　　　　　　　$+ \zeta \ln person_{it} + \eta \ln family_{it} + \xi\, year + \varepsilon_{it}$

業務部門　　　$\ln E_{it} = \alpha \ln prefout_{it} + \beta \ln p_{it} + \xi\, year + \varepsilon_{it}$

産業部門　　　$\ln E_{it} = \alpha \ln indout_{it} + \beta \ln p_{it} + \xi\, year + \varepsilon_{it}$

　それぞれ E は各都道府県各部門の一次エネルギー合計（PJ），$income$ は県民所得（兆円），p は価格指数，$year$ は時間項，$weather$ は気象条件（月平均が夏季25℃または冬季17℃からの温度差の合計），$person$ は一世帯当人員（人），$family$ は世帯数（1000世帯），$prefout$ は県内総生産（兆円），$indout$ は県内総生産・産業（兆円）を表している。また誤差項 ε は各都道府県個体効果と攪乱項から成るものとする。価格指数は電気料金や燃料の価格を一次エネルギー量で重み付けした値である。

② データ

　エネルギー使用量として「都道府県別エネルギー消費統計」（資源エネルギー庁ホームページ）の1990年度から2012年度までのデータを使用する。県民所得及び県内総生産（産業）は「県民経済計算」（内閣府ホームページ）のデータを使用しGDPデフレータにより実質化する。一世帯当人員及び世帯数については国立社会保障・人口問題研究所（人口統計資料集）のデータを使用する。気象条

表序-4　価格弾力性推定結果

変数	係数	標準誤差	変数	係数	標準誤差	変数	係数	標準誤差
	家庭部門			業務部門			産業部門	
$\ln\ income$	0.2723***	(0.0256)	$\ln\ prefout$	0.5282***	(0.0353)	$\ln\ indout$	0.2076***	(0.0341)
$\ln\ p$	−0.6723***	(0.2111)	$\ln\ p$	−0.1580***	(0.0244)	$\ln\ p$	−0.0970***	(0.0280)
$year$	−0.0078***	(0.0022)	$year$	0.0177***	(0.0005)	$year$	−0.0043***	(0.0008)
$\ln\ person$	0.2723***	(0.0256)						
$\ln\ family$	0.1667***	(0.0537)						
$\ln\ weather$	0.0787***	(0.0153)						
常数項	21.59***	(4.5941)	常数項	−39.96***	(0.7362)	常数項	12.92***	(1.5635)
観測数	1081		観測数	1081***		観測数	1081	
F値	941.74***		F値	1798.71***		F値	136.34***	
R^2値			R^2値			R^2値		
within	0.8461		within	0.8396		within	0.284	
between	0.8570		between	0.9613		between	0.6934	
overall	0.8542		overall	0.9464		overall	0.646	
Hausman 検定			Hausman 検定			Hausman 検定		
χ^2	50.41***	($p=0.0000$)	χ^2	103.67***	($p=0.0000$)	χ^2	333.61***	($p=0.0000$)

注：有意水準*，**，と***は，それぞれ10％，5％，および1％レベル。

件については気象庁の各都道府県月平均データを使用する（気象庁ホームページ）。燃料価格は日本エネルギー研究所計量ユニットのEDMCエネルギー・経済統計要覧（2014）のデータを利用しGDPデフレータにより実質化する。

③　推計結果

　表序-4に推定結果を示す。ランダム効果推定結果と固定効果推定結果を比較するハウスマン検定では固定効果推定結果が選択された。推定結果には固定効果推定結果のみ記載している。

　評価結果より価格弾力性は，家庭部門が−0.67，業務部門が−0.16，産業部門が−0.10となり，家庭部門の値が業務部門や産業部門と比較して大きいことが示された。よって，電気料金体系を変えるデマンドレスポンスや炭素税導入によって，需要が一番抑制されるのは家庭部門であることが示唆された。

（3）省エネ法の改正

　東日本大震災での電力需給逼迫を受け2014年4月施行の改正で，「エネルギーの使用の合理化等に関する法律」（以下，「省エネ法」という）に，電気の需要平

準化の推進に関する措置が追加された。これにより省エネ法に基づく定期報告に電気需要平準化評価原単位を含めることになった。この指標は電気需要の平準化に資する措置を実施した事業者が，省エネ法上不利とならないように，電気需要平準化時間帯（7～9月と12～3月の8～22時）の電気使用量や電気需要平準化評価原単位等を報告することにしたものである（経済産業，2014，p. 9）。具体的な電気需要の平準化に資する措置としては，電力会社から購入する電気の替わりに燃料を使って発電するコージェネレーションシステムやモノジェネレーションシステムの利用，空調に電気を使う熱源機の替わりに燃料を使う熱源機であるガスヒートポンプ，吸収式冷温水機の利用，電気や冷温熱を夜間蓄えて昼間に使う蓄電池や蓄熱式空調の利用がある。

新しくできた電気需要平準化評価原単位の定義は次のとおりである。

電気需要平準化評価原単位 = {A + a×(評価係数a − 1) − B}／C
  A = エネルギー使用量（燃料の使用量，他人から供給された熱の使用量，
   他人から供給された電気の使用量
  a = 電気需要平準化時間帯の買電量
  評価係数a = 1.3
  B = 外販したエネルギー量
  C = エネルギーの使用量と密接な関係を持つ値

この式を見ると実際よりも「a×(評価係数a − 1)」だけ買電量分のエネルギーは多く計算される。要するに電気需要を平準化できるのであれば，買電量の「(評価係数a − 1)×100」パーセントの消費エネルギーの増加を許容するわけである。省エネルギーを推進する法律にエネルギー使用量が増加することを許容し，物理量ではない政策的な値を使用する措置が取り込まれたことになる。

序章　エネルギー問題とは何か

表序-5　エネルギー起源二酸化炭素の各部門の排出量の目安

[単位：百万 t-CO$_2$]

		2030年度の各部門の排出量の目安	2013年度 (2005年度)	削減率（％）
エネルギー起源 CO$_2$		927	1,235 (1,219)	▲25 (▲24)
	産業部門	401	429 (457)	▲7 (▲12)
	業務その他部門	168	279 (239)	▲40 (▲30)
	家庭部門	122	201 (180)	▲40 (▲36)
	運輸部門	163	225 (240)	▲28 (▲32)
	エネルギー転換部門	73	101 (104)	▲28 (▲30)

出所：日本の約束草案（案）抜粋に加筆。

（4）地球温暖化への対応

① 国連気候変動枠組条約締約国会議への対応

　1997年に開催された国連気候変動枠組条約第3回締約国会議（COP3）において，第一約束期間である2008年から2012年の5年間の削減率が，1990年比でEUは-8％，米国は-7％，日本は-6％，カナダは-6％，ロシアは0％，豪州は+8％，ニュージーランドは0％，ノルウェーは+1％と合意した。EUは東西ドイツ統合や英国の燃料転換という好条件下であり，米国とカナダは京都議定書から離脱したことから，日本は目標を達成したとはいえ他国よりも厳しい状況であったと言える。その後，日本は公平で実効性のある枠組みとはならないとし第二約束期間に参加していない（有馬，2015, p.120）。

　2015年にパリで開かれたCOP21でパリ協定が採択された。COP21に先立ち我が国は約束草案（2030年度温室効果ガス排出削減目標）を国連気候変動枠組条約事務局に提出している（**表序-5**）。その中でエネルギー起源の二酸化炭素排出量を2013年度比で25％削減することを目標としている。

　部門別内訳を見ると目安とはいえ家庭部門と業務部門の削減量が大きく見積もられている。原子力発電が電源別電力量構成比で30.8％であった2005年度と比べてみても家庭部門の削減率は大きい。

② 我が国の二酸化炭素排出量

2013年度の部門別二酸化炭素排出実績は，2005年度から産業部門（工場等）が－5.5％，業務その他部門が＋16.8％，家庭部門が＋11.9％，運輸部門（自動車・船舶等）が－6.2％，エネルギー転換部門（発電所）が－5.2％，工業プロセスおよび製品の使用が－14.1％，廃棄物分野が－6.0％変化している（国立環境研究所，2015）。

表序-6に日本経済団体連合会（以下「経団連」という）の環境自主行動計画のフォローアップ結果を示す（経団連，2013）。経団連は京都議定書採択に先立ち，1997年6月に環境自主行動計画〈地球温暖化対策編〉を策定している。その中で産業・エネルギー転換部門は，2008年度から2012年度の平均の排出量を1990年度レベル以下に抑制するという目標を掲げて取り組んできた。その結果，排出量は1990年度比で9.5％減少（クレジット無し）した。

二酸化炭素排出量は景気の動向によって変動するため企業の環境行動自体は見えにくい。しかし二酸化炭素排出原単位指数からは生産活動量当たりの二酸化炭素排出量の変化が見て取れるため取り組み状況を把握できる。表序-6にある二酸化炭素排出原単位指数をみると，エネルギー集約型産業である日本鉄鋼連盟，日本化学工業協会，日本製紙連合会の指数が1未満である。これが経団連の環境自主行動計画削減目標を達成した主要因となっている。

上述したとおり産業部門の二酸化炭素排出量の削減は進んでいる。一方，業務部門と家庭部門は二酸化炭素排出量の増加が続いていることから，この両部門の二酸化炭素排出量をいかに減らしていくかが課題といえる。

③ 主要国の削減目標

表序-7に主要国が国連気候変動枠組条約事務局に提出している二酸化炭素排出量削減目標を示す。各国の目標をみて気が付くことは，中国やインドが基準年における二酸化炭素排出量実績の絶対値を基準とした削減割合を目標値としていないことである。この2ヶ国はGDP当たりの二酸化炭素排出量の削減割合を目標値としている。

COP21では，全ての国が参加する枠組みができたという大きな成果があった。

序章 エネルギー問題とは何か

表序-6 産業・エネルギー転換部門の業種別動向

業種	CO_2排出量（×10^4 tCO_2）					CO_2排出原単位指数（クレジット無）2012年度
	1990年度	2012年度	1990年度比	2012年度クレジット有	1990年度比	
電気事業連合会	27,500	48,600	+76.7%	41,500	+50.9%	1.37
固有分：合計値に使用	3,070	4,610	+50.2%	3,930	+28.0%	
石油連盟	3,094	3,792	+22.5%	3,770	+21.9%	0.85
日本ガス協会[注1]	133	39	−70.4%	36	−73.2%	0.12
日本鉄鋼連盟	20,061	18,811	−6.2%	18,577	−7.4%	0.94
日本化学工業協会	6,352	5,997	−5.6%	5,763	−9.3%	0.85
日本製紙連合会	2,547	1,826	−28.3%	1,787	−29.8%	0.80
セメント協会	2,741	1,757	−35.9%	1,740	−36.5%	1.01
電気電子4団体（日本電気工業会，電子情報技術産業協会，情報通信ネットワーク産業協会，ビジネス機械・情報システム産業協会）	1,112	1,922	+72.9%	1,680	51.1%	0.76
日本建設業連合会	923	394	−57.3%	381	−58.7%	0.87
日本自動車工業会 日本自動車工業会	844	601	−28.8%	549	−34.9%	0.69
日本自動車部品工業会	715	704	−1.6%	630	−11.9%	0.70
住宅生産団体連合会	519	274	−47.1%	274	−47.1%	0.90
日本鉱業協会	486	558	+14.8%	520	+6.9%	0.98
石灰製造工業会	354	224	−36.7%	220	−37.8%	0.75
日本ゴム工業会	201	209	+3.6%	195	−3.4%	0.93
日本製薬団体連合会 日本製薬工業協会	166	209	+26.2%	191	+15.7%	0.71
板硝子協会	178	111	−37.8%	108	−39.5%	0.99
日本アルミニウム協会	148	140	−5.6%	130	−12.6%	0.99
ビール酒造組合	112	57.5	−48.9%	54.7	−51.4%	0.58
日本電線工業会（銅・アルミ）（光ファイバ）	100	91.0	−8.6%	79.7	−19.9%	1.37 0.27
日本乳業協会[注2]	83.6	116	+38.6%	109	+30.8%	1.14

日本伸銅協会	65.5	61.0	－6.9％	54.6	－16.6％	1.20
日本産業機械工業会	63.4	66.8	＋5.4％	59.1	－6.9％	1.30
日本ベアリング工業会(注2)	60.1	84.0	＋39.8％	73.9	＋23.0％	1.19
製糖工業会	58.0	41.7	－28.2％	40.6	－30.0％	0.93
日本衛生設備機器工業会	47.8	24.5	－48.8％	22.7	－52.5％	0.47
全国清涼飲料工業会	45.9	122.0	＋166.1％	114.3	＋149.2％	1.11
石灰石鉱業協会	45.3	36.3	－19.9％	33.5	－25.9％	1.13
日本工作機械工業会(注2)	22.9	32.5	＋41.6％	28.5	＋24.2％	1.35
製粉協会	16.9	27.9	＋65.4％	24.0	＋42.1％	1.42
日本造船工業会 日本中小型造船工業会	14.3	46.3	＋223.4％	39.5	＋175.9％	1.29
日本産業車両協会	6.2	5.2	－15.4％	4.7	－23.5％	1.19
日本鉄道車両工業会	4.3	3.3	－22.0％	3.0	－30.9％	0.61
石油鉱業連盟	22.2	59.6	＋168.0％	58.8	＋164.5％	0.91

注1：日本ガス協会は算定方式が異なる。
注2：日本ベアリング工業会と日本工作機械工業会は1997年度，日本乳業協会は2000年度を1としている。
出所：日本経済団体連合会環境自主行動計画〔温暖化対策編〕2013年度フォローアップ結果
　　　（別紙1）「産業・エネルギー転換部門の業種別動向」から抜粋及び加筆。

しかし，COP21は努力目標を採用していることに加えて（ただし，各国が自主的に決定する約束草案を5年毎に提出し，レビューを受ける事が義務となった），上述のように二酸化炭素排出量が一番多い中国をはじめ相対的な数値を目標値としている国がある。つまり世界の二酸化炭素排出量に枠をはめたかたちにはなっていない。この点では，今まで二酸化炭素を排出してきた先進国と経済発展が今後予想される発展途上国との公平性が論点となるところである。ただし，中国は今も日本がODA（技術協力）を供与している国ではあるが，GDPで日本を抜いており二酸化炭素排出量は世界で一番多い。中国の排出量削減状況によってはパリ協定の実効性が弱まる可能性がある。よって中国の排出量削減への取り組み進捗状況を注視していく必要があるであろう。一方，米国，EU及び日本は基準年に対して25～30％と横並びがとれた目標値となっている。

④　環境配慮行動の心理

広瀬（1995）は先行研究を参考に環境配慮行動モデルを提案している（**図序-**

表序-7　各国の二酸化炭素排出量削減目標

各国の削減目標*		基準年*	実績排出量**			世界に占める割合（％）	一人当たりの排出量** CO_2t/人	GDP当たりの排出量** CO_2t/2010年価格百万米ドル
			1990	2005	2012	2012		
中国	2030年までにGDP当たりのCO_2排出を60-65％削減	2005年	2,339	5,377	9,067	27.8	6.71	1,299
アメリカ	2025年までに26-28％削減	2005年	4,820	5,782	5,584	17.1	16.4	328
EU (EU28)	2030年までに40％削減（2005年比で28.4％相当）	1990年	4,068	3,920	3,408	10.5	6.74	206
インド	2030年までにGDP当たりのCO_2排出を33-35％削減	2005年	585	1,198	1,961	6.0	1.59	1,032
ロシア	2030年までに70-75％レベルに（2005年比で1.9-8.4％削減相当）	1990年	2,321	1,543	1,774	5.4	12.4	1,079
日本	2030年までに26％削減	2005年	1,070	1,219	1,220	3.7	9.57	220

（）内は筆者推定
出所：＊：国連気候変動枠組条約事務局ホームページ INDCs as communicated by Parties
　　＊＊：EDMC エネルギー・経済統計要覧日本エネルギー経済研究所計量分析ユニット編　2015

5）。このモデルは環境配慮行動までの意思決定プロセスを「環境にやさしい目標意図形成」と「環境配慮行動意図形成」の2段階に分けている。環境にやさしい目標意図形成には①環境リスク認知（深刻さや確からしさ），②責任帰属認知（原因は何で誰か），③対処有効性認知（問題を解決できるかどうか）をその要因としてあげている。環境配慮行動には①実行可能性評価，②便益費用評価，③社会規範評価を要因としてあげている。

地球温暖化への対処行動を上記モデルで考えてみると，将来世代または他国

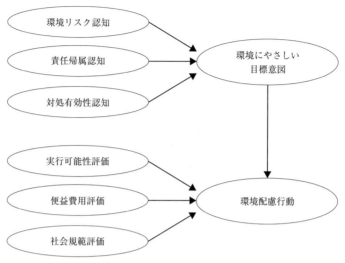

図序-5　環境配慮行動の要因連関モデル

出所：広瀬（1995）

での地球温暖化による影響をリスクとして認識しているのか不明であり（環境リスク認知），原因が不特定多数に帰属しており（責任帰属認知），消費者行動が地球規模の現象にどれ程有効かわからないこと（対処有効性認知）を考えると，環境にやさしい目標意図が形成される可能性は小さいのではないか。

　一方で地球温暖化問題とは対照的に東日本大震災における電力不足の状況を考えると，電力不足が電力会社管内または日本国内に限定された事象（リスク認知）であることから節電行動がとられたと考えることができる。図序-6に東京電力管内の最大電力と最高気温の関係を示す。震災のあった年は，使用制限のため前年と比較して最大電力が減少している。震災の翌年も最大電力が減少しており節電が定着していることが分かる。需要を抑制する方法としては金銭的インセンティブを刺激する電気料金制度を使ったデマンドレスポンスが考えられる。しかし，図序-6の結果からリスクや対処有効性が消費者に認識されれば，消費者は省エネルギー行動をとることがみてとれる。

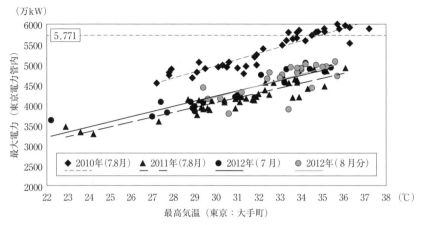

図序-6　最大電力と最高気温との関係

出所：「平成25年度　夏季の電力需給対策・省エネ関連支援策等について」（平成25年6月　関東経済産業局）

4　エネルギー情勢を概観してみえたこと

　エネルギーの安定供給については，石油危機のような国際情勢だけではなく，東日本大震災にみる自然災害や原子力災害によって，電力の安定供給が失われると国民の生活に大きな影響を及ぼすことをみた。よって，燃料の輸入先を分散し，燃料の多様化を進めていくことがエネルギー安全保障上リスクを低減することになる。同時に原子力災害のリスクを低減させる取り組みが重要である。さらに，東日本大震災で注目された電力のピーク需要低減は安定供給上重要である。これまでの電力ピーク需要低減方法としては電力会社と電気消費者間で取り交わす季節別時間帯別契約や需給調整契約がある。震災後は，政府による家庭を対象にしたデマンドレスポンス試験の試みや，電力需要平準化を目的とした省エネ法改正と新たなピーク需要低減の取り組みがはじまっている。

　日本のエネルギー需要は2035年頃まで，家庭部門が人口減少により飽和後減少に転じ，業務部門が景気に応じて増減すると考えられる。日本が掲げる温室効果ガス排出削減目標を達成するためには，家庭部門をはじめとしてエネ

ギー消費量を削減する取り組みが必要になる．その際に重要な事は，地球温暖化問題は世界的な問題であり日本だけで取り組む問題ではないということである．エネルギー需要抑制は国民生活の質の低下と産業の国際競争力低下に繋がる可能性がある．よって，その方策は他国の二酸化炭素排出量削減の進捗状況とバランスのとれたものであることが重要である．

5　本書の構成

　これまで東日本大震災により，電気の価格上昇と需給逼迫が生じたこと，原子力発電所が停止することによる経済的・環境的な影響が生じたこと，そしてさまざまな制度が変更になったことをみて来た．次章から具体的にエネルギーの需要と供給について分析する．

　第1章では，電気の使用制限や電気料金の値上げによって，自家発電が注目を集めたことから，製造業の主要な電力供給源である自家発電力の購入電力との代替性や補完性について価格弾力性を評価し考察する．

　第2章では，9地域電力空間均衡モデルを用いて，原子力発電所が全て脱落した場合と，その上で脱落したものと同じだけの出力を持つガスタービン複合火力発電所が代替電源として導入された場合をシミュレートする．

　第3章では，横浜市の太陽光付き家庭約1200世帯を対象にした大規模なフィールド実験を紹介する．特に，買電価格と売電価格を変化させたときに，各家庭がどのように反応するのか分析した結果を紹介する．

　第4章では，京都で行われた「けいはんな大規模電力デマンドレスポンス実証」のフィールド実験データを用いて，家計を対象とした省エネルギー政策を評価する．具体的には，住宅エネルギー・レポート (Home Energy Report) とピーク時料金 (Critical Peak Pricing) の2つの政策を取り上げ，家計の電力需要に及ぼす影響を分析する．

　第5章では，東日本大震災が生産活動に与えた影響について，距離的波及効果と企業間の関連性の影響について分析を行い，震災地におけるサプライ

ショックの地理的波及メカニズムを明らかにする。

　第6章では，エネルギー使用量の多い紙パルプ産業とセメント産業のエネルギー生産効率性について分析する。そして，事業所の立地等，エネルギー生産効率性の変化要因を明らかにする。

　第7章では，産業部門が他部門と比較して温室効果ガスが大幅に削減されており，こうした削減が事業所での省エネ投資によるものか生産縮小によるものか，要因分析法を用いて明らかにする。

　第8章では，消費者の環境技術導入の選行，行動要因について，自動車購売選択のアンケート調査結果を分析し，環境技術導入には消費者が情報を正確に認識することが重要であることを示す。

　第9章では，日本で導入されている固定価格買取制度における再生可能エネルギー発電の買取価格がどのくらい再生可能エネルギーの導入を促進するのか分析する。

　最後に，本書の分析内容を踏まえて今後のエネルギー需給を展望する。

●参考文献

U.S. NRC ウェブサイト "Reactor License Renewal Overview." http://www.nrc.gov/reactors/operating/licensing/renewal/overview.html（最終アクセス2015年9月4日）

EIA（2013）"Technically Recoverable Shale Oil and Shale Gas Resources: An Assessment of 137 Shale Formations in 41 Countries Outside the United States."

Framework Convention on Climate Change（2015）"ADOPTION OF THE PARIS AGREEMENT（FCCC/CP/2015/L.9/Rev. 1）."

有馬純（2015）『地球温暖化交渉の真実　国益をかけた経済戦争』中央公論新社，2015年．

海洋エネルギー資源開発促進日本海連合ホームページ http://www.nihonkairengou.jp/（最終アクセス2016年1月9日）．

国土交通省気象庁ホームページ http://www.data.jma.go.jp/gmd/risk/obsdl/index.php（最終アクセス2015年1月9日）．

国連気候変動枠組条約事務局ホームページ "INDCs as communicated by Parties" http:

//www4.unfccc.int/submissions/indc/Submission%20Pages/submissions.aspx（最終アクセス2015年12月24日）。

環境省（2011）「平成22年度再生可能エネルギー導入ポテンシャル調査報告書（平成23年3月）」。

経済産業省（2014）『エネルギー白書　2014』（株）ウィザップ。

経済産業省（2012）「電気事業法第27条による電気の使用制限について（実施結果）」。

経済産業省資源エネルギー庁（2014）「エネルギーの使用の合理化等に関する法律省エネルギー法の概要」。

経済産業省（2015）「再生可能エネルギー特別措置法施行規則の一部を改正する省令と関連告示を交付しました～再生可能エネルギー最大導入に向けた固定価格買取制度の運用見直し～」（プレスリリース）1月。

経済産業省（2015）「長期エネルギー需給見通し」。

経済産業省資源エネルギー庁「都道府県別エネルギー消費統計」http：//www.enecho.meti.go.jp/statistics/energy_consumption/ec002/（最終アクセス2016年1月3日）。

国立環境研究所温室効果ガスインベントリオフィス「日本の温室効果ガス排出量データ（1990～2014年度速報値）」http：//www-gio.nies.go.jp/aboutghg/nir/nir-j.html（最終アクセス2016年1月3日）。

国立社会保障・人口問題研究所「人口統計資料集」http：//www.ipss.go.jp/syoushika/tohkei/Popular/Popular2014.asp?chap=0（最終アクセス2016年1月3日）。

内閣府「県民経済計算」http：//www.esri.cao.go.jp/jp/sna/data/data_list/kenmin/files/files_kenmin.html（最終アクセス2016年1月3日）。

日本経済団体連合会（2013）「環境自主行動計画〈温暖化対策編〉2013年度フォローアップ結果　概要版〈2012年度実績〉」。

石油通信社（2015）「平成27年　石油資料」。

総務省統計局（2015）「電気使用量の推移」（2015年1月　追加参考図表3）『家計調査結果』。

電気事業連合会（2015）『INFOBASE　2015』。

電気事業連合会（2015）『電気事業における環境行動計画』。

東京電力（2013）『東北地方太平洋沖地震に伴う電気設備の停電復旧記録』。

東北電力（2012）『東日本大震災後の当社の状況』。

日本エネルギー経済研究所計量分析ユニット（2014）『EDMCエネルギー・経済統計要覧』（一社）省エネルギーセンター。

発電コストワーキンググループ（2015）『長期エネルギー需給見通し小委員会に対する発電コスト等の検証に関する報告（案）』（総合資源エネルギー調査会発電コスト検証ワーキング（第6回会合）資料1）4月。

（独）原子力安全基盤機構企画部（2013）『平成24年版（平成23年度実績）原子力施設運転管理年報』。

広瀬幸雄（1995）『環境と消費の社会心理学——共益と私益のジレンマ—』名古屋大学出版会。

地球温暖化対策推進本部（2015）『日本の約束草案（案）』。

矢野恒太記念会（2013）『数字でみる日本の100年日本国勢図会長期統計版』。

第1章
製造業における自家発電の位置付け
―――購入電力と自家発電の価格弾力性分析―――

北村利彦・馬奈木俊介

1 電力需給を巡る情勢

(1) 東日本大震災の影響

　東北地方太平洋沖地震により東北・関東地方にある発電所が大きな打撃を受け，震災後には電力供給力不足が生じ東京電力管内では計画停電が行われた。東北電力と東京電力の電力供給地域においては契約電力が500kW以上の大口の消費者に対して，電気事業法第27条に基づく使用制限が求められた。震災後は原子力発電所の運転停止が続き，電力会社は原子力発電所の稼働が前提となっていたそれまでの電気料金の見直しの必要性から電気料金の値上げを行った。『エネルギー白書2014』によると，電気料金（電力）は2010年から約28％値上がりしている。このように東日本大震災により電気の安定供給が揺らぎ，電気料金が上がることで，企業の負担は高まったと言える。

(2) 自家発電

　自家発電は事業所において電気を発電する設備である。熱を同時に供給することができるコージェネレーションは，エネルギー効率が高いシステムで産業用を中心に導入が進んでいる。年度別累積導入台数をみると（A.C.E.J），1980年代から継続して増加していたがリーマンショックの影響と思われる増加のにぶりがみられた。東日本大震災後，再び導入台数は上昇傾向を示している。
　自家発電にはいろいろな種類がある。ガスタービン発電機，ガスエンジン発

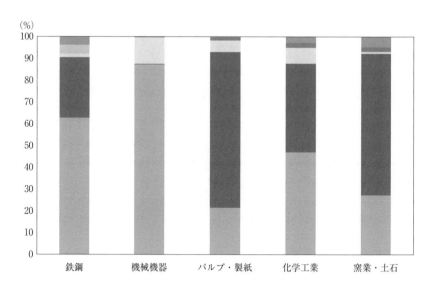

■ 購入電力　■ 火力発電　□ コージェネレーション　■ 水力発電　□ 炉頂発電　■ その他

図1-1　産業界における電力供給源

電機およびディーゼル発電機は，発電にともない発生する廃熱を蒸気や温水として利用することができる。発電するときの廃熱を有効に利用できれば，電気を購入しボイラーで蒸気や温水をつくるよりも省エネルギーでコストも安価になることから，熱需要が安定してあるところに導入が進んでいる。例えば民生用はホテルや病院に導入されることが多い。また，ボイラーで発生した蒸気をタービン発電機で発電に使い，タービンで仕事を終えた蒸気，または抽気した蒸気を利用する方式もある。生産工程で蒸気を必要とするパルプ・製紙・板紙産業では背圧タービンで仕事を終えた蒸気を利用する方式が多く，鉄鋼業では副生ガスを利用した発電専用の腹水タービン方式が多い（電気供給約款研究会 1979, p.574）。このように自家発電を考えるときには電気だけではなく同時に熱も考える必要がある。

　本章の目的は，東日本大震災以降注目を集めている自家発電について，産業部門を中心に電気料金や自家発電用燃料が値上がりしたときに，どのように自

家発電が活用されているのかを実証的に示すことにある。具体的には，電気や燃料の価格が1％値上がりしたときの需要変化率を示す価格弾力性を調べることで，電力会社から購入する電力と事業所で発電した自家発電力とが代替関係にあるのか補完関係にあるのかを調べる。

2 先行研究のレビュー

価格弾力性の研究としては，Fuss（1977）やPindyck（1979）の研究が嚆矢であり，その後多くの研究（Considine, 1989;Serletis & Vasetsky, 2010;Steinbuks, 2010；Stern, 2012）が行われている。しかしながらほとんどの研究は，国毎や産業毎のデータを用いたものであり企業ごとのデータはあまり利用されていない。企業ごとのデータを利用した研究としては，Woodland（1987），Lee & Pitt（1998），Bousque & Ivaldi（1998），及びBjørner & Jensen（2002）の研究がある。

日本における価格弾力性の研究は，1970年代から1980年代にかけての石油危機以降に燃料代替について研究した真殿ら（1992）がある。また，地球温暖化のための税が2012年10月から原則すべての化石燃料に課税されることになっている。環境省（2005）はこの炭素税導入過程で，価格弾力性の研究をその効果検討に利用している。

しかしながら，電気需要に注目し購入電力と自家発電力について分析した研究は筆者の知る限り無い。

3 LA/AIDSモデルの説明

本研究では，次のような購入電力や自家発電用燃料の消費に嗜好性があると考えられることからDeaton & Muellbauer（1980）によって開発されたLinear Approximate Almost Ideal demand（LA/AIDS）モデルを採用した。
・石油危機以降，エネルギーセキュリティーを考慮して石油からの脱却が進んでいることや，環境への配慮から二酸化炭素排出原単位のより小さな燃料に

転換が進んでいること。
・自家発電用燃料や設備効率により自家発電の発電コストに差が生じることから，エネルギーコスト増減時に購入電力及び自家発電用燃料使用量が同じ割合で変化しないと予想されること。

そこで次のような仕事関数を考える。

$$W = g(F_1, F_2, \cdots, F_n) \quad \cdots\cdots(1)$$

ここで Fi は燃料 i の使用量である。仕事関数の出力はスカラー量で熱エネルギーや電力となるが本研究では電力になる。

この関数は次のような間接仕事関数として表すことができるとする。

$$W = h(p_1/x, p_2/x, \cdots, p_n/x) \quad \cdots\cdots(2)$$

ここで pi と x は燃料 i の単価と燃料支出である。

この関数を次のようなトランスログ関数で記載できるとする。

$$w = \alpha_0 + \sum_{i=1}^{n} \alpha_i \log\left(\frac{p_i}{x}\right) + \frac{1}{2} \sum_{i=1}^{n} \sum_{j=1}^{n} \beta_{ij} \log\left(\frac{p_i}{x}\right) \log\left(\frac{p_i}{x}\right) \quad \cdots\cdots(3)$$

ここで $\sum_{i=1}^{n} \alpha_i = -1, \beta_{ij} = \beta_{ji}$ である。

w は0から1に規格化する。評価期間中の最低の仕事を0，最大の仕事を1とする。上記は Deaton & Muellbauer (1980) が費用関数の一般形を導出したときの効用関数と同じ形式となっている。したがって上記研究に則り，費用関数を次のとおり定義する。

$$\log c(w, \boldsymbol{p}) = \log a(\boldsymbol{p}) + w\{\log b(\boldsymbol{p}) - \log a(\boldsymbol{p})\} \quad \cdots\cdots(4)$$

ここで

$$\log a(\boldsymbol{p}) = \alpha_0 + \sum_{k=1}^{n} \alpha_k \log p_k + \frac{1}{2} \sum_{k=1}^{n} \sum_{j=1}^{n} \gamma_{kj}^{*} \log p_k \log p_j \quad \cdots\cdots(5)$$

$$\log\ b(\boldsymbol{p}) = \log\ a(\boldsymbol{p}) + \beta_0 \prod_{k=1}^{n} p_k^{\beta_k} \qquad \cdots\cdots(6)$$

このとき AIDS 費用関数は次のとおりとなる。

$$\log\ c(w,\boldsymbol{p}) = \alpha_0 + \sum_{k=1}^{n} \alpha_k \log\ p_k + \frac{1}{2}\sum_{k=1}^{n}\sum_{j=1}^{n} \gamma_{kj}^* \log\ p_k \log\ p_j + w\beta_0 \prod_{k=1}^{n} p_k^{bk} \qquad \cdots\cdots(7)$$

企業は費用を最小にするので，$c(w,\boldsymbol{p})$ は支出 x と等しくなる。シェファードの補題（Shephard, 1953）により費用シェア関数は価格 $\boldsymbol{p}$ に関して一次同次条件より次のとおりとなる。

$$s_i = \alpha_i + \sum_{j=1}^{n} \gamma_{ij} \log\ p_j + B_i \log\left(\frac{x}{P}\right) \qquad \cdots\cdots(8)$$

ここで $\gamma_{ij} = 0.5(\gamma_{ij}^* + \gamma_{ji}^*)$ である。

価格指標は次のとおり。

$$\log\ P = \alpha_0 + \sum_{k=1}^{n} \alpha_k \log\ p_k + \frac{1}{2}\sum_{k=1}^{n}\sum_{j=1}^{n} \gamma_{kj} \log\ p_k \log\ p_j \qquad \cdots\cdots(9)$$

費用シェアの和が1であることから次の条件を与える。

$$\sum_{i=1}^{n} \alpha_i = 1,\quad \sum_{i=1}^{n} \gamma_{ij} = 0,\quad \sum_{i=1}^{n} \beta_i = 0\ \text{及び}\ \gamma_{ij} = \gamma_{ji} \qquad \cdots\cdots(10)$$

Alston et al.（1994）の研究から，AIDS モデルそのままでは推計が上手くいかない可能性があることが示唆されている。そこで本研究では価格指標を線形近似する。

$$\log\ P^* = \sum_{i=1}^{n} s_i \log\ p_i \qquad \cdots\cdots(11)$$

価格弾力性は次のとおり計算することができる。

$$e_{ij|x} = -\delta_{ij} + \frac{\gamma_{ij}}{s_i} - \beta_i \frac{s_j}{s_i} \qquad \cdots\cdots(12)$$

支出弾力性は次のとおり計算することができる。

$$e_{ix} = 1 + \frac{\beta_i}{s_i} \quad \cdots\cdots (13)$$

本研究で使用した推計モデルは次のとおりである。

$$s_{it}^k = \alpha_i + \sum_{j=1}^{n} \gamma_{ij} \log p_{jt} + \beta_i \log \left(\frac{x_t^k}{P_t^{*k}} \right) + \delta_i t + \zeta_i t_{2011} \times D_{disaster} + \zeta_i^k D_k + \varepsilon_i$$
$$\cdots\cdots (14)$$

ここで t, D_k, t_{2011}, $D_{disaster}$, そして ε_i は，それぞれ時間項，事業所ダミー，2011年度ダミー，東日本大震災被災地域ダミー，そして誤差項である。さらに，(10) 式に加えて次の条件を加える。

$$\sum_{i=1}^{n} \delta_i = 0, \quad \sum_{i=1}^{n} \zeta_i = 0, \quad 及び \sum_{i=1}^{n} \zeta_i^k = 0 \quad \cdots\cdots (15)$$

(14) 式は Zellner (1962) の見かけ上無関係な方程式の推計を用いた。また，購入電力と燃料の組み合わせ要素が2つの場合は，固定効果モデルまたは変量効果モデルとして推計した。

4　自家発電用燃料データとその使用パターン

（1）使用データ

　本研究は，「経済産業省特定業種石油等消費統計調査」の調査表情報を利用した。調査表には，購入電力量，自家発電による発電電力量（火力，コージェネレーション，水力，炉頂圧，その他）の実績が含まれている。燃料については，ボイラー用，コージェネレーション用等，用途に応じた消費量が含まれる。本研究では購入電力と燃料を一次エネルギーに換算して分析を行っている。換算定数は「石油等消費動態統計年報」に記載の値を使用した。電気の換算定数は3.6MJ/kWh となっている。

　自家発電用燃料使用量について，上記のとおり「コージェネレーション」用は調査項目に含まれているが，「火力」用は直接含まれていないため発電効率を35％と想定して推定した。発電効率を決定するに当たっては，環境省 (2015)，

宮本良之（2002），吉村尚と高木信浩（2002）の例を参考にした。発電電力量の「火力」の定義は，ボイラーで燃料を燃焼することにより発生した蒸気力により発電した電力量となっている。蒸気がどの燃料起源のものかを選別することはできないため，ボイラー燃料のうち回収燃料から購入燃料の順に燃料使用量を抽出し推定した。

価格データについて，燃料は日本エネルギー研究所計量ユニット編 EDMC エネルギー・経済統計要覧（2014）を利用し，電力価格については一般電気事業者10社の有価証券報告書から推定し，GDP デフレータにより実質化した。

（2）燃料パターン

産業界で自家発電用燃料として使用されている全ての種類の燃料が自家発電設備を所有している事業所で使用されているとは限らない。したがって，全ての事業所を対象に分析を行った場合に問題が生じる。

この問題に対してこれまで2つの手法が提案されている。一つの手法は燃料パターンが技術的制約から決まっているとする手法である。Woodland（1987）はこの仮定のもとでオーストラリア企業の条件付生産関数を推定している。この研究では観察された燃料パターンごとに推計を行っている。Bjørner & Jensen（2002）は同様の手法をデンマークの企業に対して適用している。もう一つは，全ての燃料を使用することが経済的とはならないとする手法である。Lee & Pit（1987）はこの仮定に基づく手法を開発しインドネシア企業に適用した。Bousque & Ivaldi（1998）は同じ手法を採用している。また，Bousquet & Ladoux（2006）は，上記2つの手法を比較している。

事業所の自家発電用燃料パターンが変わるには次の3つの場合を想定できる。
①新しい燃料を導入する。
②ある燃料の使用を止める。
③ある燃料を間欠的に使用する。
燃料パターンが変わる場合に次のような考慮すべき点がある。新しい燃料を使用するためには発電機を購入する費用が必要となるため，機器更新の時期が燃

料価格だけではなく企業の投資計画にも依存することである。次にガスパイプラインが敷設されていない地域の企業にとって，重油からガスへの燃料転換は難しいであろう。これらの例は予算，時間，および物理的な制約の例である。一方で燃料の使用を止めるには費用はかからない。また，価格だけではなく企業の環境に対する方策も重要になる。こういう状況を全て考慮して分析することは難しいといえる。

本研究では条件付推計を採用する。推計はそれぞれの燃料パターンごとに行う。複数の自家発電機で複数種の燃料を使用している事業所，及び2種類の燃料を使用できる発電機を所有している事業所は，ある燃料を間欠的に使用できる。こういった例は多くはないと仮定する。さらに冗長的なシステムは単純なシステムより保守費用がかかるため一時的な状態であると仮定する。

以上の仮定のもと燃料パターンの変化を取り扱うために次のような手順をとる。例として3種類の燃料（f1，f2そしてf3）から成る燃料パターンjを表すために需要有無を「1」と「0」とする。第3番目を購入電力とし，いつも使用されるものとする。このとき2^2個の燃料パターン［111］，［101］，［011］，及び［001］が考えられる。本研究は購入電力と自家発電用燃料の代替性分析を目的とすることから［001］を除いて分析を行う。費用シェア方程式はそれぞれの燃料パターンの需要が正の燃料に適用する。そのために需要ゼロ問題に対して次のような手順を踏む。

パネルデータの集合Sを定義する。

$$S = \{f^k_{it} \mid f^k_{it} はパネルデータの要素とする\}$$

ここでf^k_{it}は時間t，事業所kにおける燃料iの使用量である。Sの部分集合を次のように定義する。

$$P_j = \{f^k_{it} \in S \mid f^k_{it} は燃料パターンjの要素とする\}$$

集合SはP_jの直和である。

$$S = \cup_i P_i, \quad \forall i, j \in I (i \neq j \rightarrow P_i \cap P_j = \phi)$$

ここで燃料パターン数の変化は評価期間中単調であると仮定する。この仮定のもとで，事業所は多くとも1度燃料パターンが変化する。

次のような集合を考える。

$$P^k_j = \{f^k_{it} \in P_j \mid f^k_{it} \text{は事業所} k \text{における時系列として連続的な要素}\}$$

集合 P^k_j は燃料パターン j における事業所 k の時間的に連続な要素を持つ。また，$P_j \backslash P^k_j$ は間欠的なデータを含む。この事業所は頻繁に燃料パターンを変えている。本研究では燃料パターンの費用シェア関数をデータ集合 $FP_j = \cup_k P^k_j$ 上で推定する。$\cup_j FP_j$ の観測数は，鉄鋼産業では $\cup_j P_j$ の94％，機械機器産業では92％，パルプ・製紙・板紙産業では92％，化学工業産業では95％，窯業・土石製品産業では96％を占める。この手法は選択バイアスを生じ得るが観測数のカバー率よりこのデータ集合を使用することにする。

5 購入電力と自家発電用燃料の価格／支出弾力性

(1) 評価対象燃料

各産業の電力供給用燃料の一次エネルギー分布を図１−２−１〜５に示す。同図を基に主要な燃料を評価対象として選定した。ただし，主要な燃料であっても評価対象としなかった燃料がある。例えば，パルプ・製紙・板紙産業における黒液は生産過程で生じる副産物であり，燃料として購入したものでないことから評価対象としなかった。化学工業産業における炭化水素油（副生油）や石油系炭化水素ガス（副生ガス）は調査上の制約等から評価対象としなかった。

(2) 価格弾力性評価結果

付録の表１-３-１〜11に（14）式の推定結果を示す。機械機器産業における購入電力と発電用重油の組み合わせと，パルプ・製紙・板紙産業における購入電力と発電用石炭の組み合わせの弾力性評価には時間項有り固定効果推定結果を使用した。それ以外はハウスマン検定によって選ばれる時間項無しの変動効果推定か固定効果推定の結果を使用した。

表１-１に各産業の燃料パターン毎価格弾力性評価結果を示す。価格弾力性 e_{ij} は，燃料 j の価格が１％高くなったときに燃料 i の需要が何％変化するのか

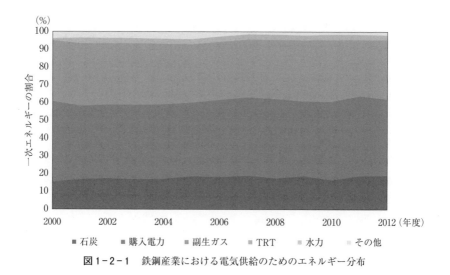

図1-2-1 鉄鋼産業における電気供給のためのエネルギー分布

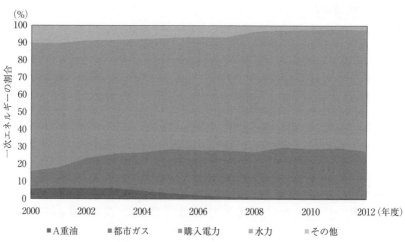

図1-2-2 機械機器産業における電気供給のためのエネルギー分布

第1章　製造業における自家発電の位置付け

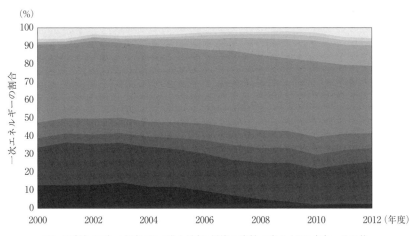

図1-2-3　パルプ・製紙・板紙産業における電気供給のためのエネルギー分布

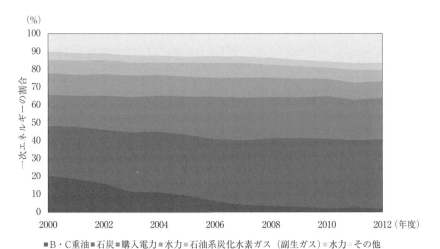

図1-2-4　化学工業産業における電気供給のためのエネルギー分布

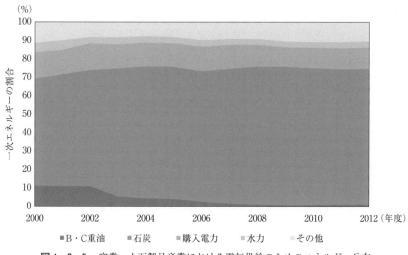

図1-2-5　窯業・土石製品産業における電気供給のためのエネルギー分布

を示す．機械機器産業の購入電力と自家発電用燃料がB・C重油と都市ガスの燃料パターン（③）において，都市ガスの自己価格弾力性評価結果は小さい値ではあるが正値となった．しかし，それ以外は全て負値となった．これは価格が値上がりすると需要が予想とおり減ることを示している．

電気料金が値上りしたときのことを考えると，自家発電による電力は購入電力に替わって使用することができる．しかし，全ての産業はこの説明のとおりにはなっていない．ほとんどの自家発電用燃料，すなわち自家発電力の購入電力に対する価格弾力性は負値になっている．

購入電力と自家発電用燃料が1種類の燃料パターンにおいて，全ての交叉価格弾力性が負値となっている場合がある．機械機器産業（④と⑤）とパルプ・製紙・板紙産業（⑦）が該当する．この場合，次のようなシナリオが想定される（図1-3参照）．機械機器産業においてコージェネレーションは主要な自家発電システムである．自家発電システムは燃料から電気と熱を取り出して同時併給する．コージェネレーションの総合エネルギー効率は定格運転中が一番良い．このためコージェネレーションは発電出力一定で運転していると仮定する．

第1章　製造業における自家発電の位置付け

　もしも電気料金が値上がりしたときに自家発電設備が定格運転中であれば，自家発電設備では購入電力に替わる電力を余分に発電することはできない。このとき自家発電用燃料の交叉価格弾力性はゼロか負値となる。一方，燃料価格が値上がりしてボイラーからの蒸気供給を減らした場合，生産工程における電気供給が過剰となり，購入電力を減らすことが考えられる。上述の場合は，交叉価格弾力性は全て負値となる。都市ガスはコージェネレーションで使用されることが多いため，パルプ・製紙・板紙産業における購入電力と都市ガスの交叉価格弾力性が負値であったことについても同様のシナリオを想定できる。

　購入電力と自家発電用燃料が2種類の燃料パターンにおいて，交叉価格弾力性が正値となり代替関係となっている場合がある。機械機器産業（③）が該当する。この場合，重油の購入電力に対する価格弾力性が正値となっている。自家発電用燃料として重油と都市ガスの2種類を所有していることから，自家発電設備を複数持っていることで，余分な発電容量があると考えられる。このため電気料金が値上がりしたときに自家発電力は購入電力の替わりに利用されるのであろう。また，事業継続性を考慮して複数の種類の燃料を使って自家発電している可能性がある。

　購入電力と自家発電用燃料の交叉価格弾力性が互いに符号が異なる場合がある（①，②，⑥，⑧，⑨，⑩，および⑪）。この場合，次のようなシナリオが想定される（図1-4参照）。特定業種石油等消費統計調査において「火力発電」（steam-generated power）と定義されている自家発電が該当する。自家発電方式としては背圧タービン方式を例に考える。もしも電気料金が値上がりしたときに自家発電設備が定格運転中，または生産量に応じた蒸気量で運転中であれば，購入電力に替わる電力を余分に発電することはできない。このとき自家発電用燃料の交叉価格弾力性はゼロか負値となる。一方，燃料が値上がりした場合，燃料の需要が減り自家発電設備の出力を低下，または複数台ある自家発電設備の1台を停止することで熱の生産工程への供給が減る。このときの電力供給力が電気需要を満たせなければ，電力会社から電気を購入することになる。そして購入電力の自家発電用燃料に対する交叉価格弾力性は正値になる。この場合，購入

43

表1-1 購入電力と自家発電（燃料）の価格弾力性

産業	燃料パターン		価格弾力性		
鉄鋼	① 副生ガス（K） 石炭（C） 購入電力（E）	e_{KK}	−0.81	***	(0.004)
		e_{KC}	−0.57	***	(0.005)
		e_{KE}	−0.26	***	(0.002)
		e_{CK}	−0.68	***	(0.005)
		e_{CC}	−0.91	***	(0.007)
		e_{CE}	−0.14	***	(0.002)
		e_{EK}	0.25	***	(0.001)
		e_{EC}	0.29	***	(0.001)
		e_{EE}	−0.77	***	(0.001)
	② 副生ガス（K） 購入電力（E）	e_{KK}	−1.57	***	(0.013)
		e_{KE}	−0.92	***	(0.014)
		e_{EK}	0.23	***	(0.005)
		e_{EE}	−0.63	***	(0.006)
機械機器	③ A重油（o） 都市ガス（T） 購入電力（E）	e_{oo}	−2.59	***	(0.023)
		e_{oT}	−1.42	***	(0.039)
		e_{oE}	1.60	***	(0.03)
		e_{To}	−0.10	***	(0.003)
		e_{TT}	0.04	***	(0.008)
		e_{TE}	−1.62	***	(0.008)
		e_{Eo}	0.10	***	(0.001)
		e_{ET}	−0.41	***	(0.003)
		e_{EE}	−1.18	***	(0.003)
	④ 都市ガス（T） 購入電力（E）	e_{TT}	−0.41	***	(0.003)
		e_{TE}	−1.10	***	(0.003)
		e_{ET}	−0.26	***	(0.001)
		e_{EE}	−0.51	***	(0.001)
	⑤ A重油（o） 購入電力（E）	e_{oo}	−0.66	***	(0.005)
		e_{oE}	−1.34	***	(0.006)
		e_{Eo}	−0.10	***	(0.002)
		e_{EE}	−0.61	***	(0.002)

第1章 製造業における自家発電の位置付け

産業	燃料パターン		価格弾力性		
パルプ・製紙・板紙	⑥ 石炭（C）	e_{CC}	−1.44	***	(0.003)
	購入電力（E）	e_{CE}	−0.16	***	(0.003)
		e_{EC}	0.37	***	(0.002)
		e_{EE}	−0.86	***	(0.002)
	⑦ 都市ガス（T）	e_{TT}	−0.99	***	(0.003)
	購入電力（E）	e_{TE}	−0.30	***	(0.003)
		e_{ET}	−0.01	***	(0.008)
		e_{EE}	−0.14	***	(0.008)
	⑧ B・C重油（O）	e_{OO}	−1.11	***	(0.019)
	購入電力（E）	e_{OE}	−0.52	***	(0.02)
		e_{EO}	0.07	***	(0.012)
		e_{EE}	−0.66	***	(0.013)
化学工業	⑨ B・C重油（O）	e_{OO}	−1.06	***	(0.002)
	購入電力（E）	e_{OE}	−0.31	***	(0.003)
		e_{EO}	0.03	***	(0.001)
		e_{EE}	−0.85	***	(0.001)
	⑩ 石炭（C）	e_{CC}	−1.05	***	(0.001)
	購入電力（E）	e_{CE}	−0.25	***	(0.001)
		e_{EC}	0.09	***	(0.002)
		e_{EE}	−0.59	***	(0.001)
窯業・土石製品	⑪ 石炭（C）	e_{CC}	−1.11	***	(0.001)
	購入電力（E）	e_{CE}	−0.20	***	(0.001)
		e_{EC}	0.28	***	(0.003)
		e_{EE}	−0.49	***	(0.002)

注：（ ）内の標準誤差はサンプル平均での式（12）に基づくシミュレーションによる値。
　　有意水準＊，＊＊，と＊＊＊は，それぞれ10％，5％，及び1％レベル。

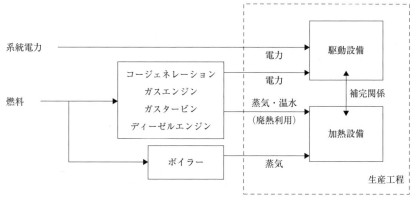

図1-3　自家発電（その1）

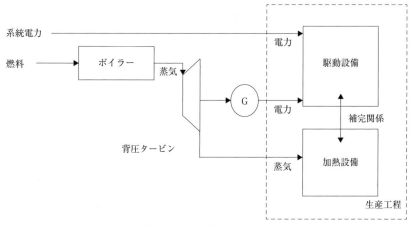

図1-4　自家発電（その2）

電力と自家発電用燃料の交叉価格弾力性のお互いの符号は異なる。

　当初，自家発電は東日本大震災後における原子力発電所の停止に起因する電気料金の値上げの影響を緩和する方法であると予想した。しかし上記価格弾力性の評価結果から，ほとんどの産業および自家発電用燃料の組み合わせで自家発電は電気料金の値上げを緩和しないことが示唆される結果となった。

表1-2 購入電力と自家発電(燃料)の支出弾力性

産業	燃料パターン		支出弾力性		
鉄鋼	副生ガス (K)	e_{Kx}	1.65	***	(0.002)
	石炭 (C)	e_{Cx}	1.72	***	(0.002)
	購入電力 (E)	e_{Ex}	0.23	***	(0.001)
	副生ガス (K)	e_{Kx}	1.86	***	(0.003)
	購入電力 (E)	e_{Ex}	0.52	***	(0.002)
機械機器	A重油 (o)	e_{ox}	2.45	***	(0.019)
	都市ガス (T)	e_{Tx}	1.66	***	(0.004)
	購入電力 (E)	e_{Ex}	0.66	***	(0.001)
	都市ガス (T)	e_{Tx}	1.51	***	(0.001)
	購入電力 (E)	e_{Ex}	0.77	***	(0.001)
	A重油 (o)	e_{ox}	2.01	***	(0.004)
	購入電力 (E)	e_{Ex}	0.71	***	(0.001)
パルプ・製紙・板紙	石炭 (C)	e_{Cx}	1.61	***	(0.002)
	購入電力 (E)	e_{Ex}	0.50	***	(0.001)
	都市ガス (T)	e_{Tx}	1.31	***	(0.001)
	購入電力 (E)	e_{Ex}	0.09	***	(0.003)
	B・C重油 (O)	e_{ox}	1.65	***	(0.002)
	購入電力 (E)	e_{Ex}	0.58	***	(0.002)
化学工業	B・C重油 (O)	e_{ox}	1.37	***	(0.003)
	購入電力 (E)	e_{Ex}	0.82	***	(0.001)
	石炭 (C)	e_{Cx}	1.30	***	(0.002)
	購入電力 (E)	e_{Ex}	0.50	***	(0.003)
窯業・土石製品	石炭 (C)	e_{Cx}	1.31	***	(0.001)
	購入電力 (E)	e_{Ex}	0.21	***	(0.003)

注:( )内の標準誤差はサンプル平均での式(13)に基づくシミュレーションによる値。
有意水準*,**,と***は,それぞれ10%,5%,及び1%レベル。

(3) 支出弾力性評価結果

表1-2に各産業の自家発電用燃料パターンごとの支出弾力性評価結果を示す。全ての自家発電用燃料の支出弾力性は購入電力よりも大きく,1よりも大きな値となっている。これは電気需要が増えて自家発電や電力購入のための支出が増えたときに,より自家発電の電力が好まれて消費されることを示している。

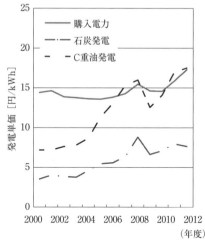

図1-5　モノジェネレーション推定発電単価
燃料価格データ：EDMC, 2014
想定：発電単価をメンテナンス費及び燃料費として計算
発電効率：35%

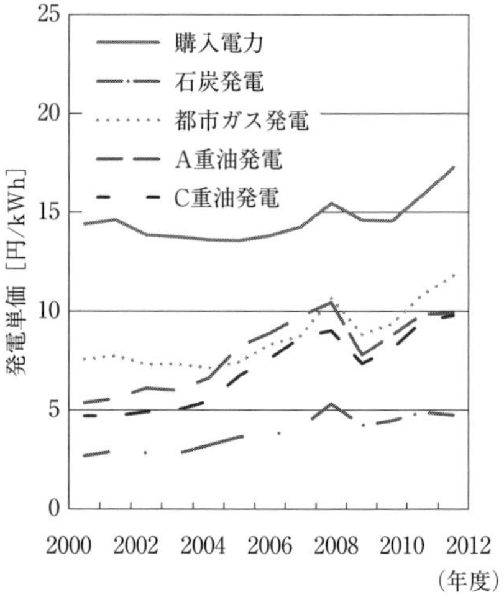

図1-6　コージェネレーション推定発電単価
燃料価格データ：EDMC, 2014
想定：発電単価をメンテナンス費及び燃料費として計算
発電効率：重油（40%）都市ガス（25%）石炭（35%）
廃熱回収：重油（35%）都市ガス（50%）石炭（40%）

　図1-5と図1-6にモノジェネレーションとコージェネレーションの推定発電単価及び購入電力の電気料金を示す。発電単価は資本費，燃料費，運転保守費等から構成される。事業者は電気料金と自家発電に必要な燃料費と運転保守費を合わせたランニングコストを比較しながら自家発電設備を稼働させていると想定した。資本費や補助金については設備導入にあたって考慮されるであろうが，自家発電中は考慮しないと想定した。したがって，推定発電単価を燃料費と運転保守費の合計としている。

　ここではモノエネレーションおよびコージェネレーションの発電単価はほとんどの評価期間において購入電力料金よりも安価であることがわかる。このことが自家発電用燃料の支出弾力性が購入電力よりも大きな理由の一つであると考えられる。

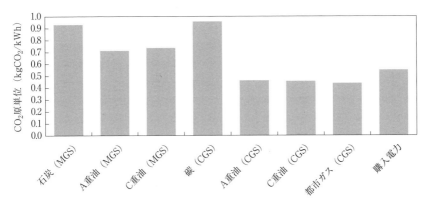

図1-7　自家発電の推定 CO_2 原単位

注：温室効果ガス排出量算定・報告マニュアル Ver.4.0（2015年5月，環境省，経済産業省）に記載の二酸化炭素排出係数を使用して推定した。コージェネレーションの発電効率と廃熱回収効率は，重油を40%と35%，ガスを25%と50%，石炭を35%と40%に想定した。モノジェネレーションの発電効率は35%に想定した。

（4）燃料の選択

日本の製造業は1970年代及び1980年代の石油危機の後で，石油の使用量を減らし続けている。そしてエネルギー集約的な産業とそうでない産業とではその様相が異なる。

図1-5と図1-6から石炭発電は他の発電よりも安価であることがわかる。一方，図1-7から石炭発電の二酸化炭素排出原単位は他の発電よりも大きい。つまり石炭発電は費用を削減できるかわりに環境負荷が大きい。

以上の点に注意しながら自家発電用燃料についてみていく。

図1-8に自家発電用燃料の比率の推移を示す。鉄鋼産業では石炭の比率が製造上の制約から他の燃料で代替できないため一定である。しかし副産物である副生ガスを使用することでエネルギーを節約している。パルプ・製紙・板紙産業は石炭の比率に大きな変化は見られない。これは廃材を使用することで重油削減分を補填しているためである。

化学工業産業と窯業・土石製品産業では石炭が重油にとって替わっている。これらの産業では費用を抑制しながら環境負荷を減らす石炭に替わる燃料がないためである。

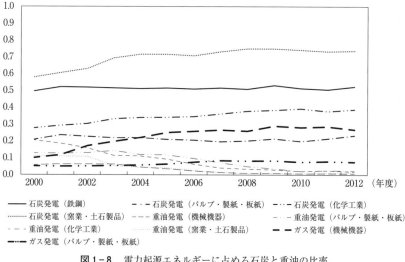

図1-8 電力起源エネルギーに占める石炭と重油の比率

　機械機器産業では都市ガスが重油に取って替わっている。図1-5，6から都市ガスの発電単価は重油と比較しても大きな違いはない。一方，都市ガス発電の二酸化炭素原単位は他の発電と比べて一番小さい。よって，機械機器産業はエネルギー集約型産業と違って，重油から都市ガスに燃料転換することにより二酸化炭素排出量を削減するような環境対策を取っていると考えられる。

6　購入電力と自家発電との関係

　本章では，購入電力と自家発電の関係について，価格弾力性，支出弾力性，及び自家発電用燃料の推移について分析を行った。その結果について，次のようにまとめることができる。
・プラントレベルのパネルデータを使用することで，購入電力と自家発電用燃料との代替性に焦点を当てて需要分析を行った。価格変動による自家発電用燃料需要とその感度は産業ごとの特性に依存していた。さらに，支出弾力性評価結果より，購入電力よりも自家発電力の方がより好んで消費されること

が示唆された。
- 石炭発電が好んで使用されていることが明らかとなった。二酸化炭素排出量削減のために発電用重油を廃材や回収燃料で置き換えている産業がある一方で，石油危機以降の石油離れのなか，二酸化炭素排出原単位が大きい石炭発電に置き換えている産業がある。
- 自家発電の導入は電力コストを削減できるため，購入電力価格上昇時に自家発電力が増えると予想していた。しかし価格弾力性評価結果から，必ずしも自家発電力が増えることにはならないことが示唆された。これは購入電力と自家発電力との間の補完性による効果を示している。自家発電のコスト効果があるにもかかわらず，全ての産業で代替が生じる結果とはなっていなかった。
- 本研究より次のような政策的含意を得た。自家発電用燃料の価格変動に対して自家発電用燃料需要変動が統計的に有意であったことから，炭素税による価格上昇は電気需要による二酸化炭素排出量を削減する効果を持ち得ることが示唆された。

付録 (14) 式の推定結果

表1-3-1　鉄鋼産業の変数推定結果
（燃料パターン：副生ガス (K), 石炭 (C), 購入電力 (E)）

変数	(1) プーリング推定 係数	標準誤差	(2) 固定効果推定 変数	標準誤差	(3) 時間項有プーリング推定 係数	標準誤差	(4) 時間項有固定効果推定 係数	標準誤差
α_K	0.5304	(0.8313)	−2.7156 ***	(0.3649)	1.2339	(27.8168)	3.5305	(5.1875)
γ_{KK}	0.1450	(0.1995)	0.1054 ***	(0.3411)	0.1462	(0.2083)	0.1202 ***	(0.037)
γ_{KC}	−0.1269	(0.2466)	−0.1176 ***	(0.0407)	−0.1257	(0.2491)	−0.1127 ***	(0.0406)
γ_{KE}	−0.0181	(0.0699)	0.0122	(0.0135)	−0.0205	(0.1165)	−0.0075	(0.0206)
β_K	−0.0138	(0.0466)	0.1815 ***	(0.0214)	−0.0137	(0.0466)	0.1844 ***	(0.0214)
t					−0.0003	(0.0138)	−0.0031	(0.0026)
$t_{2011}D_{disaster}$	−1.13E-16	(omitted)	−2.95E-17	(omitted)	−3.10E-17	(omitted)	4.34E-17	(omitted)
α_C	−0.9832	(0.8682)	−2.6771 ***	(0.2760)	−0.0333	(28.9947)	0.8874	(3.9518)
γ_{CK}	−0.1269	(0.2466)	−0.1176 ***	(0.0407)	−0.1257	(0.2491)	−0.1127 ***	(0.0406)
γ_{CC}	0.0964	(0.3129)	0.0684	(0.0516)	0.0986	(0.3332)	0.0761	(0.0533)
γ_{CE}	0.0305	(0.0848)	0.0492 ***	(0.0141)	0.0271	(0.1408)	0.0366 *	(0.0203)
β_C	0.0714	(0.0475)	0.1784 ***	(0.0159)	0.0714	(0.0476)	0.1796 ***	(0.0158)
t					−0.0005	(0.0143)	−0.0018	(0.002)
$t_{2011}D_{disaster}$	0.0000	(omitted)	0.0000	(omitted)	0.0000	(omitted)	0.0000	(omitted)
α_E	1.4528	(1.0994)	6.3927 ***	(0.3587)	−0.2006	(37.9271)	−3.4179	(5.1204)
γ_{EK}	−0.0181	(0.0699)	0.0122	(0.0135)	−0.0205	(0.1165)	−0.0075	(0.0206)
γ_{EC}	0.0305	(0.0843)	0.0492 ***	(0.0141)	0.0271	(0.1408)	0.0366 *	(0.0203)
γ_{EE}	−0.0124	(0.0713)	−0.0614 ***	(0.0115)	−0.0065	(0.1519)	−0.0291	(0.0202)
β_E	−0.0576	(0.0625)	−0.3600 ***	(0.021)	−0.0577	(0.0626)	−0.3606 ***	(0.0207)
t					0.0008	(0.0187)	0.0049 *	(0.0025)
$t_{2011}D_{disaster}$	1.13E-16	1.49E-16	2.95E-17	5.03E-18	3.10E-17	3.88E-16	−4.34E-17	(0.0000)
Obs	87							
R-sq								
副生ガス	0.0134		0.9639		0.0134		0.9644	
石炭	0.0297		0.9815		0.0297		0.9818	
LL	21		344		21		346	
AIC	−27		−650		−23		−650	
BIC	−10		−603		−1		−598	
df	7		19		9		21	

注：有意水準 *, **, と *** は，それぞれ10％, 5％, および1％レベル。固定効果モデルの事業所ダミー変数は報告されていない。

第1章 製造業における自家発電の位置付け

表1-3-2 鉄鋼産業の変数推定結果
(燃料パターン：副生ガス (K) と購入電力 (E))

変数	(1) 変動効果推定 係数	標準誤差	(2) 固定効果推定 係数	標準誤差	(3) 時間項有変動効果推定 係数	標準誤差	(3) 時間項有固定効果推定 係数	標準誤差
α_K	-6.003 *	(0.517)	-6.527 ***	(0.492)	12.314 **	(5.749)	11.969 **	(5.41)
γ_{KK}	-0.031 **	(0.013)	-0.041 ***	(0.012)	0.023	(0.021)	0.015	(0.02)
γ_{KE}	0.031 **	(0.013)	0.041 ***	(0.012)	-0.023	(0.021)	-0.015	(0.02)
β_K	0.392 ***	(0.031)	0.426 ***	(0.03)	0.401 ***	(0.029)	0.428 ***	(0.028)
t					-0.009 ***	(0.003)	-0.009 ***	(0.003)
$t_{2011}D_{disaster}$	-0.061 *	(0.032)	-0.056 *	(0.03)	-0.050	(0.03)	-0.046	(0.029)
Obs	115							
R-sq								
Within	0.7306		0.7316		0.7589		0.7597	
Between	0.0229		0.0231		0.0230		0.0231	
Overall	0.0003		0.0003		0.0002		0.0002	
	Wald $\chi^2(3)=225.36$***		F(3, 102)=92.70***		Wald $\chi^2(4)=268.74$***		F(4, 101)=79.81***	
Hausman statistics	$\chi^2(3)=65.76$***(p=0.0000)				$\chi^2(4)=106.34$***(p=0.0000)			

注：有意水準*、**、と***は、それぞれ10％、5％、および1％レベル。

表1-3-3　機械機器産業の変数推定結果
（燃料パターン：A重油（o），都市ガス（T）と購入電力（E））

変数	（1）プーリング推定 係数	標準誤差	（2）固定効果推定 変数	標準誤差	（3）時間項有プーリング推定 係数	標準誤差	（4）時間項有固定効果推定 係数	標準誤差
α_o	0.0111 ***	(0.0887)	−0.4390 **	(0.1724)	16.9509 ***	(5.5714)	7.9909 ***	(3.0888)
γ_{oo}	−0.0638 **	(0.0272)	−0.0377 **	(0.0182)	−0.0252	(0.0274)	−0.0264	(0.0181)
γ_{oT}	0.0147	(0.049)	−0.0251	(0.0291)	0.1119 ***	(0.0614)	0.0166	(0.0333)
γ_{oE}	0.0491	(0.0356)	0.0629 ***	(0.0208)	−0.0866	(0.06)	0.0098	(0.0295)
β_o	−0.0038	(0.0056)	0.0344 **	(0.0145)	−0.0036	(0.0052)	0.0319 **	(0.0142)
t					−0.0084 ***	(0.0027)	−0.0042 ***	(0.0015)
$t_{2011}D_{disaster}$	−0.0051	(0.0416)	0.0043	(0.024)	0.0059	(0.0388)	0.0135	(0.0235)
α_T	1.0004 ***	(0.2874)	−1.6988 ***	(0.3861)	−52.3465 *	(21.331)	−37.4172 ***	(8.7287)
γ_{To}	0.0147	(0.049)	−0.0251	(0.0291)	0.1119 ***	(0.0614)	0.0166	(0.0333)
γ_{TT}	0.5763 ***	(0.1419)	0.3662 ***	(0.0715)	−0.1292	(0.2663)	−0.0148	(0.1108)
γ_{TE}	−0.5910 ***	(0.1223)	−0.3411 ***	(0.0565)	0.0173	(0.2572)	−0.0018	(0.0999)
β_T	−0.0025	(0.0177)	0.1974 ***	(0.0326)	−0.0054	(0.0176)	0.1936 ***	(0.0316)
t					0.0263 ***	(0.0105)	0.0176 ***	(0.0043)
$t_{2011}D_{disaster}$	−0.1337	(0.1317)	0.0106	(0.0553)	−0.1390	(0.1303)	−0.0076	(0.0533)
α_E	−0.0116	(0.2909)	3.1378 ***	(0.3861)	36.3956 *	(22.1553)	30.4263 ***	(8.6266)
γ_{Eo}	0.0491	(0.0356)	0.0629 ***	(0.0208)	−0.0866	(0.06)	0.0098	(0.0295)
γ_{ET}	−0.5910 ***	(0.1223)	−0.3411 ***	(0.0565)	0.0173	(0.2572)	−0.0018	(0.0999)
γ_{EE}	0.5419 ***	(0.1189)	0.2782 ***	(0.0517)	0.0693	(0.2616)	−0.0080	(0.0978)
β_E	0.0063	(0.018)	−0.2318 ***	(0.0301)	0.0090	(0.0177)	−0.2255 ***	(0.0295)
t					−0.0179	(0.0109)	−0.0135 ***	(0.0042)
$t_{2011}D_{disaster}$	0.1388	(0.1336)	−0.0150	(0.0512)	0.1331	(0.1312)	−0.0059	(0.0496)
Obs	182							
R-sq								
重油	0.0663		0.6757		0.0883		0.6849	
都市ガス	0.128		0.8634		0.178		0.8755	
LL	250		528		258		538	
AIC	−482		−935		−493		−951	
BIC	−453		−739		−458		−749	
df	9		61		11		63	

注：有意水準*，**，と***は，それぞれ10%，5%，および1%レベル。固定効果モデルの事業所ダミー変数は報告されていない。

第1章 製造業における自家発電の位置付け

表1-3-4 機械機器産業の変数推定結果
(燃料パターン:都市ガス (T) と購入電力 (E))

変数	(1) 変動効果推定 係数	標準誤差	(2) 固定効果推定 係数	標準誤差	(3) 時間項有変動効果推定 係数	標準誤差	(3) 時間項有固定効果推定 係数	標準誤差
α_T	-1.1445 ***	(0.1444)	-1.4910 ***	(0.1674)	-26.0649 ***	(4.6516)	-27.2121 ***	(4.6257)
γ_{TT}	0.2345 ***	(0.0285)	0.2311 ***	(0.0284)	-0.0252	(0.0559)	-0.0360	(0.0554)
γ_{TE}	-0.2345 ***	(0.0285)	-0.2311 ***	(0.0284)	0.0252	(0.0559)	0.0360	(0.0554)
β_T	0.1316 ***	(0.0106)	0.1573 ***	(0.0124)	0.1361 ***	(0.0105)	0.1624 ***	(0.0122)
t					0.0122 ***	(0.0023)	0.0126	(0.0023)
$t_{2011}D_{disaster}$	0.0176	(0.0248)	0.0178	(0.0246)	0.0125	(0.0242)	0.0125 ***	(0.024)
Obs	665							
R-sq								
Within	0.2876		0.2899		0.3233		0.326	
Between	0.1515		0.1488		0.1543		0.1515	
Overall	0.1557		0.1507		0.166		0.1602	
	Wald $\chi^2(3)$ = 232.53***		F(3,582) = 79.21***		Wald $\chi^2(4)$ = 272.71***		F(4,581) = 70.21***	
Hausman statistics			$\chi^2(2)$ = 14.31***(p = 0.0025)				$\chi^2(3)$ = 14.31***(p = 0.0018)	

注:有意水準*,**,と***は,それぞれ10%,5%,および1%レベル。

表1-3-5 機械機器産業の変数推定結果
(燃料パターン:A重油 (o) と購入電力 (E))

変数	(1) 変動効果推定 係数	標準誤差	(2) 固定効果推定 係数	標準誤差	(3) 時間項有変動効果推定 係数	標準誤差	(3) 時間項有固定効果推定 係数	標準誤差
α_o	-0.3292	(0.2199)	-2.8391 ***	(0.3199)	43.0711 ***	(8.303)	30.10266 ***	(7.5917)
γ_{oo}	0.0232	(0.0283)	-0.0062	(0.0256)	0.1965 ***	(0.0428)	0.1253 ***	(0.0391)
γ_{oE}	-0.0232	(0.0283)	0.0062	(0.0256)	-0.1965 ***	(0.0428)	-0.1253 ***	(0.0391)
β_o	0.0472 ***	(0.0176)	0.2521 ***	(0.026)	0.0365 ***	(0.0175)	0.2262 **	(0.0258)
t					-0.0215 ***	(0.0041)	-0.0162 ***	(0.0037)
$t_{2011}D_{disaster}$	-0.0827	(0.0514)	-0.0807 *	(0.0452)	-0.0332	(0.0498)	-0.0453	(0.0444)
Obs	309							
R-sq								
Within	0.1754		0.2792		0.1931		0.329	
Between	0.1833		0.187		0.1307		0.1823	
Overall	0.1176		0.1269		0.0303		0.1134	
	Wald $\chi^2(3)$ = 10.37*		F(3,254) = 32.79***		Wald $\chi^2(4)$ = 40.25***		F(4,253) = 31.03***	
Hausman statistics			$\chi^2(3)$ = 115.44***(p = 0.0000)				$\chi^2(4)$ = 99.72***(p = 0.0000)	

注:有意水準*,**,と***は,それぞれ10%,5%,および1%レベル。

表 1-3-6　パルプ・製紙・板紙産業の変数推定結果
(燃料パターン：石炭 (C) と購入電力 (E))

変数	(1) 変動効果推定 係数	標準誤差	(2) 固定効果推定 係数	標準誤差	(3) 時間項有変動効果推定 係数	標準誤差	(3) 時間項有固定効果推定 係数	標準誤差
α_C	-2.4522 ***	(0.2983)	-3.1873 ***	(0.34)	-36.9519 ***	(8.7037)	-40.4339 ***	(8.4308)
γ_{CC}	0.0794 ***	(0.0182)	0.0680 ***	(0.0179)	-0.0536	(0.0377)	-0.0747 **	(0.0366)
γ_{CE}	-0.0794 ***	(0.0182)	-0.0680 ***	(0.0179)	0.0536	(0.0377)	0.0747 **	(0.0366)
β_C	0.2159 ***	(0.0209)	0.2681 ***	(0.024)	0.2252 ***	(0.0205)	0.2750 ***	(0.023)
t					0.0171 ***	(0.0043)	0.0184 ***	(0.0184)
$t_{2011}D_{disaster}$	0.2504 ***	(0.0534)	0.2473 ***	(0.0517)	0.2197 ***	(0.0518)	0.2138 ***	(0.05)
Obs	222							
R-sq								
Within	0.5266		0.5324		0.5703		0.575	
Between	0.1877		0.1886		0.1706		0.1736	
Overall	0.2028		0.1948		0.2002		0.1934	
	Wald $\chi^2(3)$ = 195.23***		F(3, 194) = 73.63***		Wald $\chi^2(4)$ = 228.40***		F(4, 193) = 65.39***	
Hausman statistics			$\chi^2(3)$ = 19.79*** (p=0.0002)				$\chi^2(4)$ = 21.91*** (p=0.0002)	

注：有意水準*，**，と***は，それぞれ10%，5%，および1%レベル。

表 1-3-7　パルプ・製紙・板紙産業の変数推定結果
(燃料パターン：都市ガス (T) と購入電力 (E))

変数	(1) 変動効果推定 係数	標準誤差	(2) 固定効果推定 係数	標準誤差	(3) 時間項有変動効果推定 係数	標準誤差	(3) 時間項有固定効果推定 係数	標準誤差
α_T	-1.9806 ***	(0.2992)	-2.1729 ***	(0.351)	-16.9276 *	(9.6234)	-22.3973 **	(9.336)
γ_{TT}	0.1668 ***	(0.0607)	0.1731 ***	(0.0613)	0.0049	(0.1193)	-0.0392	(0.1152)
γ_{TE}	-0.1668 ***	(0.0607)	-0.1731 ***	(0.0613)	-0.0049	(0.1193)	0.0392	(0.1152)
β_T	0.2178 ***	(0.0214)	0.2331 ***	(0.025)	0.2092 ***	(0.0208)	0.2279 ***	(0.0249)
t					0.0074	(0.0048)	0.0100 **	(0.0046)
$t_{2011}D_{disaster}$	-0.0500	(0.0369)	-0.0475	(0.037)	-0.0534	(0.0381)	-0.0500	(0.0366)
Obs	222							
R-sq								
Within	0.3584		0.3585		0.3736		0.374	
Between	0.4148		0.4146		0.394		0.3886	
Overall	0.3223		0.3219		0.32		0.3184	
	Wald $\chi^2(3)$ = 122.94***		F(3, 186) = 34.64***		Wald $\chi^2(4)$ = 126.22***		F(4, 185) = 27.67***	
Hausman statistics			$\chi^2(3)$ = 3.79*** (p=0.2855)				$\chi^2(4)$ = 28.63*** (p=0.0002)	

注：有意水準*，**，と***は，それぞれ10%，5%，および1%レベル。

第1章　製造業における自家発電の位置付け

表1-3-8　パルプ・製紙・板紙産業の変数推定結果
（燃料パターン：B・C重油（O）と購入電力（E））

変数	(1) 変動効果推定		(2) 固定効果推定		(3) 時間項有変動効果推定		(3) 時間項有固定効果推定	
	係数	標準誤差	係数	標準誤差	係数	標準誤差	係数	標準誤差
α_O	-1.2716 ***	(0.2287)	-2.7623 ***	(0.3678)	23.2971	(14.5762)	4.4212	(14.7349)
γ_{OO}	0.0477 **	(0.0243)	0.0547 **	(0.0236)	0.1372 **	(0.0583)	0.0805	(0.0579)
γ_{OE}	-0.0477 **	(0.0243)	-0.0547 **	(0.0236)	-0.1372 **	(0.0583)	-0.0805	(0.0579)
β_O	0.1348 ***	(0.0174)	0.2531 ***	(0.0286)	0.1314 ***	(0.0176)	0.2488 ***	(0.03)
t					-0.0122 *	(0.0072)	-0.0035	(0.0072)
$t_{2011}D_{disaster}$	-0.0754	(0.0673)	-0.0592	(0.0645)	-0.0494	(0.0687)	-0.0522	(0.0662)
Obs	270							
R-sq								
Within	0.2661		0.2748		0.2545		0.276	
Between	0.2571		0.2574		0.2556		0.2572	
Overall	0.175		0.1719		0.1746		0.1721	
	Wald $\chi^2(3)=66.39$***		$F(3,223)=28.17$***		Wald $\chi^2(4)=69.81$***		$F(4,222)=21.11$***	
Hausman statistics			$\chi^2(3)=27.22$***(p=0.0000)				$\chi^2(4)=23.24$***(p=0.0001)	

注：有意水準*，**，と***は，それぞれ10%，5%，および1%レベル。

表1-3-9　化学工業産業の変数推定結果
（燃料パターン：B・C重油（O）と購入電力（E））

変数	(1) 変動効果推定		(2) 固定効果推定		(3) 時間項有変動効果推定		(3) 時間項有固定効果推定	
	係数	標準誤差	係数	標準誤差	係数	標準誤差	係数	標準誤差
α_O	-1.3026 ***	(0.3838)	-1.8936 ***	(0.4334)	5.0274	(12.179)	0.0719	(12.317)
γ_{OO}	0.0178	(0.0199)	0.0183	(0.0198)	0.0410	(0.0489)	0.0255	(0.049)
γ_{OE}	-0.0178	(0.0199)	-0.0183	(0.0198)	-0.0410	(0.0489)	-0.0255	(0.049)
β_O	0.1205 ***	(0.0276)	0.1635 ***	(0.0316)	0.1173 ***	(0.0289)	0.1618 ***	(0.0334)
t					-0.0031	(0.006)	-0.0010	(0.006)
$t_{2011}D_{disaster}$	-0.0594	(0.1009)	-0.0530	(0.0997)	-0.0522	(0.1018)	-0.0508	(0.1009)
Obs	201							
R-sq								
Within	0.1396		0.1403		0.1384		0.140	
Between	0.0011		0.0011		0.0012		0.0012	
Overall	0.0038		0.0036		0.0036		0.0036	
	Wald $\chi^2(3)=19.69$***		$F(3,168)=9.14$***		Wald $\chi^2(3)=20.14$***		$F(4,167)=6.82$**	
Hausman statistics			$\chi^2(3)=7.84$**(p=0.0493)				$\chi^2(3)=32.56$***(p=0.0000)	

注：有意水準*，**，と***は，それぞれ10%，5%，および1%レベル。

表 1-3-10　化学工業産業の変数推定結果

(燃料パターン：石炭（C）と購入電力（E））

変数	(1) 変動効果推定 係数	標準誤差	(2) 固定効果推定 係数	標準誤差	(3) 時間項有変動効果推定 係数	標準誤差	(3) 時間項有固定効果推定 係数	標準誤差
α_C	-2.0572 ***	(0.4962)	-2.2616 ***	(0.5263)	-9.3174 *	(5.7708)	-9.8237	(5.8626)
γ_{CC}	0.0844 ***	(0.0125)	0.0846 ***	(0.0127)	0.0575 **	(0.0247)	0.0567 **	(0.025)
γ_{CE}	-0.0844 ***	(0.0125)	-0.0846 ***	(0.0127)	-0.0575 **	(0.0247)	-0.0567 **	(0.025)
β_C	0.1871 ***	(0.0319)	0.1985 ***	(0.0351)	0.1925 ***	(0.0321)	0.2045 ***	(0.0353)
t					0.0036	(0.0028)	0.0037	(0.0029)
$t_{2011}D_{disaster}$	0.0134	(0.0527)	0.0132	(0.0533)	0.0086	(0.0526)	0.0083	(0.0532)
Obs	114							
R-sq								
Within	0.4265		0.4268		0.4361		0.437	
Between	0.2598		0.2594		0.2595		0.2591	
Overall	0.2048		0.2041		0.2047		0.2039	
	Wald $\chi^2(3)$=77.50***		F(3,99)=24.57***		Wald $\chi^2(4)$=79.76***		F(4,98)=18.98***	
Hausman statistics			$\chi^2(3)$=0.61(p=0.8948)				$\chi^2(4)$=0.67(p=0.9545)	

注：有意水準*, **, と***は，それぞれ10％，5％，および1％レベル。

表 1-3-11　窯業・土石製品産業の変数推定結果

(燃料パターン：石炭（C）と購入電力（E））

変数	(1) 変動効果推定 係数	標準誤差	(2) 固定効果推定 係数	標準誤差	(3) 時間項有変動効果推定 係数	標準誤差	(3) 時間項有固定効果推定 係数	標準誤差
α_C	-2.4100 ***	(0.3874)	-2.8689 ***	(0.4298)	-25.8877 ***	(9.2605)	-28.1693 ***	(8.8506)
γ_{CC}	0.0808 ***	(0.02)	0.0688 ***	(0.0205)	-0.0063	(0.0408)	-0.0297	(0.0397)
γ_{CE}	-0.0808 ***	(0.02)	-0.0688 ***	(0.0205)	0.0063	(0.0408)	0.0297	(0.0397)
β_C	0.2233 ***	(0.0236)	0.2509 ***	(0.0264)	0.2176 ***	(0.0225)	0.2573 ***	(0.0257)
t					0.0116 **	(0.0046)	0.0124 ***	(0.0043)
$t_{2011}D_{disaster}$	0.0644	(0.05)	0.0664	(0.0493)	0.0479	(0.0505)	0.0499	(0.0482)
Obs	131							
R-sq								
Within	0.6403		0.6423		0.6616		0.666	
Between	0.3934		0.3967		0.3859		0.3914	
Overall	0.3789		0.3765		0.3775		0.3745	
	Wald $\chi^2(3)$=204.15***		F(3,117)=70.03***		Wald $\chi^2(4)$=210.39***		F(4,116)=57.80***	
Hausman statistics			$\chi^2(3)$=5.32(p=0.1497)				$\chi^2(4)$=9.89***(p=0.0423)	

注：有意水準*, **, と***は，それぞれ10％，5％，および1％レベル。

●参考文献

Alston, J. M., K. A Foster & R. D. Gree (1994) "Estimating elasticities with the linear approximate almost ideal demand system : some Monte Carlo results" *The Review of Economics and Statistics*, 351-356.

Bjørner, T. B. & H. H. Jensen (2002) "Interfuel substitution within industrial companies : an analysis based on panel data at company level" *The Energy Journal*, 27-50.

Bousquet, A. & M. Ivaldi (1998) "An individual choice model of energy mix" *Resource and Energy Economics*, 20 (3), 263-286.

Bousquet, A. & N. Ladoux (2006) "Flexible versus designated technologies and interfuel substitution" *Energy Economics*, 28 (4), 426-443.

Considine, T. J. (1989) "Separability, functional form and regulatory policy in models of interfuel substitution" *Energy Economics*, 11 (2), 82-94.

Deaton, A. & J. Muellbauer (1980) "An almost ideal demand system" *The American economic review*, 312-326.

Fuss, M. A. (1977) "The demand for energy in Canadian manufacturing : An example of the estimation of production structures with many inputs" *Journal of Econometrics*, 5 (1), 89-116.

Lee, L.-F. & M. M. Pitt (1987) "Microeconometric models of rationing, imperfect markets, and non-negativity constraints" *Journal of Econometrics*, 36 (1), 89-110.

Matsukawa, I., Y. Fujii & S. Madono (1993) "Price, environmental regulation, and fuel demand : econometric estimates for Japanese manufacturing industries" *The Energy Journal*, 37-56.

Pindyck, R. S. (1979) "Interfuel substitution and the industrial demand for energy : an international comparison" *The review of economics and statistics*, 169-179.

Serletis, A., G. R. Timilsina & O. Vasetsky (2010) "Interfuel substitution in the United States" *Energy Economics*, 32 (3), 737-745.

Shephard, R. W. (1953) *Cost and production functions*, Princeton.

Steinbuks, J. (2010) Interfuel substitution and energy use in the UK manufacturing sector.

Stern, D. I. (2012) "Interfuel Substitution : A Meta-Analysis" *Journal of Economic Surveys*, 26 (2), 307-331.

The Federation of Electric Power Companies of Japan (2014) *Environmental Action Plan by the Japanese Electric Utility Industry*, 50.

Wales, T. J. & A. D. Woodland (1983) "Estimation of consumer demand systems with binding non-negativity constraints" *Journal of Econometrics, 21* (3), 263-285.

Woodland, A. D. (1993) "A micro-econometric analysis of the industrial demand for energy in NSW" *The Energy Journal*, 57-89.

Zellner, A. (1962) "An efficient method of estimating seemingly unrelated regressions and tests for aggregation bias" *Journal of the American statistical Association, 57* (298), 348-368.

環境省（2014）『小規模火力発電に係る環境保全対策ガイドライン――自治体や事業者の方に広くご活用いただくための環境保全技術先進事例とりまとめ』2014年。

環境省（2015）中央環境審議会総合政策・地球環境合同部会　環境税の経済分析等に関する専門委員会「環境税の効果（参考資料）」2005年8月。

環境省・経済産業省（2015）『温室効果ガス排出量算定・報告マニュアル Ver. 4.0』，2015年5月。

経済産業省（2014）『エネルギー白書　2014年版』，2014年。

コージェネレーション・エネルギー高度利用センター（A.C.E.J）ホームページ（http://www.ace.or.jp/web/works/works_0020.html）（最終アクセス2015年12月28日）。

電気供給約款研究会編（1979）『新版　電気供給約款の理論と実務』。

日本エネルギー経済研究所計量分析ユニット（2014）『EDMC／エネルギー・経済統計要覧（2014年版）』省エネルギーセンター。

真殿誠志・松川勇・藤井美文（1992）「日本の製造業におけるエネルギー選択」(財)電力中央研究所経済研究所『電力経済研究　No. 30』。

宮本良之（2002）「3.1紙・パルプ産業における省エネルギーのシナリオ」化学工業会，環境パートナーシップCLUB『化学工学の進歩36　環境調和型エネルギーシステム』槇書店。

吉村尚・高木信浩（2002）「3.2鉄鋼業のエネルギーシステム」化学工業会・環境パートナーシップCLUB『化学工学の進歩36　環境調和型エネルギーシステム』槇書店。

第2章
原子力発電所停止の影響と火力代替の効果
―――季節・時間帯別のシミュレーション分析―――

細江宣裕

1 原発停止シミュレーションの目的

　2011年3月の震災は電力システムに大きな損害を与えた。それには2つの側面がある。1つには，東日本地域の原子力発電所を中心に深刻な損害をもたらしたこと。いま1つは，これらの地域以外についても，原子力発電に対する信頼が失われ，震災や事故によって毀損したものでなくとも，運転再開が非常に困難な状況になっていることである。全国平均で約25％の電力を原子力発電によって賄ってきた日本は深刻な電力不足に直面し，かつそれが長期化する恐れが出てきた（図2-1）。高橋・永田（2011）は，原子力発電所の新設・建て替えが一切できない場合，主に火力代替による燃料費の増加と原子力発電所の安全対策費の増加による設備費の膨張によって，これらの費用増加要因がなかった場合と比べて2030年度には発電費が17％増加すると長期的な試算している。そこでは，震災前に49GWあった原子力発電所の設備が，新設・建て替えが一切できなくなることで2030年に19GWとなるとしている。

　一方で我々が直面している現実は，一旦，すべての原子力発電所が一切稼働できなくなり，それらの再稼働については明るい見通しのないなかで電力市場を運営していかなければならないという差し迫った危機であり，抜本的対策を短期間で行う必要がある。実際，原子力規制庁の安全審査に合格して，九州電力川内原子力発電所が2015年に再稼働したが，同じように審査に合格した関西電力高浜原子力発電所は，大津地裁からの再稼働差し止め仮処分を受けて再稼

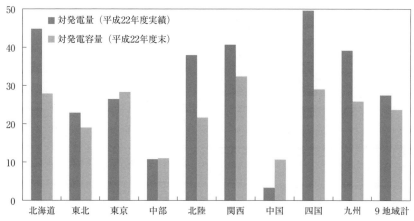

図2-1 地域別の原子力発電依存度—年間発電量(kWh)と全電源発電容量(kW)に占める割合[%]
注：日本原子力発電の発電設備は，関西および東京に含む。

働直後に停止を余儀なくされた（2016年3月現在）。

　全国的な設備容量の不足という問題以外に，地域的要因も重要である。すなわち，原発依存度が地域間で異なることから，原発脱落は，ある特定地域の供給力不足をとくに深刻にし，この地域への送電が増加することが予想される。しかし，震災直後に50Hz地域と60Hz地域とをつなぐ周波数変換設備（FC）容量の不足問題が顕在化したように，送電容量制約がこうした地域間融通を阻害する可能性がある。高橋・永田（2011）では地域間連系線の混雑というネットワークの問題は考慮していなかったが，重要な要素として取り扱う必要がある。

　本章では，原子力発電所が運転できないことから生じる供給力不足によって，（1）9電力管区（沖縄以外）における需給の変化，（2）各地域の電力価格の変化，（3）地域間の電力融通パタンの変化を，9地域電力市場モデルを用いてシミュレーション分析を行なう[1]。そこでは，(a) 原子力発電所の脱落（または，再稼働が許可されない状況）の影響，(b) 代替電源としてガスタービン複合火力（GTCC）を導入した場合の効果を検討する。これによって，震災によっ

---

(1) ここでいう「電力価格」は，卸市場における電力価格を想定している。

て日本の電力需給がどの程度逼迫し，それが各地域の電力価格や地域間送電線の混雑にどのような影響を与えるかについて，細江・秋山（2007）による9地域電力空間均衡モデルを用いたシミュレーション分析によって計量的に明らかにする。

本章の構成は以下の通り。次節ではシミュレーション分析に用いたモデルとその推定方法について説明し，原発脱落と代替電源導入の影響について予備的検討を行う。第3節では，これら2種類のシミュレーション・シナリオを記述し，それらのシミュレーション結果について考察する。第4節で結語とともにエネルギー政策・施策上の含意について触れる。

2　9地域電力空間均衡モデルの概要

（1）モデルの枠組み

北海道から九州まで，日本の電力市場を電力会社の管区に従って9分割した地域電力市場が，それらの間の9つの送電線によって連係されているとして，Takayama-Judge（1971）モデルをもとに空間的部分均衡モデル構築する。模式的にiとjの2地域の場合を図2-2に示した。縦軸上に電力価格（供給者価格p_i^y, p_j^y, 需要者価格p_i^x, p_j^x，および，その間にかかる送電料金$t_{i,j}$），横軸中央の原点Oから左右に発電量y_i, y_jと消費量x_i, x_jをとる。それぞれの地域で，電力価格の高低に応じて需給量が決まる需要関数と供給関数を考える。地域iから地域j（$j=i$の場合も含む）への送受電量$z_{i,j}$が9地域全体で均衡するように，すべての地域の電力価格が調整される。本研究では，Akiyama & Hosoe（2011）を踏襲して，完全競争的市場，すなわち，限界価格形成を前提として均衡を計算する[2]。

---

[2] 不完全競争を前提とした日本の電力市場シミュレーションについては，Hattori（2003），金本他（2006，第5章），田中（2007）等を参照されたい。

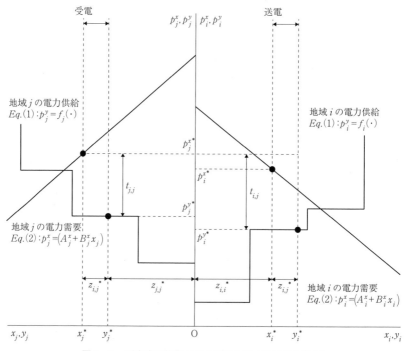

図 2-2　電力空間均衡モデルの概念図（2 地域の場合）

注：送電損失については，図中では簡略化のために省略している。
出所：Akiyama & Hosoe（2011）をもとに筆者改変

（2）供給側のモデル化と推定

供給関数は，全国の発電所（9 地域電力会社，電源開発，日本原子力発電，共同火力等）の設備容量と燃料消費量のデータを『電力需給の概要』（2004 年度）等を参考に，貿易統計から得られた各種燃料価格を用いて発電単価を推定する[3]。

既設のもの以外は，近い将来に運転開始予定の建設中の火力発電所についても設備容量として考慮に入れる（表 2-1）。水力発電所，原子力発電所，地熱発電所，独立電気事業者等の設備容量は実際の容量とし，それらの発電単価に

---

[3] 2004 年度以降は，発電所ごとの燃料消費量が開示されていない。費用としては，灰処理費用，排気ガスの脱硫・脱硝費用といったものも必要であるが，発電のための限界費用としてここでは燃料費のみを考慮した。

第2章　原子力発電所停止の影響と火力代替の効果

表2-1　火力発電所発電単価

[発電単価：円/kWh，出力：MW]

北海道	発電単価	出力	東京	発電単価	出力	関西	発電単価	出力	四国	発電単価	出力
苫東厚真	3.11	1,650	常陸那珂	2.94	2,000	舞鶴	2.94	1,800	橘湾	3.16	700
砂川	4.35	250	広野5-6	2.94	1,200	高砂（電発）	3.80	500	橘湾（電発）	3.25	2,100
奈井江	4.85	350	磯子（電発）	3.19	1,200	和歌山（共火）	4.54	306	西条	3.32	406
知内2	7.16	350	君津（共火）	3.95	1,365	姫路第一	6.89	1,442	新居浜西（共火）	3.65	150
北電GT（新）*	7.44	0	鹿島（共火）	4.83	1,400	泉北天然ガス	7.44	1,109	新居浜東（共火）	3.97	23
苫小牧（共火）	10.16	250	品川	5.95	1,140	姫路第二	7.44	2,919	坂出2-3	5.19	1,150
知内1	10.44	350	千葉	6.69	2,880	堺港*	7.44	2,000	壬生川（共火）	6.76	250
苫小牧	10.47	250	横浜	6.99	3,425	南港	8.58	1,800	坂出1*	7.44	296
			川崎天然ガス	7.44	847	宮津エネ研	10.12	750	坂出4	8.51	350
東北			扇島パワーステ	7.44	814	多奈川第二	10.18	1,200	阿南	10.34	1,245
	発電単価	出力	富津*	7.44	5,040	赤穂	10.23	1,200			
原町	3.07	2,000	東扇島	8.26	2,000	御坊	10.42	1,800	九州		
新地（共火）	3.19	2,000	袖ヶ浦	8.36	3,600	海南	10.43	2,100		発電単価	出力
能代	3.22	1,200	五井	8.51	1,886	相生	10.57	1,125	大分（共火）	0.81	506
酒田（共火）	3.33	700	川崎	8.59	3,420				苓北	3.22	1,400
新潟4	5.01	250	南横浜	8.72	1,150	中国			松浦	3.23	700
勿来7-9（共火）	6.31	1,450	姉崎	9.24	3,600		発電単価	出力	松浦（電発）	3.27	2,000
仙台	7.44	446	鹿島	9.92	4,400	福山（共火）	0.50	844	苅田（新1）	3.29	360
上越*	7.44	1,440	広野1-4	10.07	3,200	倉敷（共火）	0.70	613	松島（電発）	3.58	1,000
東新潟	7.74	4,600	横須賀	10.46	2,130	三隅	2.97	1,000	戸畑（共火）	4.02	781
新仙台2	8.54	600	大井	10.64	1,050	新小野田	3.13	1,000	新大分	7.25	2,295
新仙台1	10.41	350				下関1	3.22	175	九電GT（新）*	7.44	0
勿来6（共火）	10.59	175	中部			大崎	3.25	250	新小倉	8.73	1,800
秋田	10.97	1,300		発電単価	出力	水島2	3.32	156	豊前	10.23	1,000
			碧南	3.14	4,100	竹原（電発）	3.47	1,300	相浦	10.72	875
北陸			新名古屋	6.76	2,992	中国電 GT（新）*	7.44	0	苅田（新2）	11.07	375
	発電単価	出力	川越	7.12	4,802	柳井	7.49	1,400	川内	11.31	1,000
敦賀	3.11	1,200	上越*	7.44	2,380	水島3	8.51	340	唐津	11.34	875
七尾大田	3.17	1,200	知多第二	8.32	1,708	水島1	8.70	285			
富山新港（石炭1-2）	3.39	500	四日市	8.65	1,245	下関2	10.20	400			
富山新港（新）*	7.44	0	知多	8.70	3,966	玉島	10.32	1,200			
福井（三国1）	10.90	250	西名古屋	10.12	1,190	下松	10.43	700			
富山新港	11.21	1,000	尾鷲三田	10.35	875	岩国	10.45	850			
			渥美	10.37	1,900						

注：*は（仮想的な）新規導入，または，増設されるガスタービン複合火力発電所，網掛けは公開データがないために仮定された発電単価。

については0円/kWhとした[4]。ただし，この一見極端にみえる仮定は，（その実際の単価が石炭火力のそれ以下である限り）結果に本質的な違いを生まない。なぜなら，後でみるシミュレーション結果からわかるように，原子力等の0円/kWh電源のみで需要が賄えるケースは，オフピーク期の深夜時間帯のような需要が

---

(4) 2015年に，関西電力美浜原子力発電所1号機（340MW），同2号機（500MW），および，日本原子力発電敦賀発電所1号機（357MW）は廃炉が決まったが，ここでは設備容量として考慮している。

小さい場合であっても発生しないからである．

　2004年以降に運開予定もの，および，シミュレーション中で仮想的に導入される新規電源や，燃料転換等を行った発電所の燃料消費量については不明である．そこで，石炭火力（具体的には，東京電力広野5，6号，関西電力舞鶴1，2号）の発電単価については，東京電力常陸那珂発電所並みの発電単価とし，ガスタービン複合火力については，東京電力富津発電所の発電単価を用いた[5]．その他，中国・四国電力において石油からLNGへ燃料転換された発電所やコンバインド・サイクル化された発電所については，それぞれ，東京電力五井発電所，および，中部電力知多発電所の発電単価を用いた．これによって階段状のいわゆるメリット・オーダー曲線を推定する（図2-3）．通常，発電所は定期的に点検等のために停止する．ここでは，定期点検のスケジュールが不明であったので，すべての発電所が常に利用可能であるとする．ただし，ピーク電源（石油・LNG等の火力発電所）については，オフピーク期（春秋）に点検を行うことが多いことを考えると，この仮定はそれほど制約的なものではない．一方，原子力や石炭火力発電所のようなベース電源については，本来ならば明示的に停止時期を考慮しなければならないため，これは強い仮定であると言えよう．もちろん，一定量のベース電源が定期点検等のために利用できないと仮定して基準均衡を解き，シミュレーションすることは可能である．

　水力発電所は電力需給に応じた柔軟な出力調整が行われている．本来ならば，オプション価格を計算することでこの出力調整パタンを描写するべきであるが，モデルが煩雑になりすぎる．そこで，揚水式水力発電所とその他の水力発電所に分けて，それぞれの運転パタンを外生的に仮定する．すなわち，電力需要の少ない夜間にはあまり発電せず，需要が大きくなってくる昼間に多く発電するというものである．あわせて，揚水式発電所が電気を消費して水をくみ上げる

---

[5] 富津発電所は，いわゆる第一世代のガスタービン複合火力発電所であり，最近建設されている第三世代のものよりは効率性の点で劣る．その意味では，保守的な仮定である．一方で，シミュレーションでは代替電源としてすべてをガスタービン複合火力想定しているが，実際には，より効率の悪い発電設備や自家発再稼働も考えられる．その意味では，楽観的な仮定であるともいえよう．

第2章　原子力発電所停止の影響と火力代替の効果

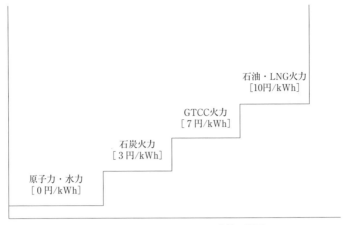

図2-3　メリット・オーダー曲線の概要

注：図中の発電単価は典型的な値である。詳しくは表2-1参照。

そのパタンについても夜間に行うものとしてその分だけの電力需要を仮定する。最後に，揚水式発電所については，（有効）電力だけでなく，無効電力も供給する役割を担っている。Akiyama & Hosoe (2011) にしたがって，東京電力の揚水式発電所では，その発電量の50％だけが（有効）電力供給に資するものとし，その他の8地域については，発電量のすべてが（有効）電力供給に資するものとする[6]。

地域間送電のための主要な9つの連系線には，それぞれに物理的な送電容量制約が存在する（図2-4）。震災後の電力不足時に注目された50-60Hz変換を行う周波数変換装置をもつ連系線（FC連系線）もこのひとつである。この容量制約を超えないように各地域の電力価格と地域間送電パタンが決まる。数値計算によって，これらの発電量，送電量，消費量，および，電力価格を求める。また，送電料金（託送料金）については，郵便切手方式で課金されるものとする[7]。

---

[6] 詳細についてはHosoe (2015) 参照。

[7] 送電料金に関する郵便切手方式とパンケーキ方式の違いとその影響については，細江・秋山（2007），Akiyama & Hosoe (2011) 参照。

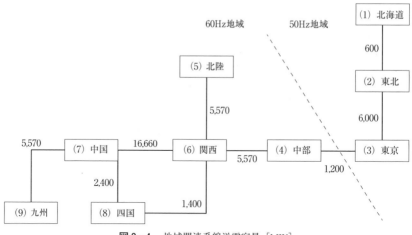

図 2-4　地域間連系線送電容量［MW］

（3）需要側のモデル化と推定

　1年間のうち，12ヶ月それぞれについて代表的な1日（9電力の総需要の合計が最大になる3日間の平均）を想定し，その1日における24時間の電力需要の推移（日負荷曲線）を考える（すなわち，12ヶ月×24時間＝288パタン）[8]。2010年度の実際の電力需要データが地域別・時間別に公開されているのでこれを用いる[9]。Hosoe & Akiyama (2009)で推定された9地域の電力需要の価格弾力性（地域によって0.086から0.297）と，8月15時の需要量を前提にして線型の地域別電力需要関数の傾きをキャリブレートする。この傾きと，毎時の電力需要を元に需要関数の切片項をキャリブレートする。

（4）原子力発電所脱落の影響と代替電源導入の効果に関する予備分析

　被災したという理由であれ，地元自治体からの再稼働についての合意を得られないという理由であれ，原子力発電所が供給力から脱落するということは，

---

[8]　ただし，第4節の最後では，同様のシミュレーションを5月と8月のそれぞれ31日間について行った場合について触れる。

[9]　経済産業省 Web ページ〈http://www.meti.go.jp/setsuden/performance.html〉

第2章　原子力発電所停止の影響と火力代替の効果

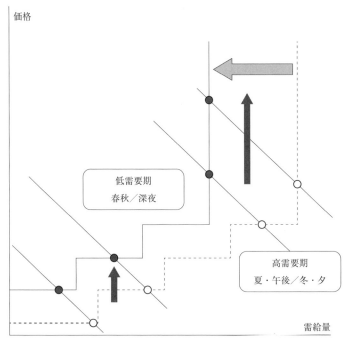

図2-5　原子力発電所の脱落と電力価格の上昇

　モデル上は図2-3に示したメリット・オーダー曲線の一番下側の部分が消えて全体に左側にシフトすることに他ならない（図2-5）。このとき，一般に電力価格は上昇するが，しかし，その影響の程度は一律ではない。すなわち，春秋や深夜時間帯のように電力需要が少ない時期では電力価格はあまり上昇しない。一方，夏冬のピーク時間帯のようにもともと電力需要が多い時期ではより大きく電力価格が上昇する。

　脱落した原子力発電所と同じ設備容量のガスタービン複合火力を新規導入するという対策は，メリット・オーダー曲線の中程に新たな線分を挿入（または延長）することでモデル化できる（図2-6）。これによって，新規電源の発電単価よりも低い価格が成立している低需要期の電力価格を抑制することはできないが，一般に電力価格が高くなる高需要期の価格を抑制することはできる。

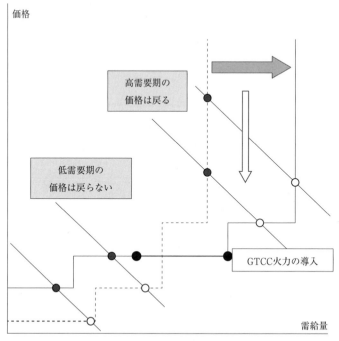

図2-6　代替電源導入の効果

後者における価格抑制効果は，代替電源の設備容量が脱落した原子力発電所の設備容量と比べて大きければ（小さければ）さらに大きく（小さく）なる。

　ガスタービン複合火力発電所以外の代替電源を考える場合には，図2-3のメリット・オーダー曲線のうち，その電源の発電単価に応じた箇所を，増強した設備容量の分だけ延長すればよい。原子力発電所の代わりに石炭火力発電所を導入する場合は3円/kWh程度のところに線分を挿入すればよいし，太陽光発電所を導入する場合には発電単価を0円/kWhとして，その発電容量（ただし日射によってこれは変化する）に応じた長さの線分を挿入すればよい[10]。

　ここで図示した地域単独の電力需給に関する検討は，図2-4に示した地域間の送電網の存在を考えるとさらに複雑なものになる。原子力発電所の脱落によって電源が不足しても，他地域で相対的に発電単価の低い電源が余っていた

ならば，他地域から電力を購入することによって価格上昇を抑制できる。代替電源を導入したとしても，その地域の需要家の支払い意思額よりも高い電力価格が他地域で成立していた場合には，その電力は他地域の電力価格抑制に貢献するが，自地域の電力価格は低下させられないであろう。もちろん，こうした地域間の電力取引を実現するためには，地域間連系線に十分な設備容量がなければならない。周波数変換が必要な東京＝中部間のFC連系線設備容量が，その両側にある地域の電力需要の大きさに比べて非常に少ないことが知られているし，それ以外の連系線であっても，設備容量の多寡に依存して各地域電力市場で成立する均衡価格と数量が異なったものになることが考えられる。以下では，ここで構築した空間的部分均衡モデルを用いて具体的なシミュレーションを行うことによって，原子力発電所の脱落の影響と，代替電源導入の効果を計測する。

3 原発停止と代替電源導入のシミュレーション

(1) 基準均衡とシミュレーション・シナリオ

これまでに説明したモデルを用いて，(1) 何のショックもない状況（基準均衡）を描写して比較の基準となる電力需給と価格を計算する。この結果から，モデルが現実とある程度対応していることを確認する。具体的には，2010年度のデータにモデルをキャリブレートし，12ヶ月24時間（合計288時間）の電力需給を考える。基準均衡における発電単価の推移をみると，地域と時間帯によって異なるものの，夜間に3-7円/kWh程度，ピーク時に8-10円/kWh程度とな

---

(10) ここでいう「発電単価」は，すでに述べたとおり，発電のために必要な燃料（ないしそれに類するもの）の発電量あたりの費用である。すなわち，設備を導入するために要した固定的な設備費は考えない。こうした固定費は，市場価格が発電単価を上回った時に得る利益（生産者余剰）から賄うべきものであるからである。もちろん，この利益のプロジェクト期間全体を通じた総額が固定費に見合うほど大きくない（赤字）ならば，そうした投資プロジェクトは実行されないことになる。Hosoe & Tanaka (2012) が，東京電力の火力発電所について，日本卸電力取引所のスポット価格や各種の燃料価格を用いてこの種のキャッシュ・フロー分析を行っている。

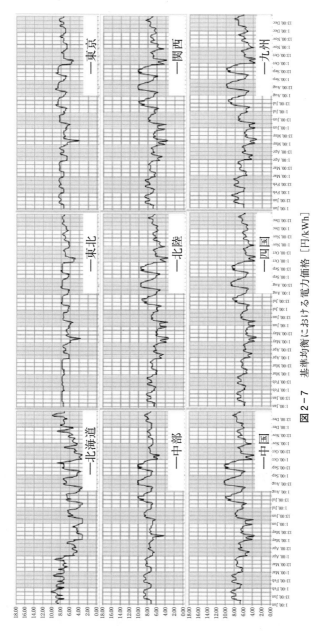

図 2−7 基準均衡における電力価格 [円/kWh]

注：横軸は、1月から順に各月の24時間をとっている。

第2章 原子力発電所停止の影響と火力代替の効果

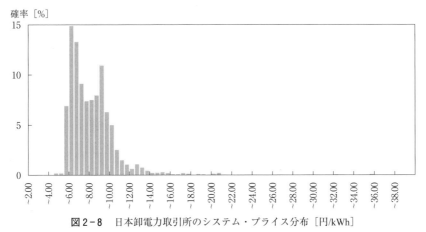

図2-8 日本卸電力取引所のシステム・プライス分布［円/kWh］

注：2010暦年，17520商品。
出所：日本卸電力取引所 Web ページ〈http://www.jepx.org/market.html〉

ることがわかる（図2-7）。日本卸電力取引所のシステム・プライスの多くが5-10円/kWh であることをみても，この基準均衡の計算結果はおおよそ妥当なものと言ってよいであろう（図2-8）。

そのうえで，（2）9地域の原子力発電所すべてが運転を停止する仮想均衡（シナリオ ALL）と，（3）その状況下で原子力発電所の設備容量と等しいだけの設備容量を持つガスタービン複合火力発電所を導入する仮想均衡（シナリオ ALL+GTCC）を考える。

原発がすべて停止する状況以外に，その一部が停止する状況も考えよう。具体的には，（2'）沸騰水型原発のみがすべて停止する仮想均衡（シナリオ BWR）と，（3'）停止した沸騰水型原発の設備容量と等しいだけのガスタービン複合火力発電所を導入する仮想均衡（シナリオ BWR+GTCC），さらには，（2''）2013年8月現在で機齢30年以上の高齢機（と福島第一原発のすべて）が廃炉になる仮想均衡（シナリオ OLD）と，（3''）同じくその廃炉になった設備容量と同じだけのガスタービン複合火力発電所が導入される仮想均衡（シナリオ OLD+GTCC）を考える。

（2）シミュレーション結果——全原発脱落のケース（シナリオALL，ALL＋GTCC）

　原子力発電所がすべて脱落する（シナリオALL）と，どの季節・時間帯においても全体に，しかしピーク時間帯に特に大きく電力価格が上昇する。具体的には，基準均衡において3-10円/kWhだったものが，7-16円/kWh程度に上昇する[11]（図2-9）。原子力発電所を中心としたベース電源が比較的豊富であった地域ほど——その多くは，原子力発電に対する依存度が高い関西電力以外にも，その関西電力への売電を恒常的に行っている北陸や四国，および，九州のような隣接地域も——大きく価格が上昇している（図2-10）。北海道は，9地域のうちで唯一冬にピークを持ち，需給に比較的余裕のある夏期に低い電力価格を示すが，原子力発電所の脱落によってその余裕が失われ，最も大きく電力価格が上昇する。24時間平均で3円/kWh以上の価格上昇が見込まれる。その一方で，東北・東京・中部では通年でみて上昇幅は相対的に小さく，24時間平均で1.5-2.0円/kWh程度である。通年の平均価格を時間帯別にみても，この上昇幅は同様である。しかし，月別に詳細にみると，東北・東京・中部では，夏期以外では価格上昇幅が1.5円/kWh前後と，他の地域の3円/kWh以上という上昇幅と比較して穏やかである一方で，夏期には他の地域の上昇幅に近くなる。

　原発脱落による供給力不足をガスタービン複合火力で補う（シナリオALL＋GTCC）と，電力価格は，ピーク期のもともと高い時間帯——とくに新規導入されたガスタービン複合火力発電所の発電単価である7.44円/kWhを超えるとき——に顕著に低下し，価格帯は7-10円/kWhの範囲へと収斂する（図2-11）。逆に，原子力発電所が脱落した当初から7.44円/kWh以下の価格がついていた時間帯では，それ以上の発電単価を持つガスタービン複合火力のような電源は経済性（燃費）の点から運転されないため，需給は緩和されず，価格が低下しない。価格の高い時間帯を中心に価格が大きく抑制され，基準均衡に比べて24時間平均で0.5-1.5円/kWh程度，昼間時間帯には，北海道でも基準均衡に比べて

---

[11] 仮定する需要の価格弾力性に依存して，この上昇幅が異なって推定される。とくに夏期午後のピーク時間帯の価格が大きく影響を受ける。詳しくは，Hosoe（2015）の感応度分析参照。

第2章　原子力発電所停止の影響と火力代替の効果

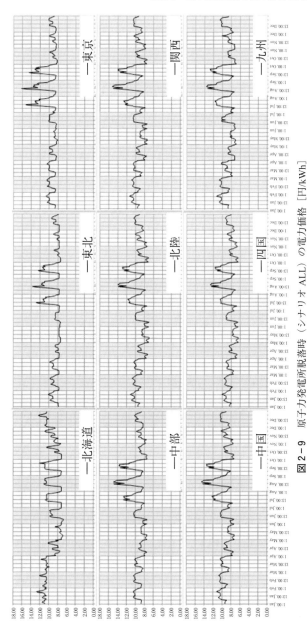

図2-9　原子力発電所脱落時（シナリオALL）の電力価格［円/kWh］

注：横軸は、1月から順に各月の24時間をとっている。

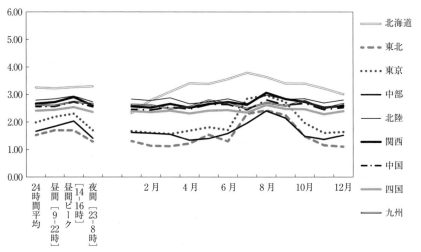

図2-10 原子力発電所脱落時（シナリオALL）の電力価格の変化［各期間における単純平均，円/kWh］

1.5円/kWh程度の価格上昇，東北・東京・中部等では目立った価格上昇はなくなる（図2-12）。月別にみても同様の傾向が見いだされ，ガスタービン複合火力のようなピーク用電源の導入によって，夏冬期の価格が大きく低下する。それとは対照的に，ガスタービンが経済的でない（したがって運転されない）ほど，需要が小さい春秋期には価格の下落はあまり見込めない。

　つぎに，地域間連系線の設備利用率をみる。基準均衡においては，原子力を中心とした安価なベース電源の分布（図2-1）や，ピークとなる季節が地域間で異なることから，地域間送電が頻繁に発生する（図2-13上段）。送電線の利用率が高まるパタンは大きく分けて2つあり，(1) ピーク時間帯の逼迫時（北海道の冬期，それ以外の夏期・昼間時間帯）と (2) オフピーク期のオフピーク時間帯（夜間）である。前者は図2-9でみたような一時的な価格の急騰と対応している。後者は，安価な電源（典型的には原子力発電所）を用いた余剰の売買である。地域的には，関西とその周辺の60Hzエリア間の連係線で時々，北海道＝東北間は冬期以外で恒常的に，混雑するか，それに近い状況が発生する。

　原発が脱落すると，どの地域においても地域間送電のための電源となってい

第2章 原子力発電所停止の影響と火力代替の効果

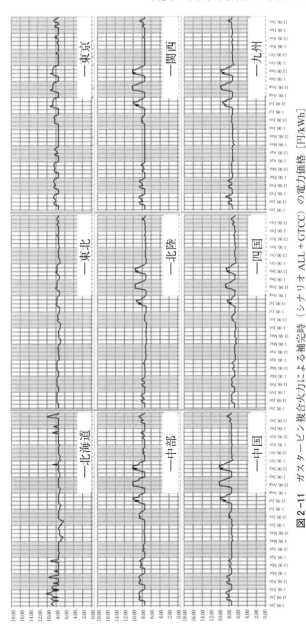

図2-11 ガスタービン複合火力による補完時(シナリオ ALL＋GTCC)の電力価格 [円/kWh]

注:横軸は、1月から順に各月の24時間をとっている。

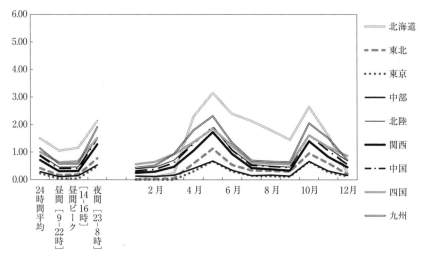

図 2-12　ガスタービン複合火力による補完時（シナリオ ALL + GTCC）の電力価格の変化 ［各期間における単純平均，円/kWh］

たベース電源が失われて各地域内では需給が逼迫するが，その中でも60Hz地域間の送電がとくに大幅に減少する（図2-13中段）。連系線混雑は北海道＝東北間で以前より頻繁に発生する。通年でみると，もともと東行きと西行きがほぼ拮抗していた東京＝中部間の FC 連系線の潮流は，混雑するほどではないものの東行きの送電量が増える。

　ガスタービン複合火力発電所を新規導入した場合（シナリオ ALL + GTCC）には，地域間の電源構成がさらに収斂して，価格の時間帯別変動がかなり小さくなる。このため，地域間送電は全般にさらに少なくなる。ただし，夏期にはもともと需要が大きいために需給が逼迫して価格が高騰するから，ガスタービン火力発電所を運転して FC 連系線で西行きの送電を行ったとしても，十分にペイすることになる。このため，送電量が増加して東京＝中部間の設備利用率が80％程度になる時間帯が出てくるが，それも基準均衡と同水準であり混雑が発生するほどではない。各地域内での供給設備の増加によって北海道＝東北間の混雑もほぼ解消され，東北＝東京間の送電も減少する。震災後には，ボトルネッ

第2章　原子力発電所停止の影響と火力代替の効果

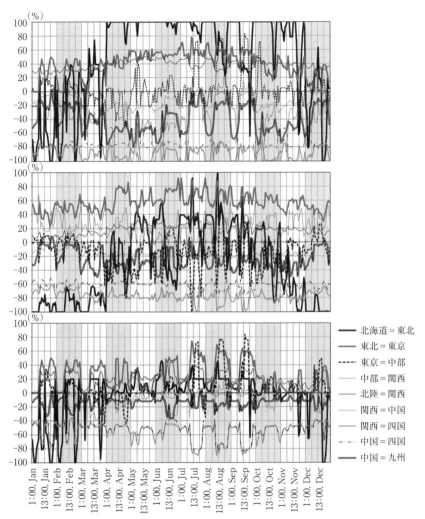

図2-13　基準均衡（上段）・原子力発電所脱落時（シナリオ ALL，中段）・ガスタービン複合火力発電所による補完時（シナリオ ALL＋GTCC，下段）の地域間連系線設備利用率［％，南・西行き＞0，北・東行き＜0］

注：横軸は，1月から順に各月の24時間をとっている。

表2-2　炉型・地域別の原発容量　　　　　　　　　[MW]

	PWR	BWR（停止）	合計	停止機割合 [%]
北海道	2,070	0	2,070	0.0
東北	0	3,274	3,274	100.0
東京	0	18,408	18,408	100.0
50Hz 地域小計	2,070	21,682	23,752	91.3
中部	0	3,617	3,617	100.0
北陸	0	1,898	1,898	100.0
関西	10,928	357	11,285	3.2
中国	0	1,280	1,280	100.0
四国	2,022	0	2,022	0.0
九州	5,258	0	5,258	0.0
60Hz 地域小計	18,208	7,152	25,360	28.2
合計	20,278	28,834	49,112	58.7

注：2011年現在で完成しているもののみ．廃炉対象の美浜1，2号機，敦賀1号機を含む．

クである周波数変換装置や北海道＝東北連系線の増設の必要性が盛んに議論された．しかしここで考えるように，すべての地域において同様の技術水準（燃費）を持つ発電所を大量に導入すると地域間の値差が無くなる時間帯が増え，したがって，地域間送電の必要性が減少する．すなわち，原発脱落以前と比べても周波数変換装置等のボトルネック設備拡張の必要性は薄れることがわかる．

（3）シミュレーション結果——沸騰水型のみ停止・ガスタービン補完するケース（シナリオ BWR, BWR＋GTCC）

次に，原発のすべてが停止する状況ではなく，その一部が停止する状況を考える．加圧水（PWR）型のみ再稼働が許され，沸騰水（BWR）型は停止されるケース（シナリオBWR）を考える．沸騰水型の多くは東日本（50Hz地域）に偏在しており，東日本の原発総容量の91％を占める（表2-2）．このことから，沸騰水型が廃炉（あるいは稼働停止）となった場合には東日本で電源が大幅に不足し，東行きの送電線，とくに東京＝中部間のFC連系線における混雑が予想される．

原発が総脱落する場合（シナリオALL）の価格7-16円/kWhと較べて，シナ

第2章　原子力発電所停止の影響と火力代替の効果

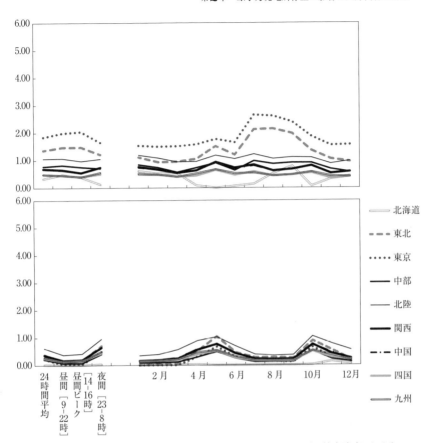

図2-14　沸騰水型原発停止時（シナリオBWR，上段）とガスタービン補完時（シナリオBWR＋GTCC，下段）の平均電力価格の基準均衡からの変化［各期間における単純平均，円/kWh］

リオBWRの価格は4-15円/kWhと上昇幅は小さくなり，地域別に見ると東北と東京が高い傾向がある（図2-14上段）。一方，設備容量が影響を大きく受けない60Hz地域や北海道で安い。ガスタービン火力を導入する（シナリオBWR＋GTCC）ことで，原発総脱落とガスタービン補完シナリオの結果と同様に，市場価格がガスタービン複合火力の限界価格（7.44円/kWh）を越える時間帯についてはほぼ基準均衡と同程度の価格となる（図2-14下段）。それ以下の時間帯

にはガスタービン補完の効果は小さい。

月別，時間帯別の平均価格でみると，沸騰水型原発のみを停止した影響が小さいことがより鮮明になる（図2-14）。沸騰水型原発停止時には0.5-2円/kWh程度の価格上昇が見られる。(なお，原発総脱落（シナリオALL）時には1.5-3円/kWhの上昇が見られる（図2-10）。) 東北と東京の夏期で2-2.5円/kWh程度上昇する一方，他の地域では原発を失う地域ほど上昇幅は大きいものの，せいぜい1円/kWh程度の上昇にとどまる。ガスタービンを導入するとオフピーク（春秋や夜間）で1円/kWh程度の上昇幅が残り，また，通年でも北陸で0.5円/kWh前後の価格上昇が残るが，他の時間帯では目立った価格上昇は消える。

沸騰水型原発が停止する（シナリオBWR）ことで，電源構成が地域間で量的にも質的にも偏る。これが，古典的な貿易の利益を求めて地域間で送電を増加させる要因になる（図2-15上段）。一見してわかることは，北海道＝東北間の連系線（北本連系線）や四国から関西・中国への連系線（阿南紀北，および，本四連系線）が混雑する時間が増加する。ともに，自地域内は加圧水型原発しか保有しておらず，一方で，沸騰水型原発を停止させて供給力が不足するその他の地域への送電需要が増加するためである。しかし，両地域では，こうした混雑のために送電したいだけの電力のすべてを送電できずに，自地域内で供給力が余剰気味になる。そのため，その他の地域では自地域の原発が停止しなくても価格が上昇するものの（図2-14上段），北海道の冬ピーク期を除いて，両地域の価格は9地域中で最も低いままとなっている。

しばしば注目される東京＝中部間のFC連系線については，50Hz地域での電源不足によって東行きの潮流が増加するが恒常的に混雑するほどではなく，また，潮流がとくに増加する時間帯はおもに需要が少ないために需給が緩む夜間である。すなわち，ここにおける送電線の混雑は，（原発のような）安価な電源から供給される電力を融通するための設備容量不足を意味するだけのことで，大停電が起きるような，「電力不足」や「電力危機」を意味するわけではない。

ガスタービン火力を導入する（シナリオBWR+GTCC）と，これまでに論じてきたように，ガスタービン火力が経済性を持つ7.44円/kWh以上の市場価格が

第2章　原子力発電所停止の影響と火力代替の効果

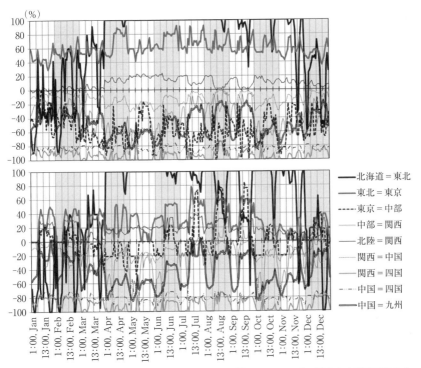

図2-15　沸騰水型原発停止時（シナリオBWR，上段）・ガスタービン複合火力発電所による補完時（シナリオBWR＋GTCC，下段）の地域間連系線設備利用率［％，南・西行き＞0，北・東行き＜0］

注：横軸は，1月から順に各月の24時間をとっている。

成立するピーク時間帯のみで需給を緩和する。この裏返しとして，その時間帯では基本的に地域間送電が減少し，自給自足体制の色合いが濃くなる（図2-15下段）。例外は夏のピーク時間帯である。この期間は，高い限界費用の電源で作った電力でさえも他地域から購入したいと考えるほどの高需要期である。このため，東京＝中部間のFC連系線では東西の潮流がおおむね拮抗する一方で，夏期の昼間だけは西行き送電が卓越するようになる。

表2-3　高齢機（2013年8月現在運開後30年以上）の地域別設備容量

[MW]

	若齢機	高齢機（廃炉）	合計	退役機割合［％］
北海道	2,070	0	2,070	0.0
東北	3,274	0	3,274	0.0
東京	11,512	6,896	18,408	37.5
50Hz 地域小計	16,856	6,896	23,752	29.0
中部	3,617	0	3,617	0.0
北陸	1,898	0	1,898	0.0
関西	5,260	6,025	11,285	53.4
中国	820	460	1,280	35.9
四国	890	1,132	2,022	56.0
九州	4,140	1,118	5,258	21.3
60Hz 地域小計	16,625	8,735	25,360	34.4
合計	33,481	15,631	49,112	31.8

注：2011年現在で完成しているもののみ。廃炉対象の美浜1，2号機，敦賀1号機を含む。

（4）シミュレーション結果——高齢機退役・ガスタービン補完するケース（シナリオ OLD，OLD＋GTCC）

　運転開始後30年以上経過する高齢機と震災で破壊された福島第一原発のすべてについて廃炉となる場合を考える。表2-3が示すように，高齢機の割合は60Hz地域が若干高い。ここで廃炉対象となるものは，50Hz地域の原発設備容量の約29％，60Hz地域では34％となる。このため，前項で考えたシナリオとは反対に，西日本地域の設備容量がより大きく減少し，したがって，その分だけ西行きの潮流が増加する可能性がある。

　高齢機の廃炉（シナリオOLD）によって，全般的に価格は上昇するがその程度は小さい。関西から西の地域で平均的に1円/kWh程度の価格上昇が見込まれる。この価格上昇は，春秋期に若干大きいものその程度は1年を通じて大きく違わない（図2-16上段）。東北，東京，中部では，価格上昇はその半分程度となるであろう。より詳細にみると，まず，北海道は若齢機のみを保有しているので，このシナリオではほとんど影響を受けない。北海道＝本州連系線の西行きが混雑しているために，他地域で価格が上昇してもそこへ送電できる余地

第2章 原子力発電所停止の影響と火力代替の効果

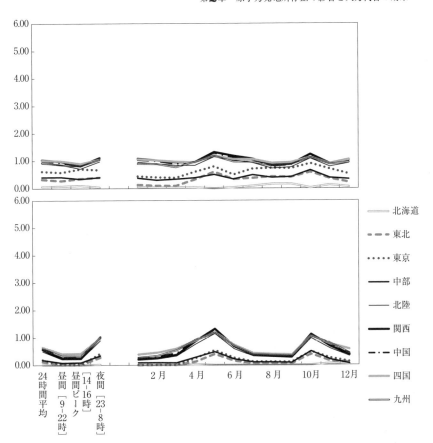

図2-16 高齢機廃炉時（上段）とガスタービン補完時（下段）の平均電力価格の基準均衡からの変化［各期間における単純平均，円/kWh］

は少ない。多地域で高齢機の廃炉があっても，したがって，地域内の需給が引き締まることがなく，価格は他の地域よりも低いままになるからである。それ以外の地域では，夏期にはピーク時間帯の価格はあまり上がらず，その前後の時間帯の価格が上昇している。それ以外の季節では，全般的に価格が上昇している。

上でみたように，そもそも高齢機廃炉の影響は大きくないので，ガスタービ

85

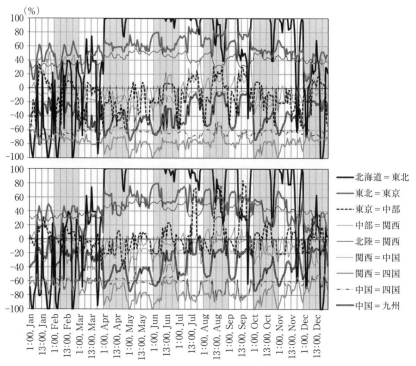

図 2-17　高齢機廃炉時（上段）・ガスタービン複合火力発電所による補完時（下段）の地域間連系線設備利用率［％，南・西行き＞0，北・東行き＜0］

注：横軸は，1月から順に各月の24時間をとっている。

ンを導入（シナリオ OLD＋GTCC）してもあまり変わらない（図 2-16下段）。春秋期に 1 円/kWh 程度の価格上昇が残る。

　高齢機は60Hz 地域に多いが地域間の偏在性は極端ではなく，したがって，それを補うために西行きの潮流が多少増加するものの，その程度は大きくない。たとえば，基準均衡では夏期に西行きだった東京＝中部間の潮流（図 2-13上段）は，東京でも起こる高齢機の廃炉によって（西行きの）売り玉を失い，むしろ減少する（図 2-17上段）。シナリオ OLD では，シナリオ ALL よりも考慮したショックが小さいために，ガスタービン火力の導入の影響も，潮流の変化としては現れにくい（図 2-17下段）。

第2章 原子力発電所停止の影響と火力代替の効果

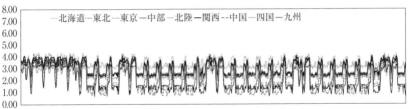

図2-18 原子力発電所脱落時（シナリオALL）の電力価格の変化（5月）［基準均衡からの乖離幅，円/kWh］

注：横軸は，1日から順に毎日の24時間をとっている。

（5）シミュレーション結果――5月と8月の詳細な分析

これまでの分析では，各月の代表的な1日（最大3日平均）を用いていた。この種の「代表的な1日」の分析結果は，しかし，どの程度一般化できるであろうか。そこで，365日24時間について提供されている電力需要データを利用して，オフピーク期の典型として5月，ピーク期の典型として8月のそれぞれ31日間にわたる毎日24時間について，シナリオALLを考えたシミュレーションを行う[12]。

原発がすべて停止した場合の5月の影響を見よう（図2-18）。原発が停止すると，1-4円/kWh程度価格が上昇することがわかる。ただしその影響の程度は，図2-10でみたように，やはり地域間で異なる。東北，東京，中部の3地域では最も影響が小さく，北海道は最も大きな上昇をみせる。時系列方向に毎日の電力価格上昇のパタンを比較すると，大きく分けて2種類あることがわかる。1つは，5月のはじめの数日と，その後に中5日で現れるものであり，言うまでもなく，5月の連休と土日に対応する。休日では，ほとんどの時間帯で3-4円/kWh程度の上昇を見せ，しかも9地域間の差異は小さい。残りの平日では，上で触れた地域間の差異が顕著になる一方で，平均的には，上昇幅は小

---

[12] 5月と8月以外の結果，および，シナリオALL＋GTCCの結果については，Hosoe（2015）の電子版Supplementary material参照。

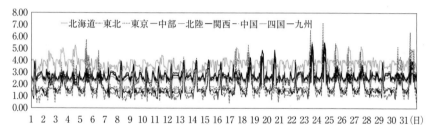

図 2-19　原子力発電所脱落時（シナリオ ALL）の電力価格の変化（8月）［基準均衡からの乖離幅，円/kWh］
注：横軸は，1日から順に毎日の24時間をとっている。

さくなる。

　オフピーク期の5月とは対照的に，8月のピーク期になると，まったく違う価格上昇のパタンが現れる（図 2-19）。北海道，東北・東京・中部と，その他地域の3つのグループ間の差異は依然として同じようにみられるものの，平日と休日の間の差異はほとんどみられなくなる（2010年8月1日は日曜日）。ただし，昼時間帯に，不定期に急激な価格上昇（スパイク）がみられる。北海道でしばしば，関西と中部で時折5円/kWh 程度の上昇がみられる。東京では，価格上昇幅が6-7円/kWh に達する日もある。これはひとえに，猛暑日の発生といった天候要因による。ただし，ほかの地域ではスパイクの程度は穏当である。

　さて，われわれの元の問題意識，すなわち，最大3日平均の代表性について考えてみよう。各月の中で9地域の総需要が最も大きい3日間を選んでサンプルとしているわけであるから，5月の場合には，平日のパタンを前提にこれまで議論してきたということになる。平日のパタンは，5月の大半を占めており，また，平日の間ではとくに違いが見当たらないから，5月についてはまず代表的な1日としても問題ないであろう。一方，8月については，需要と，したがって，価格が大きくスパイクする日は月のうち数日であるから，少なくとも，上で考えた最大3日平均のパタン以外のものも，しばしば発生することに留意する必要があろう。

4　季節・時間帯ごとに異なる電力価格上昇とその政策的含意

　本研究では，震災直前の2010年の状況に合わせた9地域の電力空間均衡モデルを用いて，すべての原子力発電所が脱落した影響と，その電源不足を補うためにガスタービン複合火力発電所を導入した場合の効果をシミュレートした。原子力発電所がすべて停止するとした場合，電力価格（24時間平均）は1.5-3円/kWh程度上昇する。地域によってこの程度は大きく違い，関西を中心とした西日本地域と北海道で大幅な上昇が見込まれる。ガスタービン複合火力発電所を設置すると電力価格の上昇幅は0.5-1.5円/kWh程度に圧縮できるが，これは主に昼間時の電力価格が下がるためである。各地域において，ここで仮定したような規模でうまくガスタービン複合火力発電所を導入できたとしても，夜間の電力価格は高止まり，0.5-2円/kWh程度の価格上昇が残る。

　こうした季節・時間帯ごとに異なる価格上昇の影響は，需要家によっては強く出たり，弱く出たりする。たとえば，これまで電力会社が負荷平準化や販路拡大のために積極的に導入してきた，主に夜間に電気を使うオール電化設備を導入した需要家は，たとえ代替火力が導入されたとしても，原子力発電所脱落の影響を強く受け続けるであろう。また，スマート・グリッド構想でしばしば期待される電気自動車についても，充電のための夜間電力価格の上昇が見込まれるため，その普及速度は震災前に見込んでいたとおりには行かないであろう。一方，ガスタービン複合火力による代替電源を導入すれば，ピーク時間帯については需給を緩和できる。とくに，東京・中部電力地域では，昼間・昼間ピーク時間帯の電力価格上昇幅は0.5円/kWh程度にまで抑制できるから，震災直後に実施されたような，時間帯・曜日をずらした輪番操業やシフト勤務態勢の必要性は減少する。

　すべての原発が停止するような極端な状況以外に，沸騰水型原発のみ停止，あるいは，高齢機のみ廃炉といった中間的なシナリオも考えた。これらのシナリオは，当然，全原発停止というシナリオよりショック全体としては小さいが，

地域間の電源構成の差異を大きくし，それゆえに，地域間連系線の混雑が懸念される。これについても検討を加えたが，北海道＝東北間の連系線以外には新たに目立った混雑は予想されなかった。当然，注目を集める東京＝中部間のFC連系線の混雑も発生しない。この一見直感に反する結果をもたらす原因のうち，最も重要なものは，一部なりとも原発が止まると，それだけ売玉が減って地域間送電量が減少するという点である。ここでの結果は，設備投資をするならば北海道＝東北間の連系線が最も重要であるということを示唆している。実際，2019年完成を目指して300MW分の設備増強が始まっている。

　ここではガスタービン複合火力発電所を導入できる程度の時間（導入のリードタイムとしてせいぜい数年程度先のこと）を考え，需要家の行動が，価格弾力性も含めてこれまでと変化しないと考えている。しかしながら，ここでシミュレートしたような季節，時間帯，地域別の電力価格の変化を踏まえて，需要家が自らの行動を変える可能性は十分にある。たとえば，節電のための設備投資や，それによって達成される電力需要の減少，価格弾力性の高まりといったことが考えられる。また，オール電化のような設備の導入が停滞したり，夜間のエネルギー利用を電気からガス・灯油へシフトさせたりするであろう。これらによって，夜間等のオフピーク時の価格上昇や，ここで大きな価格上昇が示唆された地域の価格上昇幅が，ある程度抑えられるかもしれない。

　本章では紙幅の都合で具体的には触れなかったが，ここで示した以外にも，最近低下した燃料価格を前提として計算した発電単価や，異なる需要の価格弾力性を仮定したシミュレーションも行っている。興味のある読者は，Hosoe (2015) を参照されたい。

謝辞　本稿は，Hosoe (2015)，および，その日本語草稿（細江，2012）をもとに改稿したものである。図表も断りが無い限りそれらから転載・改編したものである。本研究を進めるにあたり，石倉智樹氏，内閣府経済社会総合研究所における日中環境問題に関する研究報告会，経済産業研究所，および，電力中央研究所における研究会では出席者より貴重なコメントを頂いた。もちろん，あり得べき誤りはすべて筆者に帰すべきもので

ある。また，本研究の一部は，日本学術振興会科学研究費補助金（No. 25380285, 15K 13014），政策研究大学院大学政策研究センター，および，東電記念財団による研究助成を受けた。ここに記して感謝の意を表す。

●参考文献

Akiyama, S. & N. Hosoe（2011）"A Spatial Equilibrium Analysis of Japan's Electric Power Network," *Review of Urban & Regional Development Studies* 23（2-3）: 114-136.

Hattori, T.（2003）"A Simulation Analysis of the Potential for Market Power in the Western Segment of the Prospective Japanese Electricity Market," Paper presented at Advanced Workshop in Regulation and Competition, 16th Annual Western Conference, San Diego, California.

Hosoe, N.（2015）"Nuclear Power Plant Shutdown and Alternative Power Plant Installation Scenarios : A Nine-Region Spatial Equilibrium Analysis of the Electric Power Market in Japan," *Energy Policy* 86 : 416-432.

Hosoe, N. & S. Akiyama（2009）"Regional Electric Power Demand Elasticities of Japan's Industrial and Commercial Sectors," *Energy Policy* 37（11）: 4313-4319.

Hosoe, N. & M. Tanaka（2012）"Divestiture of TEPCO for Reparation for the Fukushima Nuclear Accident-A Path to Vertical Unbundling," *Energy Policy* 51 : 207-212.

Takayama, T. & G. G. Judge（1971）*Spatial and Temporal Price and Allocation Models*, Amsterdam, North-Holland.

金本良嗣・蓮池勝人・藤原徹（2006）『政策評価ミクロモデル』東洋経済新報社．

資源エネルギー庁（2005）『平成16年度電力需給の概要』．

高橋雅仁・永田豊（2011）「原子力利用の停滞は電気料金にどの程度影響するか？――最適電源構成モデル（OPTIGEN）による分析」SERC Discussion Paper 11022, 電力中央研究所社会経済研究所．

田中誠（2007）「電力市場における市場支配力のシミュレーション分析」八田達夫・田中誠編著『規制改革の経済分析――電力自由化のケース・スタディ』日本経済新聞出版社．

細江宣裕（2012）「原子力発電所の脱落の影響と代替電源導入の効果――9地域電力市場モデルによる分析」，GRIPS Discussion Paper 12-11, 政策研究大学院大学．

細江宣裕・秋山修一（2007）「送電料金改革の効果分析——パンケーキ方式から郵便切手方式へ」，八田達夫・田中誠編著『規制改革の経済分析——電力自由化のケース・スタディ』，日本経済新聞出版社　所収，第2章：75-99。

第3章
太陽光発電のある家庭のデマンドレスポンス
――横浜市のフィールド実験から――

田中　誠・依田高典・村上佳世

1　再生可能エネルギーの導入促進と需要側のマネジメント

　2015年7月に日本の「長期エネルギー需給見通し」が示された。それによれば，2030年度の日本の電力需給構造は，東日本大震災前に約3割を占めていた原子力発電への依存が20～22％程度まで大きく低減する。他方，東日本大震災前に約10％だった再生可能エネルギー（水力9％，その他1％）は，2030年度には22～24％程度まで上昇する見通しである。2030年度の再生可能エネルギーの内訳は，太陽光7％，バイオマス4～5％，風力2％，水力9％，地熱1％程度の見通しとなっている。特に，太陽光発電の大幅な増加が見込まれるのが特徴である。

　一方，上述の「長期エネルギー需給見通し」では，電力需給の逼迫時に活用され環境負荷の大きい石油火力を必要最小限に抑制するために，需要側のマネジメントとして，デマンドレスポンスを有効活用していくことが明記されている。デマンドレスポンスとは，電気料金を変動させる等して，エネルギー供給状況に応じてスマートに消費パターンを変化させる取り組みの総称である。特に，時間帯別に柔軟に料金を設定する仕組みは，ダイナミックプライシングと呼ばれる。

　実は，ダイナミックプライシングは，古くて新しい話題だ。需要の多いピークに料金を上げ需要の少ないオフピークに料金を下げる仕組みは，よく知られたピークロードプライシングである。このプライシングの仕組みを家庭の電気

料金に適用することは古くから議論されてきたが，現実の導入はこれまでほとんど進んでいなかった．様々な要因があるが，電気のメーターが月単位で計量するアナログ式であったり，価格などの情報を消費者へ提供する手段が限られていたことが一因であった．しかし，近年，この状況に大きな変化が起きている．30分・1時間ごとに柔軟に電気の使用量を計量し電力会社と双方向通信が可能なデジタル式スマートメーターや，さらに，家庭の電力消費を「見える化」し効率的なエネルギー管理を実現するシステム（home energy management system，以下 HEMS）の開発が米国や日本などで進んだ．こうした情報通信技術の進展により，家庭へのダイナミックプライシングは「絵に描いた餅」ではなくなった．

米国では，過去に100を超えるダイナミックプライシングの社会実証が行われたが，それらのほとんどは無作為比較対照法（randomized controlled trial，以下 RCT）に基づくフィールド実験ではなかった．RCT では，実験対象者を，コントロールグループ（電気料金を変動させないグループ）と，トリートメントグループ（電気料金を変動させるグループ）に，無作為（ランダム）に分ける．そして，両グループを比較することで，信頼性の高い効果分析が可能となる（伊藤，2015；Duflo et al., 2007）．近年，米国を中心に多くの研究者が，家庭の電力消費に関して，RCT に則ったフィールド実験を行うようになった．しかし，筆者等の知る限り，太陽光発電システムをもつ家庭のデマンドレスポンスに関して，大規模な RCT フィールド実験を行った前例はない．

日本において，今後，太陽光発電を中心とする再生可能エネルギーの導入が促進され，また需要側のマネジメントとしてデマンドレスポンスの活用が重要性を増していくことを勘案し，筆者等は両者を考慮する大規模 RCT フィールド実験を行った．実験の対象は，神奈川県横浜市在住の太陽光発電システムを所有する家庭約1200世帯である．これらの世帯に対して，ダイナミックプライシングを適用して，デマンドレスポンスの効果を分析した．本章では，この RCT フィールド実験の取り組みを紹介する．以下，2節と3節で，それぞれ米国と日本のこれまでのデマンドレスポンスに係るフィールド実験の動向をレビュー

し，4節で横浜市のフィールド実験について論じる。5節で太陽光発電システムをもつ家庭について，電力システムと環境負荷の観点から評価する。

2 米国におけるデマンドレスポンスのフィールド実験

以下では，米国の家庭におけるデマンドレスポンスのフィールド実験について，最近の研究動向をいくつか紹介しよう。Faruqui & Sergici (2010) は，ダイナミックプライシングのプログラムに関して，2000年以降に米国で実施された15の実証実験のサーベイをしている。それらのすべてがよく設計されたRCTに基づくフィールド実験というわけではないが，過去の知見からはダイナミックプライシングの導入によってピーク時間帯に削減できる消費電力量の割合は，時間帯別 (time-of-use，以下TOU) 料金の場合には3～6％，クリティカルピークプライシング (critical peak pricing，以下CPP) の場合には13～20％であることが報告されている。ここで，TOU料金とは，1日をたとえば昼間と夜間の時間帯に分けて，昼間時間帯には高めの料金，夜間時間帯は安めの料金を設定する仕組みである。他方，CPPは，電力需給の逼迫が予想される緊急ピーク時に，非常に高い料金を数時間設定することで電気の使用量を抑制しようとする。

Allcott (2011) は，リアルタイムプライシング (real-time pricing，以下RTP) の効果に関するフィールド実験をシカゴ周辺で行った。RTPとは，文字通り時々刻々と価格が変動する料金制である。この実験では，電力の前日卸売価格に連動して1時間ごとに価格が変動するRTPが適用された。社会実証プログラムに応募した693の家庭のうち，103の家庭は従来通りの料金制が適用されるコントロールグループに，590の家庭はRTPが適用されるトリートメントグループに，それぞれ無作為に割り付けられた。そして，トリートメントグループの家庭は，前日の午後4時までに，翌日の毎時の価格水準についての通知を受けた。

この実験の結果からわかったことは，第一にRTPに対する価格弾力性は0.1で有意な水準にあること，第二に1日全体で見ると電気使用量は減少し省エネが実現したことである。第二の点については，高めの価格によるピークの使用

量削減の効果の方が，安めの価格によるオフピークの使用量増加の効果よりも大きかったことを示唆している。さらに Allcott（2011）は，情報提供の効果を見るために，リアルタイムの価格の大小を直感的に色の違いで知らせる簡易の機器（青から赤に変わるにつれて価格が高いことを示す）を与えるグループとそうでないグループに分けて実験をした。その結果，情報を提供したグループは，より価格に対して反応することが示された。

Wolak（2010, 2011）は，慎重に設計された RCT によるフィールド実験を行い，CPP に関する信頼性の高い結果を示した。Wolak（2010, 2011）は，スマートメーターが取り付けられたワシントン DC の1245世帯をコントロールグループとトリートメントグループにランダムに分けて，ダイナミックプライシングのフィールド実験を行った。この実験で興味深いのは，CPP の効果を評価し，さらにクリティカルピークリベート（critical peak rebate，以下 CPR）の効果と比較している点である。CPR とは，同じ緊急ピーク時の数時間に家庭が電気の使用量を減らした場合に，削減量に応じてリベートを与える仕組みである。

この実験では，CPP の料金水準は，通常料金（約13セント/kWh）の 6 倍（約80セント/kWh）に設定された。同じ土俵で比較するために，CPR の水準は，CPP の限界的なインセンティブと同じになるように設定された。実験の結果は，CPP のピークカット効果が13.0%であったのに対し，CPR の効果は5.3%で半分以下しかなかった。これは，人々が利得の獲得（この場合リベート）よりも損失（この場合課金）をより回避するという行動経済学でよく知られた結果と合致する。

3　日本におけるデマンドレスポンスのフィールド実験

日本でも，デマンドレスポンスに関する先駆的なフィールド実験が，経済産業省の「次世代エネルギー・社会システム実証」の一貫として，北九州市の約200世帯を対象に行われた。米国等でこれまでに行われた CPP のフィールド実験では，Wolak（2010, 2011）のように単一水準のピーク料金しか適用されないのがほとんどであった。これに対して，Ito et al.（2013），大賀他（2013）は，

5段階の料金を設定する新たな変動型クリティカルピークプライシング（variable critical peak pricing, V-CPP）の実験を行った。具体的には，レベル1が15円/kWhなのに対し，レベル2〜5は50・75・100・150円/kWhと3倍から10倍の料金水準を設定した。

この実験により，緊急ピークの時間帯13〜17時におけるトリートメントグループのピークカット効果は約9〜13%で，レベル・料金水準が上がるほどその効果も大きいことが示された。内訳としては，50円（レベル2）で約9.0%，75円（レベル3）で約9.6%，100円（レベル4）で約12.6%，150円（レベル5）で約13.1%のピークカット効果が統計的に有意に示された。これは，Wolak（2010, 2011）とも整合する結果である。興味深いことに，料金水準が50円から100円に上がると，ピークカット効果は3.6ポイント伸びる（9.0%から12.6%）が，100円からさらに50円上がって150円になっても，ピークカット効果は0.5ポイントしか伸びない（12.6%から13.1%）。このことは，料金水準の上昇に対してピークカット効果の伸びは比例的な関係にはなく，ピークカット効果の伸びが逓減傾向にあることを示唆している。

一方，京都府のけいはんな学研都市では，約700世帯を対象に，価格シグナルによる金銭的なインセンティブと価格によらない非金銭的な働きかけに着目して，両方のトリートメントを同じフィールド実験の枠組みの中で比較する研究が行われた。Ito et al. (2015)，田中（2015）では，価格インセンティブのトリートメントとして変動型のCPPを適用し，平常時には25円/kWhである単価が，緊急ピーク時には65・85・105円/kWhと段階的に上昇するようにした。他方，節電要請のトリートメントは，料金の変動はなく，緊急ピーク時に電気の使用を控えるよう訴えるメッセージが，インホームディスプレイと電子メールにより送られた。

この実験条件のもとでは，価格インセンティブは節電モラルへの働きかけの5倍の効果があることが報告されている。CPPは，平均で見て夏は15.4%，冬は15.9%のピークカット効果があった。また，料金が上がるにつれ効果が高まることも確認された。一方，価格によらない節電要請は，夏冬ともに3.1%

のピークカット効果がみられた。さらに，トリートメントの期間全体を通じてピークカット効果がどれくらい持続するのかを調べたところ，節電モラルは，最初の数回のトリートメントでは比較的大きい効果がみられるが，その後急速に減衰し統計的に有意でない水準まで落ち込むことがわかった。一方，価格インセンティブは，トリートメントの期間全体を通じて，効果が安定的に持続することが示された。冬を例にとると，節電モラルは，初期に8.0％の効果がみられるものの，すぐに減少し統計的に有意な効果は確認されなくなる。これに対して，価格インセンティブは，初期で16.9％，後期でも15.5％の安定した効果が維持された。このように，価格インセンティブと節電要請とでは，効果の持続性に相違があることが示された。

4　太陽光発電のプロシューマーとデマンドレスポンス

次節で詳しく述べるように，筆者等は，太陽光発電システムを所有する横浜市の家庭を対象に，デマンドレスポンスに関するフィールド実験を行った。太陽光発電システムを所有する家庭は，自宅で電気を利用する消費者(コンシューマー)である一方で，ソーラーパネルで発電した電気を電力会社に売る生産者(プロデューサー)の側面も併せもつ「プロシューマー」とみなすことができる(以下，PVプロシューマー)。このような家庭は，ソーラーパネルの規模やその日の日照量等によって電気の買い手にも売り手にもなり，今後の日本の電力市場において需要サイドのリソースとしても期待できる。しかしながら，PVプロシューマーを対象にしたデマンドレスポンスの大規模なフィールド実験はこれまでに行われていない。

日本では，2012年に再生可能エネルギーの固定価格買取制度(一般にfeed-in tariff, FITとも称される)がスタートし，太陽光等で発電した電気を，電力会社が一定価格で買い取ることを国が保証している。太陽光発電の設備容量が10kW未満の住宅用途の場合，余剰電力を電力会社が買い取る仕組みとなっている。すなわち，PVプロシューマーは，太陽光発電で自宅の電力消費をまかなった

うえで，余った発電電力がある場合には余剰分を電力会社に売電して収入を得ることができる。

このような余剰電力買取の仕組みに直面するPVプロシューマーに対して，どのようにダイナミックプライシングを適用したらよいだろうか。曇天等により，太陽光の発電量が自宅の消費をまかなえない時（太陽光発電量＜自宅消費量）は，PVプロシューマーは不足する電気を電力会社から購入する。この時には，家庭の電力購入に対して通常どおりダイナミックプライシングを適用することができる。しかし，晴天で太陽光の発電量が自宅の消費を上回る時（太陽光発電量＞自宅消費量）は，PVプロシューマーは余剰電力を電力会社に販売する。この時には，家庭は電力会社から電気を購入していない状態なので，通常のダイナミックプライシングを適用することができない。そこで，ダイナミックプライシングの概念を拡張して，電力会社による買取価格（家庭から見ると売電価格）を上げることを考える。すると，PVプロシューマーは，太陽光発電による余剰電力販売を増やすために，自宅の消費量を抑制しようとするインセンティブが生まれる（図3-1参照）。このようにダイナミックプライシングを拡張することで，PVプロシューマーのデマンドレスポンスを引き出すことが可能となる。

5　横浜市のフィールド実験

（1）実験対象世帯のグループ分け

横浜市の太陽光発電のある家庭を対象にした実証実験は，先述の「次世代エネルギー・社会システム実証」の一貫として，2013年7月から9月にかけて，経済産業省，一般社団法人新エネルギー導入促進協議会，横浜市，東芝，パナソニック，東京電力等との共催で実施された。主眼は，横浜市内に在住する太陽光発電システムを所有する家庭約1200世帯を対象に，ダイナミックプライシングのうちCPPを適用してその効果を分析することにあった。これらの家庭には，前述の家庭用エネルギー管理システムであるHEMSを設置し，30分ご

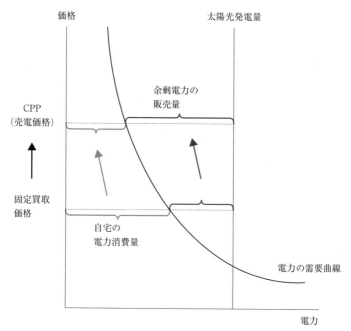

図3-1 PVプロシューマーに対するダイナミックプライシング

との家庭内の電力消費実績および太陽光発電量を記録した。また，電力会社により設置されたスマートメーターにより，電力会社への売電量（太陽光発電量－自宅消費量＞0）と電力会社からの買電量（自宅消費量－太陽光発電量＞0）の30分ごとの実績も入手した。

　本実証実験の実施は横浜市の広報を通じて市民全体に周知され，実験参加者の募集が行われた。できるだけ多くの家庭に参加してもらうために，実験に参加する家庭には無料で HEMS を設置し，年間1万円の謝礼を支払った。設置した HEMS の電力消費情報などは，各自がポータル WEB サイトで自由に閲覧できる仕組みになっている。このようにして集まった実験参加者は1202世帯であった。前述のように，RCT では，セレクションバイアスを回避するために，実験対象者をコントロールグループとトリートメントグループに無作為に割り当てる。実験参加者は無作為に以下の3つのグループに分けられた。

①コントロールグループ：353世帯がこのグループに割り当てられた。このうち，32世帯は実験期間中の料金プラン変更や，HEMSの不具合によるデータ欠損値の発生によって除外された。残った実験参加者のうち，164世帯は東京電力のフラット料金である従量電灯料金を，157世帯はTOU料金を平常時の料金として使用し，デマンドレスポンス発動日にもトリートメントは受けず普段通りの料金体系を使用した。

②トリートメントグループ1：427世帯がこのグループに割り当てられた。このグループの電気料金体系は後述するCPP料金60円である。このうち26世帯は実験期間中の料金プラン変更や，HEMSの不具合によるデータ欠損値の発生によって除外された。残った実験参加者のうち，211世帯は東京電力のフラット料金を，190世帯はTOU料金を平常時の料金として使用し，デマンドレスポンス発動日のピーク時間帯には60円のCPPがトリートメントとして適用された。

③トリートメントグループ2：422世帯がこのグループに割り当てられた。このグループの電気料金体系は後述するCPP料金100円である。このうち31世帯は実験期間中の料金プラン変更や，HEMSの不具合によるデータ欠損値の発生によって除外された。残った実験参加者のうち，210世帯は東京電力のフラット料金を，181世帯はTOU料金を平常時の料金として使用し，デマンドレスポンス発動日のピーク時間帯には100円のCPPがトリートメントとして適用された。

使用したデータは2013年7月1日から9月6日までの世帯当たり電力消費データである。**表3-1**は，各グループの世帯属性に関する要約統計量（平均，標準偏差）を示している。無作為に割り当てが実施されたため，各グループの間に統計的に有意な差は見られない。

（2）クリティカルピークプライシングの設定

本実証実験では，CPPの料金プログラムをベースとしてピークカット効果の検証を行った。**図3-2**と**図3-3**は，各グループの時間帯に応じた料金スケ

表3-1 世帯属性に関する要約統計量

世帯属性	コントロールグループ		トリートメントグループ1		トリートメントグループ2	
世帯年収（万円）	818.28	(325.24)	799.64	(322.55)	815.63	(313.54)
床面積（平方メートル）	106.40	(18.97)	105.53	(18.18)	105.89	(18.81)
エアコンの所有数	3.21	(1.39)	3.16	(1.36)	3.14	(1.36)
築年数（年）	9.85	(9.06)	9.66	(8.35)	9.31	(8.64)
世帯人数（人）	3.36	(1.31)	3.41	(1.28)	3.36	(1.36)
TOU加入率	0.52	(0.50)	0.49	(0.50)	0.49	(0.50)

注：カッコ内は標準偏差を表している。

ジュールを示している。まず，コントロールグループのうち，通常料金としてフラット料金体系を使用する参加者は常時25円/kWh，通常料金としてTOU料金体系を使用する参加者はピーク時間帯には38円/kWhの単価が適用される。そして，トリートメントグループに割り当てられた参加者は，イベント発動日のピーク時間帯午後1時から4時まで，CPP60円/kWhまたは100円/kWhの価格が適用される。

本実証実験では，参加したすべての家庭に太陽光発電システムが設置されており，夏季の午後1時から4時までのピーク時間帯には多くの家庭で余剰電力が生じ，過半の家庭が電力を売り越していた。固定価格買取制度に基づいて定められた当時の電力会社による買取価格（家庭の売電価格）が一律42円/kWhであるのに対して，イベント発動日のピーク時間帯には家庭の売電価格についても60円/kWhと100円/kWhに設定された。このため，ピーク時間帯に家庭が太陽光発電量以下の水準まで自宅の電力消費を抑制した場合は，余剰電力を電力会社に売った分の金額がリベートとして参加者に支払われた。これは，電力消費削減に対して家庭にリベートを支払うという意味で，一種のCPRのプログラムとみなすことができる。

上記の料金体系を，PVプロシューマーの観点から整理すると次のようになる。すなわち，太陽光の発電量が自宅の消費をまかなえない時（太陽光発電量＜自宅消費量）は，PVプロシューマーは不足する電気を電力会社から購入する。この時に，PVプロシューマーはCPPプログラムが適用され，課金される。他

第3章　太陽光発電のある家庭のデマンドレスポンス

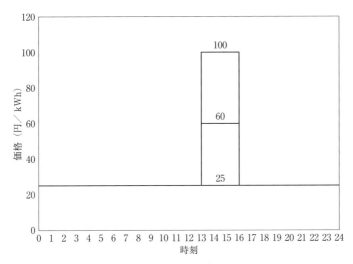

図3-2　フラット料金とCPP

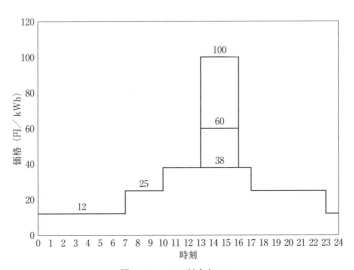

図3-3　TOU料金とCPP

方,太陽光の発電量が自宅の消費を上回る時（太陽光発電量＞自宅消費量）は,PVプロシューマーは余剰電力を電力会社に販売する。この時には,PVプロシューマーは一種のCPRプログラムが適用され,リベートを受け取る。

さらに,トリートメントグループのPVプロシューマーがどのような価格変化,すなわち価格インセンティブに直面するかを整理すると以下のようになる。イベント発動がない平常時にフラット料金が適用されている家庭は,ネットで見て電力会社から電気を購入する時には35円/kWh,75円/kWh,電気を販売する時には18円/kWh,58円/kWhの価格インセンティブとなる。そして,イベント発動がない平常時にTOU料金が適用される家庭は,ネットで電気を購入する時には22円/kWh,62円/kWh,電気を売販売する時には18円/kWh,58円/kWhの価格インセンティブである。よって,ネットで電力会社に売電している時はどちらの料金プラン（平時）の加入者も同じインセンティブに直面しているが,ネットで買電の時は料金プラン別（平時）に異なるインセンティブが課されており,その大きさはフラット料金加入世帯の方が大きく,ピークカット効果も比較的大きくなることが予想される。

実験では,ピーク時間帯は,日本の電力システムのピークにあたる午後1時から4時の3時間に固定した。また,ダイナミックプライシングが適用されるイベント発動日は,平日のうち,前日時点の予想最高気温が31度を超えることを基準に設定した。トリートメントグループには,前日夕方と当日朝にE-mailを通じてイベント発動の旨を事前に知らせた。イベント発動日数は,夏季全14日間であった。

(3) ピークカット効果に関する計量分析結果

以上の設定のもとで,パネルデータ回帰モデルを用いて,家計固定効果(household fixed effect)と時間固定効果（time fixed effect）をコントロールしたうえで,各トリートメントグループピークカット効果を推定した。表3-2は,2013年夏季に得られた実証データ（平日のみ）を用いて推定されたピークカット効果の値（パーセンテージ）を表している。各トリートメントグループは統計的に有

表3-2 2013年夏季のピークカット効果

グループ	全世帯	フラット料金加入者	TOU料金加入者
CPP（60円）	−0.0271**	−0.0305*	−0.0238
	(0.0135)	(0.0185)	(0.0197)
CPP（100円）	−0.0383***	−0.0410**	−0.0361**
	(0.0132)	(0.0192)	(0.0179)
観察数	290,110	152,385	137,725

注：被説明変数は各世帯の30分当たり電力消費量の対数値。回帰モデルは，家計固定効果と時間固定効果を含んでいる。カッコ内は標準偏差を示している。標準偏差は系列相関を回避するためクラスタリング済み。***1%有意，**5%有意，*10%有意。

意な水準でピーク時の電力消費量を抑制している。まず，全世帯平均のピークカット効果は，CPP60円では2.7%，CPP100円では3.8%であった。

太陽光発電のない一般世帯を対象にした米国の過去のフィールド実験において，CPPのピークカット効果は13〜20%程度が観察されている。また，先述の京都府けいはんな学研都市の一般世帯を対象にしたIto et al.（2015）では，CPPにより約16%のピークカット効果が観察されている（CPP65〜105円の平均）。これに対して，本研究が対象としたのは，一般世帯ではなく，天候により電気の売り手にも買い手にもなり得るPVプロシューマーであった。この実証実験の設定のもとでは，PVプロシューマーを対象にしてCPPを適用する場合に期待できるピークカット効果は，一般世帯に対する効果の4分の1程度にとどまる。これは，PVプロシューマーがソーラーパネルで発電しており，そもそも電力会社から購入する電力の絶対量が少ないため，価格変化の影響が限定的となるからかもしれない。また，PVプロシューマーの多くはピーク時間帯に余剰電力を電力会社に売って実質的にリベートを受け取るが，Wolak（2010, 2011）が示すようにリベートは課金よりも効果が小さいことに起因するのかもしれない。

さらに，各世帯が平常時に加入している料金プラン別に推計すると，フラット料金に加入している世帯のピークカット効果は3.1%（CPP60円），4.1%（CPP100円）であるのに対して，TOU料金に加入している世帯のピークカット効果は2.4%（CPP60円），3.6%（CPP100円）であった。すなわち，すべてのトリー

トメントグループで，フラット料金加入世帯のピークカット効果が，TOU 料金加入世帯のそれよりも大きいことが確認された。これは，5節（2）で予想したように，2つのグループの家庭が異なる価格インセンティブに直面していたためかもしれない。

本実証実験のさらに詳細な議論に関心を持った読者は，Ida et al. (2015)，依田他（2015）を参照されたい。

6 太陽光発電プロシューマーと電力システム，環境負荷

以上，今後日本国内でいっそうの増加が見込まれる PV プロシューマーを対象に，大規模な RCT フィールド実験を実施し，ダイナミックプライシングによるピークカット効果を検証した。実験の結果，太陽光発電システムをもつ世帯である PV プロシューマーに対する CPP 料金のピークカット効果は，一般世帯に対する効果の4分の1程度（約4％）にとどまる結果が示された。

しかしながら，PV プロシューマーは，夏季の昼間ピーク時間帯に太陽光発電により自宅の消費量をまかない，さらに余剰電力を電力システムに供給しうる点に注意すべきである。つまり，PV プロシューマーは，夏季の電力需給の逼迫を緩和し電力システムの安定に貢献する。そのうえでさらに，本研究が示すように，ダイナミックプライシングによる一定のピークカット効果が見込める。このように，PV プロシューマーは，電力システムの安定への貢献のポテンシャルが高い。

ただし，電力システムの観点からは，PV プロシューマーの負の側面も指摘される。太陽光発電は，天候に左右されるため，電力システムのオペレーションを不安定にする負の効果ももつ。また，大量の PV プロシューマーが電力会社の配電系統に集中的に接続されると，電圧を不安定にする可能性がある。その対策を配電系統側で行うためには，追加の設備投資が必要になることがある。したがって，電力システムの観点にたつと，PV プロシューマーには正と負の側面があることに注意して，費用と効果の面から総合的な評価が必要である。

一方，環境負荷の観点からは，PVプロシューマーは元来，一般世帯に比べて化石燃料により発電された電気の消費量が少なく，その上に太陽光による再生可能エネルギーの供給を行いうることに留意すべきである。この点で，PVプロシューマーは，CO_2排出の抑制に貢献しており，環境負荷の小さい「グリーン」な世帯であると評価できる。

● 参考文献

Allcott, H.（2011）Rethinking Real-Time Electricity Pricing. Resource and Energy Economics 33：820–842.

Duflo, E., R. Glennerster & M. Kremer.（2007）Chapter 61 Using Randomization in Development Economics Research：A Toolkit. in Handbook of Development Economics Vol. 4, ed. T. Schultz, P., & J. A. Strauss, 3895–3962. Elsevier.

Faruqui, A. & S. Sergici（2010）"Household response to dynamic pricing of electricity：a survey of 15 experiments," Journal of Regulatory Economics 38：193–225.

Ida, T., K. Murakami & M. Tanaka（2016）"Electricity Demand Response in Japan：Experimental Evidence from a Residential Photovoltaic Power-Generation System," Economics of Energy & Environmental Policy, 5（1）：73–88.

Ito, K., T. Ida & M. Tanaka（2013）"Using Dynamic Electricity Pricing to Address Energy Crises Evidence from Randomized Field Experiments," The 36th Annual National Bureau of Economic Research Summer Institute.

Ito, K., T. Ida & M. Tanaka（2015）The Persistence of Moral Suasion and Economic Incentives：Field Experimental Evidence from Energy Demand. NBER Working Paper Series, Working Paper 20910.

Wolak, F. A.（2010）An Experimental Comparison of Critical Peak and Hourly Pricing：The PowerCentsDC Program. Stanford University Working Paper.

Wolak, F. A.（2011）Do Residential Customers Respond to Hourly Prices? Evidence from a Dynamic Pricing Experiment. The American Economic Review：Papers & Proceedings 101（3）：83–87.

依田高典・村上佳世・田中誠（2015）「スマートコミュニティの社会実験から見た経済効果の評価」『環境情報科学』44巻3号，31-35頁．

伊藤公一朗（2015）「フィールド実験への招待」『経済セミナー』6・7月号，28-33

頁。

大賀英治・依田高典・荒牧敬次・田中誠（2013）「北九州スマートコミュニティ創造事業におけるダイナミックプライシング実証」『建築整備士』4月号，12-17頁。

田中誠（2015）「電力消費のフィールド実験――価格インセンティブと節電モラルの効果を測る」『経済セミナー』6・7月号，47-51頁。

第4章
社会規範 vs 価格インセンティブ
—— フィールド実験による家計の省エネルギーの分析[1] ——

松川　勇

1　省エネルギー政策における価格介入と非価格介入

　世界規模でエネルギー・資源の有効活用が重要視されるなか，省エネルギー政策の有効性を巡る議論が白熱化している。省エネルギーの経済政策として，従来は環境税および補助金などの「価格介入」(price intervention) が中心であった。価格介入は，エネルギー利用の増大に伴う地球温暖化などの外部不経済を緩和するため，省エネルギーの価値および費用を財・サービスの価格に適切に反映させ，市場取引を通じて省エネルギーの進展を図る政策である。わが国の例では，化石燃料に対する環境税およびエコカーに対する補助金が挙げられる。
　価格介入政策の問題点としてしばしば指摘されるのは，経済への悪影響である。環境税に対する抵抗は産業界を中心に根強く，導入のために特定の産業の保護および税率の抑制など，経済面の配慮が欠かせない。また，財政運営が厳しさを増すなかで，補助金の拡大には限界がある。
　価格介入を中心とした省エネルギー政策に代わり，近年では省エネルギーの必要性・効果・方法に関する情報を経済主体に提供することによってエネ

---

[1] 本研究は，2015年度科研費（15K03469）および2015年度武蔵大学総合研究所プロジェクトから助成を受けた。実験データの提供において，けいはんなエコシティ次世代エネルギー・社会システム実証プロジェクト推進協議会傘下の関西電力株式会社，三菱電機株式会社，および三菱重工業株式会社から多大なご協力をいただいた。ここに謝意を表する。ただし，本研究の結果はこれらの企業が有する見解を必ずしも反映したものではない。

ギーの有効活用を図る「非価格介入」（non-price intervention）が関心を集めている。非価格介入の特徴は，適切な情報提供によって経済主体に社会規範を認識させ，経済主体自ら望ましい行動を選択するために十分な動機づけを行う点である。

非価格介入政策は，価格介入政策に比べて導入が容易であり今後の普及が期待される反面，有効性を疑問視する意見も少なくない。そこで本章は，家計の電力需要を対象としたフィールド実験のデータを用いて，省エネルギーの価格介入政策と非価格介入政策の有効性を明らかにする。この実験は，家電製品などのエネルギー利用機器の保有を所与とした状況において，機器の利用に対する省エネルギー政策の有効性を検証する目的で行われた。

本章の実験で取り上げた非価格介入政策は，住宅エネルギー・レポート（home energy report，以下 HER）である。HER は，家計に対してエネルギーの利用実態および省エネルギーの方法に関する詳細な情報をリーフレットおよびタブレット端末などを通じて個別に提供する方法である。実験では，担当者が直接被験者宅を訪問して節電に関するアドバイスを行った。その際，前年の電力消費量をもとに「多い」「平均的」「省エネ」の3グループに被験者を区分し，各被験者が該当するグループを提示した。このような他者比較の情報提供には，節電の社会規範を被験者に認識させることによって省エネルギー行動の動機を与える効果が期待される。

価格介入として取り上げられた政策は，クリティカルピークプライシング（critical peak pricing，以下 CPP）である。CPP は電力のピークロード料金の一種であり，需給逼迫時に高水準の価格を適用することによってピーク需要を抑制する方法である。電力のピークロード料金として既に家計に導入されている時間帯別料金制度では，高水準の価格の適用時期が事前に固定されている（松川，2004）。これに対し，CPP では高水準の価格の適用が需要家に前日まで通知されず，突発的に発生する事故および需要の急伸に対応して高水準の価格を適用することが可能である。このため，CPP には需給逼迫時の需要抑制策として時間帯別料金よりも大きな効果が期待される。また，CPP によってピーク時

第4章　社会規範 vs 価格インセンティブ

間帯だけでなく他の時間帯の需要も抑制される可能性があり（Jessoe & Rapson, 2014），省エネルギー政策としての有効性も考えられる。

家計を対象とした省エネルギー政策の評価については，実験データを用いた分析が近年数多く報告されている。このうちエネルギー利用機器の保有を所与とした実験では，非価格介入政策として HER を取り上げた事例が多くみられる（Schultz, et al., 2007；Nolan et al., 2008；Ayres, Raseman & Shih, 2009；Allcott, 2011, 2015；Costa & Kahn, 2013；Ferraro & Price, 2013；LaRiviere et al., 2014；Allcott & Rogers, 2014；Allcott & Kessler, 2015）。価格介入政策の実験では，CPP の効果を検証した分析が多くみられる（Wolak, 2006, 2010, 2011；Faruqui, Sergici & Akaba, 2010；Ito, Ida & Tanaka, 2013, 2015；Fenrick et al., 2014；Jessoe & Rapson, 2014）。いずれの研究も，HER あるいは CPP のいずれかに限定して省エネルギー政策の有効性を評価している。

本章は，2013年に京都府で行われた「けいはんな大規模電力デマンドレスポンス実証」の実験データを用いて，HER と CPP の双方に関する節電効果を検証する。HER の実験では，省エネルギーに関するアドバイスおよび電力消費量の他者比較が節電に及ぼす影響を計測する。CPP の実験では，4段階の価格を適用してピーク時間帯における節電効果を検証する。

第2節では，機器の保有を所与とした家計の省エネルギーの価格介入政策と非価格介入政策に関する既存研究について概観する。続く第3節では，実験の詳細とデータについて解説した後，サンプルのランダム化について検証する。第4節において電力需要のパネル分析を行い，HER と CPP の節電効果を計測するとともに，時間帯別の効果および節電の持続性について検証する。最後に第5節では，結論を簡潔に述べる。

2　家計を対象とした省エネルギー政策の有効性に関する実験

（1）省エネルギー行動の動機と介入政策

エネルギーの有効利用を目的とした政策の効果を評価するため，多くの

表4-1 家計を対象とした省エネルギー（主に節電）・省資源対策に関する実験の事例

文献	内因的動機を目的		外因的動機を目的
	気づき	他者比較	
Allcott (2011, 2015)	HER	HER	
Allcott and Rogers (2014)	HER	HER	
Allcott and Kessler (2015)	HER	HER	
Ayres, Raseman and Shih (2009)	HER	HER	
Costa and Kahn (2013)	HER	HER	
Faruqui, Sergici and Akaba (2014)	IHD		CPP
Fenrick et al. (2014)	IHD		CPP
Ferraro and Price (2013)	HER	HER	
Houde et al. (2013)	IHD		
Ito, Ida and Tanaka (2013, 2015)			CPP
Jessoe and Rapson (2014)	IHD		CPP
LaRiviere et al. (2014)	HER	HER	補助金
Matsukawa (2004, 2011, 2015)	IHD		
Nolan et al. (2008)	HER	HER	
Schultz et al. (2007)	HER	HER	
Wolak (2006, 2010, 2011)			CPP

注：HER：home energy report, CPP：critical peak pricing, IHD：in-home display，をそれぞれ示す。

フィールド実験が行われてきた。表4-1は，実験データをもとに家計の省エネルギー（主に節電）・省資源の政策の評価を行った近年の研究について，その目的と手法をまとめたものである。表4-1では，省エネルギーの観点から望ましい行動に家計を誘導するための動機づけの性質に応じて，それぞれの実験を2つに分類した。省エネルギー行動の動機は，内因的（intrinsic）および外因的（extrinsic）に区分することができる（Benabou & Tirole, 2006；Delmas & Lessem, 2014）。内因的動機は温情（warm-glow）と利他性（altruism）に区分され，他者（社会）の厚生を改善することによって自分の効用を高める点に特徴がある。内因的動機にもとづく省エネルギー行動には，たとえば節電を心がけることによって地球温暖化を抑制し，他国の人々を洪水および干ばつなどの被害から救済し

ようとする意識が存在する。これに対して外因的動機は，主に金銭的な報酬の獲得を目指すものであり，補助金の支給および電気代の節約を目的とした省エネルギー行動が含まれる。なお，このほかの動機として評判（reputation）が挙げられる。評判にもとづく動機とは自分の成果を他者に評価してもらうことを目的とした省エネルギー行動に相当する。たとえば，自分が所属する町内会およびソーシャル・ネットワークで公表される節電ランキングの上位を目指して，日々節電に励む場合である。

内因的動機にもとづく省エネルギー行動を目的とした実験では，省エネルギー行動を促すために家計にさまざまな情報が提供される。**表4-1**では，情報を提供する意図に応じて気づき（nudge）および他者比較（peer comparison）の2つに区分した。気づきを意図した情報提供では，エネルギー消費の詳細に関するデータを家計に提示することによって，家計が有効な省エネルギー行動を自ら分析し実践することを目的としている。たとえば，電力情報の宅内表示器（in-home display，以下ではIHDと略す）を通じて家計の電力消費量をリアルタイムに近い状態で表示することによって，30分前にエアコンの設定温度を1℃上げた効果を確認できる。他者比較を意図した情報提供は，社会全体あるいは類似した世帯属性を有する家計のグループのエネルギー消費量を自分の消費量と比較することによって，省エネルギー行動の動機を与えることを目的とする。たとえば，電力消費量に応じて家計を「多い」「平均的」「省エネ」の3グループに区分し，該当するグループを家計に周知することによって，節電努力を促すことが考えられる。

（2）省エネルギー政策の評価事例

HERの効果を分析した研究をみると，気づきを目的とした政策の実験では省エネルギー・省資源効果の存在が指摘されている。対照的に，他者比較の省エネルギー・省資源効果については見解が分かれている。プログラムの効果に関して肯定的な結果を示した例として，アメリカ・サクラメントに居住する家計の電力需要を対象としたAyres, Raseman & Shih（2009）の研究が挙げられ

る。この研究は，他の家計と電力消費量を比較することによって約2.1％の節電効果が得られた点を指摘している。同様に，アメリカ・アトランタに居住する家計の水需要を対象とした Ferraro & Price（2013）の研究も，全体との消費量比較が節水効果を有する点を指摘しており，平均水準と比較して多くの水を消費する家計において節水効果が顕著であった。

これに対して，全米で Opower 社が実施した HER の実験データを用いた Allcott（2011）の研究では，一連の研究（Allcott & Rogers, 2014；Allcott, 2015；Allcott & Kessler, 2015）と同様に HER の節電効果を指摘しているが，他者比較の影響については必ずしも明確な結果は得られていない。同様に，Costa & Kahn（2010）においても，アメリカにおいて各被験者の消費量と全体の消費量との比較が節電を促したケースは民主党を支持する家計に限定されており，共和党を支持する家計では逆に電力消費量が増加した点が指摘された。さらに，HER の効果に関して否定的な結果を示した例として，LaRiviere et al.（2014）が挙げられる。この研究は2013年のアメリカの家計における電力需要を分析し，他人との比較を含めた HER の提供によって電力消費量が逆に増加した点を明らかにした。なお，わが国の家計のエネルギー消費全体を対象としてアンケート調査を試みた Arimura, Katayama & Sakudo（2013）の研究においても，他人との比較による省エネルギーの効果については否定的な結果が示されている。

IHD については，情報提供による節電効果を指摘する研究が大半である（Matsukawa, 2004, 2011；Abrahamse et al., 2005；Darby, 2006；Houde et al., 2013）。これに対して Matsukawa（2015）は，けいはんな大規模電力デマンドレスポンス実証のフィールド実験において，IHD の利用によって電力消費が増加するケースが存在する点を指摘した。その理由として，2012年の電力危機のなかで実験が実施されており，被験者を含むわが国の家計の節電意識が全般に高いため，実験前に目標を超過する節電を実施していた被験者が，実験後 IHD によって電力消費量をより正確に把握することにより，過剰な節電を抑制した可能性が挙げられる。他の研究では，電力支出額の請求書の頻度が節電に与える影響も指摘されている（Gilbert & Graff Zivin, 2013；Sexton, 2015）。

家計を対象としたCPPの実験を見ると，1996-2007年において行われた一連の実験ではピーク需要の削減が13％から20％の範囲であったが (Faruqui & Sergici, 2010)，最近では20％を超えるピーク需要の削減効果も報告されている。たとえば，2011年夏のアメリカ・コネチカット州において行われたCPPの実験では，前日に通知した2倍の価格上昇によって最大22％のピーク需要の削減がみられた (Jessoe & Rapson, 2014)。ただし，この効果はIHDを有する被験者に限定されており，電話および電子メールによって前日に価格上昇の通知を受けた被験者については，統計的に有意なピーク需要の削減効果がみられなかった。また，6倍の価格上昇を30分前に通知する実験では，IHDを有する被験者についても統計的に有意な削減効果はみられなかった。

このほか，2009年夏に実施されたコネチカット州の実験では，前日に通知された約10倍の価格上昇に対して，10％から23％のピーク需要の削減がみられた (Faruqui, Sergici & Akaba, 2014)。また，2011年夏にアメリカ・ミネソタ州およびサウスダコタ州で行われたCPPの実験では，前日に電話・電子メール・IHDで通知された約9倍の価格上昇によって，11％から26％のピーク需要の削減がみられた (Fenrick et al., 2014)。さらに，2008-2009年の夏季および冬季のアメリカ・コロンビア特別行政区において家計を対象に行われたCPPの実験では，前日に電話・電子メール・携帯メールで通知した6倍から7倍の価格上昇に対して，夏季において9％，冬季において6％，それぞれ比較的小規模のピーク需要削減効果がみられた (Wolak, 2010, 2011)。

わが国の実験については，京都府および北九州市において2012年夏季に行われたCPPの実験データを用いた例がみられる (Ito, Ida & Tanaka, 2013)。この研究では，いずれの地域においても電力価格の上昇幅が拡大するのに伴ってピーク需要の削減も増加した。たとえば，京都府の実験ではCPP単価を2倍から5倍に設定すると削減効果が6％から15％へ増加した。このほか，Matsukawa (2015) では，京都府の実験においてIHDの利用がCPPの節電効果を高めた点が指摘されている。この点は，コネチカット州の実験結果 (Jessoe & Rapson, 2014) と同様である。

表4-2　実験計画の概要

	Aグループ	Bグループ	Cグループ	Dグループ
① HER：2013年5月9日-7月7日	なし	HER	なし	HER
② CPP：2013年7月8日-9月18日	なし	なし	CPP	CPP

3　実験の方法

(1) 概要

　表4-2に，実験の概要を示す。京都府で行われた「けいはんな大規模電力デマンドレスポンス実証」の実験は，2012年度および2013年度の2年間にわたって実施された。この実験では，HER・CPP・IHD・節電要請の4つの政策介入が取り上げられ，家計の電力消費に及ぼす影響が計測された (Matsukawa, 2016)。このうち，本章の焦点は2013年5月-9月に行われたHERおよびCPPに関する実験である。これらの政策の評価は，**表4-2**のように被験者を4グループに区分して比較することによって行われた。具体的には，期間①および②においてHERの効果を，また，期間②においてCPPの効果をそれぞれ検証した。

　HERは被験者の自宅を実験担当者が直接訪問する形式で行われ，訪問は2013年5月9日-7月7日の期間（**表4-2**の期間①）に実施された。訪問の際には，**図4-1**のような「省エネアドバイスシート」と呼ばれる資料を被験者に手渡し，各被験者の電力消費量をグループ全体と比較した結果についてグラフを交えて説明した。また，各被験者の電力消費パターンの特徴を動物にたとえて説明するとともに，節電方法のアドバイスも行った。

　被験者間の比較を行う際，2012年8月平日における電力消費量をもとに，B・Dグループを合わせた全体における順位を数値とグラフで示すとともに，1時間ごとの電力消費量の推移をグラフで示した。また，電力消費量の順位を数値で提示するのに加えて，「多い」・「平均的」・「省エネ」の3グループに各被験者を区分したデータについても提示した。電力消費量が上位3分の1以内に相

第4章 社会規範 vs 価格インセンティブ

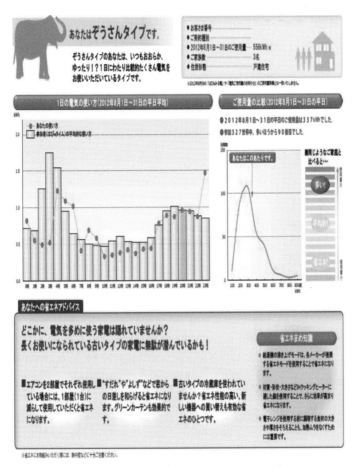

図 4-1　HER の例（省エネアドバイスシート）
出所：関西電力。

当する世帯を「多い」グループ，下位 3 分の 1 以内に相当する世帯を「省エネ」グループ，残りの世帯を「平均的」グループに，それぞれ区分した。これらのグループに区分する際には，電力消費量の順位を世帯人数および家族構成で補正して算定した。

CPPは2013年7月8日-9月18日の73日間(表4-2の期間②)に行われた。CPPの実験では，ピーク時間帯の電力需要を抑制する金銭的誘因として現金に交換可能なポイントを適用した。C・Dグループの被験者には実験期間の開始時にそれぞれ全員一律に7000円相当のポイントが供与され，各被験者のピーク時間帯の電力消費量に応じてポイントが減算された。日本における家計の世帯当たり電力支出は年間約12万2000円（全国平均，2012年，EDMC 2014）であり，実験開始前に供与された夏季のポイントは月平均電力支出の約7割に相当する。ポイントがゼロになった被験者は，その時点で実験の対象外となった。本章の分析対象となった被験者のうちポイントがゼロとなったケースは1件であり，この世帯はCPP実験の最終日の前日まではポイント残高がプラスであり，最終日の9月18日にゼロとなった。

　CPPにおけるピーク時間帯は，平日の13：00から16：00の3時間に定め，土曜日・日曜日・祝日・お盆にはピーク時間帯を設定しなかった。ポイントの減算には，ポイント単価（円/kWh，kWhはキロワット時を表す）とピーク時間帯の電力消費量（kWh）の積によって求められた数値を用いた。この数値は被験者にとってピーク時間帯における擬似的な電気料金と考えられるが，毎月支払う実際の電気料金とは分離して算定した。ポイント単価は20, 40, 60, 80円/kWhの4種類に定め，土日祝日およびお盆の期間にはゼロとした。

　ポイント単価を40, 60, 80円/kWhに設定する日は，前日の予想気温をもとに決定した。具体的には予想最高気温が30℃以上の日を条件とし，特定の気温・曜日の日に40, 60, 80円/kWhの適用が集中しないように配慮した。また，4日連続でポイント単価が40, 60, 80円/kWhのいずれかに該当する状況は回避した。表4-3は，ポイント単価を40, 60, 80円/kWhに設定した曜日と回数を示している。60円/kWhおよび80円/kWhについては，5回ずつ適用した。40円/kWhのポイント単価については，最高気温が予想を下回って30度未満に相当した日が1日存在したため，1回追加して合計6回とした。ポイント単価は，前日20：00頃に被験者へ通知した。なお，CPPはC・Dグループを対象として前年度の実験においても適用され，2012年7月23日-9月28日の68日間（夏季），

表4-3　CPPの適用

	40円/kWh	60円/kWh	80円/kWh
月曜	1回	1回	0回
火曜	1回	0回	1回
水曜	0回	2回	1回
木曜	2回	0回	2回
金曜	2回	2回	1回
合計	6回	5回	5回

注：20円/kWhの単価は，上記以外の平日ピーク時間帯に合計30回適用した。
出所：「けいはんなエコシティ次世代エネルギー・社会システム実証プロジェクト推進協議会」のデータをもとに作成。

2012年12月17日-2013年2月28日の74日間（冬季）にそれぞれCPPの実験が行われた。

（2）被験者の募集

　実験の対象は，関西文化学術研究都市を構成する京都府京田辺市・木津川市・精華町に居住する一般家庭である。この地域は経済産業省の次世代エネルギー・社会システム実証地域の一つに選定されており，京都府南部に位置し，奈良県に隣接している。図4-2は，実験が実施された地域の2013年4月-2014年3月における月間の平均気温，日最高気温の月間平均，日最低気温の月間平均の推移をそれぞれ示している。

　被験者を募集するため，初めに2012年1月27日に対象地域に居住する全世帯の3万9166世帯に対して，実験内容への関心と参加の意思を郵送により調査した。調査では，実験に関心があり参加する意思がある世帯のみに返信を要請したところ，1649世帯（4.2％）から返信があった。次に，1649世帯のうち，①太陽光発電・燃料電池・ガスコジェネレーションなどの家庭用発電設備を保有しない世帯，②インターネットに接続している世帯，および③学生の一人住まいではない世帯，の3つの条件すべてに該当する世帯の中から無作為で900世帯を抽出し，2012年2月下旬-3月下旬において実験への参加意思を訪問調査によって確認した。その際，900世帯を無作為に**表4-2**の4つのグループに区分

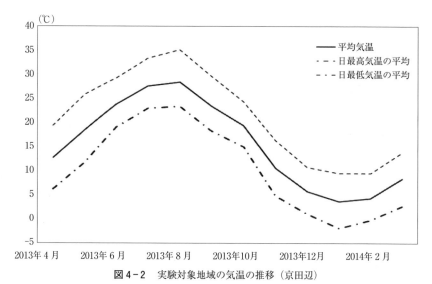

図4-2　実験対象地域の気温の推移（京田辺）
出所：気象庁ホームページ http : //www.jma.go.jp のデータをもとに作成。

し，参加を要請するグループの実験内容を説明した。A・Bグループには200世帯ずつ，C・Dグループには250世帯ずつ振り分けた。その結果，2012年3月末時点で714世帯（79.3%）から実験参加の同意を得た。

　表4-4は，被験者の各グループへの割り当てと参加状況を示す。実験参加に同意した世帯の比率にグループ間で大きな差は見られなかった。参加を拒否した世帯に拒否の理由を尋ねたところ，引っ越しの予定があること，実験に参加することの負担（アンケートの多さ，節電のわずらわしさ，機器操作の難しさ）が大きいこと，不在する可能性が高いことなどの回答があった。その後2012年4月から実験終了までの間に，引っ越し・病気・インターネットの解約などの理由によって，約1割に相当する69世帯が実験を辞退した。辞退した世帯の比率において，グループ間で大きな差はない。被験者宅では，2012年4月-6月において電気メーターをスマートメーターに取り換える工事を実施し，係員が訪問して実験内容と機器の説明を行った。

　分析では，自発的に実験から辞退する旨を申し出た被験者のほかに，太陽光

第4章 社会規範 vs 価格インセンティブ

表4-4 被験者の割り当てと参加状況

グループ名（世帯数）	A（200）	B（200）	C（250）	D（250）	合計（900）
募集終了時の被験者世帯数	159	160	194	201	714
実験参加に同意した世帯の比率	79.5%	80.0%	77.6%	80.4%	79.3%
複数メーター設置世帯数	2	5	0	0	7
長期不在世帯数	0	0	0	1	1
参加延期世帯数	0	0	0	1	1
自家発電・蓄電池設置世帯数（うち太陽光発電）	8（6）	13（12）	11（8）	6（6）	38（32）
募集終了後に辞退した世帯数	19	17	14	19	69
HER訪問を拒否した世帯数	----------	0	----------	1	1
HER訪問日が不明の世帯数	----------	3	----------	3	6
他者比較不可の世帯数	----------	3	----------	2	5
電力消費量欠測の世帯数	1	0	10	4	15
分析対象の世帯数（各グループの比率）	129（22.6%）	119（20.9%）	159（27.8%）	164（28.7%）	571（100.0%）

注：Aグループで実験途中に辞退した1世帯は，募集時点で複数の電気メーターを取り付けていたため，表4-4では「複数メーター設置世帯」に含めた。
出所：「けいはんなエコシティ次世代エネルギー・社会システム実証プロジェクト推進協議会」のデータをもとに作成。

発電・エネファーム・エコウィル・蓄電池などの設備を2012年4月以降に設置した世帯，複数の電気メーターを設置する世帯，長期不在世帯（業務上の出張など），電力消費量データの欠測世帯についても除外した。また，HERの訪問日が不明な6世帯，訪問を拒絶した1世帯，および電力消費量の他者比較が実施できなかった5世帯についても分析対象から除外した。この5世帯については，世帯人数および家族構成に関するアンケート調査の回答に不備があったため，他者比較が実施できなかった。さらに，Dグループの1世帯は2012年の工事が遅れたため，2012年9月まで実験への参加を延期した。このため，HERに用いた2012年8月の電力消費量のデータが得られず，この1世帯を分析から

除外した。

（3）サンプルのランダム化の検証

　表4-5に，実験参加世帯の人数・年収・エアコンの保有台数・住宅の特性・電力契約の種類・実験開始前の電力消費量について，グループ間で比較した結果を示す。被験者が居住する地域では，厨房・給湯においてガス・灯油を使用する家計に適用される「従量電灯」契約のほかに，すべての用途に電気を使用する「オール電化」契約が利用可能である。いずれの契約も，使用量にかかわらず月定額の「最低料金」（標準的な家計の電気料金に相当する従量電灯Ａについて2013年3月31日現在で320.25円）と使用量に比例して支払う「電力量料金」（3段階ブロック逓増料金）の2部料金制であり，従量電灯契約では期間にかかわらず電力単価が一定であるのに対し，オール電化契約では時間帯および季節によって電力単価が変化する季節別時間帯別料金制を適用している。2013年5月1日以降においては，電気料金の引き上げにともない従量電灯・オール電化契約ともに最低料金および電力量料金の単価が上昇した。被験者の電力契約のデータは，2013年5月-2013年9月の実験期間における契約を反映している。本章の分析対象となった被験者のうち実験期間中における契約の変更は，Ｃグループで1件（2013年7月）のみであり，通常の契約からオール電化への変更であった。分析対象となった他のグループの被験者では，実験期間中の契約の変更はなかった。

　実験前の電力消費量は，2012年6月の数値を1日当たりに換算したデータである。2012年6月は，京都府のCPP実験の開始直前であり，2012年6月の電力消費量はHERおよびCPPの影響を受けないものと考えられる。電力消費量および電力契約以外の項目については，被験者を対象に実施したアンケート調査から得た。このうち，住宅の床面積，築年数，戸建てと集合住宅のどちらに該当するのか，の3項目については，2012年5月に調査を実施した。年収は2012年10月に，また，世帯人数とエアコン保有台数は2013年5月にそれぞれ回答を得た。なお，アンケート調査の有効回答数は，項目によって異なる。

第4章 社会規範 vs 価格インセンティブ

表4-5 実験開始前における統制群と実験群の比較（括弧内はグループ名）

	統制群 (A)	HERのみ (B)		CPPのみ (C)		HER+CPP (D)	
	平均	平均	差	平均	差	平均	差
人数	3.378 (1.181)	3.187 (1.089)	-0.191 (1.329)	3.237 (1.197)	-0.141 (1.013)	3.167 (1.232)	-0.211 (1.493)
エアコン台数	3.885 (1.513)	3.669 (1.755)	-0.216 (1.018)	3.462 (1.472)	-0.424 (2.384)**	3.698 (1.533)	-0.187 (1.035)
年収：ランク①	0.085 (0.282)	0.063 (0.244)	-0.023 (0.661)	0.099 (0.300)	0.013 (0.379)	0.121 (0.329)	0.036 (0.962)
年収：ランク②	0.393 (0.500)	0.455 (0.517)	0.062 (0.924)	0.401 (0.499)	0.008 (0.133)	0.459 (0.516)	0.065 (1.057)
年収：ランク③	0.274 (0.453)	0.286 (0.461)	0.012 (0.202)	0.278 (0.453)	0.004 (0.078)	0.236 (0.432)	-0.038 (0.698)
年収：ランク④	0.248 (0.438)	0.196 (0.403)	-0.051 (0.925)	0.222 (0.420)	-0.026 (0.491)	0.185 (0.389)	-0.063 (1.238)
床面積：ランク①	0.126 (0.335)	0.171 (0.380)	0.045 (0.961)	0.227 (0.423)	0.101 (2.235)**	0.214 (0.415)	0.088 (1.949)*
床面積：ランク②	0.731 (0.490)	0.692 (0.496)	-0.039 (0.605)	0.699 (0.481)	-0.032 (0.541)	0.667 (0.507)	-0.064 (1.069)
床面積：ランク③	0.143 (0.354)	0.137 (0.347)	-0.006 (0.134)	0.074 (0.262)	-0.069 (1.804)*	0.119 (0.327)	-0.023 (0.563)
築年数：ランク①	0.411 (0.494)	0.352 (0.480)	-0.059 (0.964)	0.394 (0.491)	-0.017 (0.291)	0.355 (0.480)	-0.056 (0.989)
築年数：ランク②	0.349 (0.478)	0.368 (0.484)	0.019 (0.317)	0.388 (0.490)	0.039 (0.698)	0.424 (0.496)	0.076 (1.335)
築年数：ランク③	0.240 (0.429)	0.280 (0.451)	0.040 (0.718)	0.218 (0.414)	-0.023 (0.459)	0.221 (0.416)	-0.019 (0.393)
戸建て＝1	0.884 (0.322)	0.856 (0.353)	-0.028 (0.654)	0.6900 (0.464)	-0.194 (4.266)***	0.734 (0.443)	-0.150 (3.399)***
オール電化＝1	0.338 (0.475)	0.389 (0.489)	0.050 (0.836)	0.310 (0.464)	-0.029 (0.521)	0.267 (0.440)	-0.071 (1.323)
実験前の電力消費(kWh/日)	12.938 (7.158)	12.468 (7.185)	-0.470 (0.575)	11.739 (5.774)	-1.199 (1.681)*	12.104 (6.589)	-0.834 (1.119)

注：アンケート調査の有効回答数は，項目によって異なる。平均値の下の括弧内の数値は標準偏差を示す。また，B，C，Dグループにおける「差」は統制群との差を，その下の括弧内の数値は t 値の絶対値をそれぞれ示す。*は10%水準で統計的に有意，**は5％水準で統計的に有意，***は1％水準で統計的に有意であることを示す。年収ランクの定義は，①300万円未満，②300万円以上600万円未満，③600万円以上900万円未満，④900万円以上である。床面積ランクの定義は，①80m²未満，②80m²以上120m²未満，③120m²以上である。築年数ランクの定義は，①10年未満，②10年以上20年未満，③20年以上である。
出所：「けいはんなエコシティ次世代エネルギー・社会システム実証プロジェクト推進協議会」のデータをもとに作成。

表4-5の各項目においてグループ間の差を検証するため，平均値の差の検定を行った。エアコン保有台数においてCPPのみのグループが統制群（Aグループ）よりも少なく，また，CPPのみあるいはHER＋CPPのグループの戸建て住宅の割合が統制群よりも少ない結果となったほかは，グループ間で顕著な差はなかった。CグループとAグループ間で実験開始前の電力消費量に若干の差がみられるが，この差は水準10％で統計的に有意である。他のグループ間では，統計的に有意な電力消費量の差はみられなかった。

なお，けいはんなエコシティ次世代エネルギー・社会システム実証プロジェクト推進協議会のデータによると，2013年において関西地域に居住する約9000世帯を対象としたアンケート調査では，世帯人数が2.7人，エアコン台数が3.0台，戸建て住宅の割合が55.0％であった。これらの数値と比較すると，実験参加世帯の戸建て住宅の割合が高く，世帯人数およびエアコン台数も多いことがわかる。

実験におけるサンプルのランダム化を検証するため，初めに実験開始前の電力消費量を各グループのダミー変数によって回帰し，ダミー変数の統計的有意性について分析を行った。サンプルがランダム化されていれば，各グループのダミー変数はいずれも有意ではなく，実験開始以前において電力消費のグループ間格差は存在しないはずである。回帰分析では実験群のグループのダミー変数のみを説明変数とし，世帯人数・エアコン台数などアンケート調査から得たデータは用いなかった。その理由は，アンケート調査の項目によっては有効回答率が8割程度まで低下しており，回答の有無を左右する要因の影響が実験前の電力消費量の分析に含まれる可能性が考えられるためである。この点については，Jessoe & Rapson（2014）も同様の理由からアンケート調査のデータを外し，ランダム化の検証を行っている。

表4-6は，実験群に関するダミー変数が実験開始前の電力消費量に与える影響を推定した結果である。推定の際には，不均一分散に対して頑健なホワイトの標準誤差を用い，2012年6月の電力消費量に欠損がみられたCグループの1世帯を除いた。B・C・Dいずれのグループのダミー変数も係数は負であっ

第4章 社会規範 vs 価格インセンティブ

表4-6 ランダム化の検証①:実験開始前の電力消費量の回帰分析

変数	係数(標準誤差)
定数項	13.511 (0.646)
Bグループのダミー変数	−1.238 (0.886)
Cグループのダミー変数	−1.453* (0.797)
Dグループのダミー変数	−1.568* (0.821)
自由度調整済み決定係数	0.003
F値	1.663 (p値 0.174)
観測値数	570

注:不均一分散に対して頑健なホワイトの標準誤差を用いた。2012年6月の電力消費量に欠損がみられた1世帯を除いた。*は10%水準で統計的に有意であることを示す。

表4-7 ランダム化の検証②:プロビット・モデルの分析

	AとB	AとC	AとD
定数項	0.156 (0.168)	0.396 (0.163)	0.413 (0.155)
実験前の電力消費 (kWh/日)	−0.016 (0.012)	−0.021 (0.011)*	−0.021 (0.011)*
尤度比	1.957 (p値 0.162)	3.471 (p値 0.062)*	3.744 (p値 0.053)*
観測値数	248	287	293

注:被説明変数は,Aグループの世帯が0,他が1のダミー変数である。2012年6月の電力消費量に欠損がみられた1世帯を除いた。*は10%水準で統計的に有意であることを示す。

たが,Bグループのダミー変数は統計的に有意でなく,C・Dグループの係数は有意であるが10%の水準であった。また,分析した回帰式のF値は統計的に有意ではなかった。

次に,グループAとB,AとC,AとDの3種類の組み合わせを想定し,それぞれの組み合わせにおいてグループAに該当する世帯について0,他のグループに該当する世帯について1となる変数を被説明変数としたプロビット・モデルについて推定を行った。同様の方法を用いて,Houde et al. (2013) はランダム化の検証を行っている。実験開始前の2012年6月の電力消費量を説明変数としてプロビット・モデルを推定した結果,グループAとBの組み合わせについては実験前の電力消費量が統計的に有意でなかった(表4-7)。ま

た，AとC，AとDの組み合わせについては実験前の電力消費量が統計的に有意であったが，10％の水準であった。尤度比検定をみると，AとBの組み合わせについては統計的に有意ではなく，他の組み合わせについては有意であったが10％の水準にとどまった。

　以上の分析結果から，京都府の実験ではおおむねランダムにグループ分けがなされたものと判断できる。この点は，2012年度における京都府の実験データを用いた Ito, Ida & Tanaka (2013) の分析において，グループ間に有意な電力消費量の差が実験開始前の時点でみられなかった点と整合する。ただし，実験への参加は公募で行われたため，実験に参加しなかった世帯と参加世帯の間に差が存在する可能性は排除できない。また，家計の属性・エアコンの保有台数・住宅の特性において被験者の平均と関西地域の平均の間に格差が存在することから，実験対象地域に固有の要因が実験結果に及ぼす影響（site selection bias）も考えられる（Allcott, 2015）。

（4）実験期間における電力消費量のグループ間比較

　表4-8では，期間②における30分単位の電力消費量のグループ平均を比較した。このデータは，被験者宅に取り付けた機器を通じて30分ごとに計測したものである。期間②では，統制群（Aグループ）に比べていずれの実験群においても電力消費量が低い水準であり，HERとCPPによる節電効果の存在が推察される。13：00-16：00のピーク時間帯に限定して比較を行った場合でも，統制群に比べていずれの実験群においても電力消費量が低い水準にある。実験群のうち，CPPを適用したC・Dグループにおける電力消費量の水準がBグループよりも低く，HERに比べてCPPのピーク需要の削減効果が大きい点が推察される。ただし，いずれの場合でも統制群と実験群の電力消費量の差は統計的には有意でなかった。

　図4-3に，実験期間における日平均電力消費量のグループ別の推移を示す。全期間を通じておおむねAグループの電力消費量が最も高く，C・Dグループの電力消費量が低い。2013年5-6月ではBグループの電力消費量がC・Dグ

第4章 社会規範 vs 価格インセンティブ

表4-8 CPP実験期間(期間②)における,4グループ別の平均電力消費量(30分単位のkWh,括弧内の数値は標準偏差)

	CPP実験期間(期間②)全時間帯	期間②のピーク時間帯
統制群:Aグループ	0.32 (0.35)	0.26 (0.22)
HERのみ:Bグループ	0.29 (0.32)	0.24 (0.21)
CPPのみ:Cグループ	0.29 (0.29)	0.22 (0.19)
HER+CPP:Dグループ	0.29 (0.32)	0.22 (0.19)
統制群との差:HERのみ	-0.03	-0.02
統制群との差:CPPのみ	-0.03	-0.04
統制群との差:HER+CPP	-0.03	-0.04

出所:「けいはんなエコシティ次世代エネルギー・社会システム実証プロジェクト推進協議会」のデータをもとに作成。

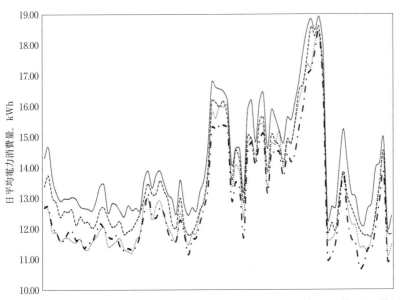

図4-3 実験期間(5/9-9/18,平日)における,4グループ別の日平均電力消費量の推移
出所:「けいはんなエコシティ次世代エネルギー・社会システム実証プロジェクト推進協議会」のデータをもとに作成。

ループを上回っていたが，7月以降では両グループ間に明確な差はみられない。図4-3からは，統制群に比べて実験群の電力消費量が低く，HERおよびCPPの影響が推察される。

しかし，HERの訪問がB・Dグループのうち少数の被験者にとどまっていた5月中旬までの期間において，既に統制群と実験群の間に電力消費量の差がみられる。特に，2012年度にCPPが適用されたC・Dグループがともに他のグループよりも電力消費量が少ない。このことから，2012年度の夏季・冬季のCPP実験による節電効果が習慣化した可能性も考えられる（Ito, Ida & Tanaka, 2015）。

4　電力需要のパネル分析

(1) 電力需要のモデル

HERおよびCPPが家計の電力消費に及ぼす影響を計測するため，（1）式の電力需要モデルを推定する。このモデルでは，実験期間中に30分単位で計測された各世帯の電力消費量（kWh）の自然対数値を被説明変数とし，HERおよびCPPの適用に関するダミー変数によって回帰するとともに，世帯および時間に関する固定効果を明示した「2方向固定効果モデル」(two-way fixed effects model) を想定する。

$$\log KWH_{i,t} = (\alpha_1 A_i + \alpha_2 G_i + \alpha_3 B_i)(\alpha_4 E_{B,i} + \alpha_5 E_{D,i}) HER_{i,t} + \sum_{k=1}^{4} \beta_k CPP_{i,t}^k + v_i + \mu_t + u_{i,t} \quad \cdots\cdots(1)$$

ただし，

$KWH_{i,t}$：世帯 i，時間 t（30分単位）における電力消費量（kWh）
A_i：世帯 i において電力消費のカテゴリーが「平均的」に該当する場合に1，他は0となるダミー変数
G_i：世帯 i において電力消費のカテゴリーが「多い」に該当する場合に1，

第4章 社会規範 vs 価格インセンティブ

　　　他は0となるダミー変数

B_i：世帯iにおいて電力消費のカテゴリーが「省エネ」に該当する場合に1，他は0となるダミー変数

$E_{g,i}$：世帯iがgグループに該当する場合に1，他は0となるダミー変数（$g = B, D$）

$HER_{i,t}$：世帯i，時間tにおいてHERが既に実施されていたならば1，他は0となるダミー変数（HERを目的とした被験者への訪問日およびそれ以後の時間について，すべて1とする）

$CPP_{i,t}^k$：世帯i，時間tにおいて，第k番目のポイント単価が適用された場合に1，他は0となるダミー変数

v_i：世帯iに固有の要因

μ_t：時間tに固有の要因

$u_{i,t}$：誤差項

である。

　HERが電力需要に与える影響については，省エネルギーのアドバイスを行う係員がBグループおよびDグループの被験者宅を訪問する日以後の時間においてすべて1となるダミー変数$HER_{i,t}$を用いて分析した。被験者によって訪問日が異なるため，**表4-2**の期間①においてBグループおよびDグループの被験者間で$HER_{i,t}$の数値に差が存在することになる。期間②では，BグループあるいはDグループに割り当てられた被験者の$HER_{i,t}$はすべて1である。AグループおよびCグループの被験者については，すべての期間において$HER_{i,t}$を0とする。

　電力消費の他者比較の影響については，HERの対象であるBグループおよびDグループの被験者が該当するカテゴリーをダミー変数G_i，B_iおよびA_iによって表す。G_iは，2012年8月平日の各世帯の電力消費量を世帯人数および家族構成で調整した数値が，HER対象グループ全体の上位3分の1以内に相当することを表し，B_iは下位3分の1以内に相当することを表す。それ以外の

世帯は，A_i によって表される。2012年の CPP 実験による節電効果が習慣化した可能性を考慮し，CPP の経験が HER の効果に及ぼす影響を分析するため，B グループに該当する場合を 1 とするダミー変数 $E_{B,i}$ および D グループに該当する場合を 1 とするダミー変数 $E_{D,i}$ をそれぞれ（1）式の説明変数に加えた。HER の節電効果は，電力消費の削減率としてパラメータ α_1, α_2, α_3, α_4, α_5 によってケース別に計測される。

CPP の効果については，適用される世帯と時間を対象に，ポイント単価に応じたダミー変数を用いた。$CPP_{i,t}^1$, $CPP_{i,t}^2$, $CPP_{i,t}^3$, $CPP_{i,t}^4$ は，CPP 適用対象の被験者（C・D グループ）において時間 t のポイント単価が20，40，60，80円/kWh のいずれかに相当する場合に 1，それ以外の場合は 0 となる。期間①では CPP が適用されなかったため，期間①におけるすべての時間において $CPP_{i,t}^k = 0$ である。CPP の節電効果は，電力消費の削減率としてパラメータ β_1, β_2, β_3, β_4 によって価格別に計測される。

（1）式の 2 方向固定効果モデルの推定には，最小二乗法を適用した。その際，各世帯における誤差項の系列相関の存在を考慮し，各世帯においてクラスター化した標準誤差を用いた。2 方向ランダム効果モデルについても推定を行った結果，類似した結果が得られたため，以下では 2 方向固定効果モデルの結果のみを取り上げる。なお，ハウスマン検定については統計量を構成する行列が正定値とならなかったため，適用できなかった（Greene, 2007, E11-36）。

（2）HER および CPP の効果

表4-9に，期間①および②のデータを用いて（1）式の電力需要関数を推定した結果を示す。HER に用いた電力消費のデータが平日のみを対象とした点および CPP が平日のみに適用された点を考慮し，期間①および②における平日のデータに限定して（1）式を推定した。期間①および②における平日は88日間であり，1 日の時間数が48，世帯数が571であることから，観測値の数は241万1904である。推定の際には，オール電化契約と他の契約に区分した。同様の区分は，Wolak（2011）における CPP の効果の分析においても適用され

第4章 社会規範 vs 価格インセンティブ

表4-9 電力契約別のHERおよびCPPの効果：(1)式の推定結果（括弧内の数値は標準誤差）

	オール電化契約	他の電力契約
「多い」，Dグループ（$a_2 \cdot a_5$）	−0.004（0.021）	0.033（0.020）
「多い」，Bグループ（$a_2 \cdot a_4$）	−0.056**（0.026）	0.057（0.036）
「省エネ」，Dグループ（$a_3 \cdot a_5$）	−0.056**（0.029）	−0.007（0.023）
「省エネ」，Bグループ（$a_3 \cdot a_4$）	0.013（0.031）	0.244（0.189）
「平均的」，Dグループ（$a_1 \cdot a_5$）	−0.039**（0.017）	−0.022（0.021）
「平均的」，Bグループ（$a_1 \cdot a_4$）	−0.034（0.033）	0.181（0.112）
ポイント単価20円：$CPP_{i,t}^1$（β_1）	−0.024（0.039）	−0.036（0.028）
ポイント単価40円：$CPP_{i,t}^2$（β_2）	−0.054（0.048）	−0.113***（0.034）
ポイント単価60円：$CPP_{i,t}^3$（β_3）	−0.134***（0.051）	−0.090**（0.039）
ポイント単価80円：$CPP_{i,t}^4$（β_4）	−0.138***（0.049）	−0.116***（0.039）
自由度修正済み決定係数	0.367	0.431
世帯数	185	387
観測値数	779,424	1,632,480

注：標準誤差は各世帯についてクラスター化された数値を用いた。*は10%水準で統計的に有意，**は5％水準で統計的に有意，***は1％水準で統計的に有意であることを示す。実験期間において電力契約を変更した1世帯が重複するため，世帯数の合計が572になる。

表4-10 電力消費のカテゴリー別の電力契約（数値は該当する世帯数）

	オール電化契約	他の電力契約	合計
「多い」，Dグループ	18	41	59
「多い」，Bグループ	13	25	38
「省エネ」，Dグループ	9	42	51
「省エネ」，Bグループ	16	24	40
「平均的」，Dグループ	17	37	54
「平均的」，Bグループ	18	23	41
合計	91	192	283

ている。実験期間において電力契約を変更した1世帯が重複するため，世帯数の合計は**表4-9**において572となる。参考として，**表4-10**において電力消費量のカテゴリー別に各電力契約の世帯数を掲げる。

表4-9をみると，いずれの電力契約においても60円/kWhおよび80円/kWhの場合にCPPが統計的に有意な節電効果を示しており，ピーク需要の削減率は9.0%-13.8%である。これに対し，HERによる節電の効果が統計的に有意となったケースはオール電化契約の被験者に限定されていることがわかる。オール電化契約の場合，Bグループで「省エネ」に該当する被験者を除き，3段階すべてのカテゴリーにおいて節電効果がみられた。このうち統計的に有意なHERの影響がみられたケースは，「多い」に該当するBグループの被験者，「平均的」に該当するDグループの被験者，「省エネ」に該当するDグループの被験者の3つのケースであり，いずれも5％の水準で有意であった。

統計的に有意なHERの影響がみられたケースでは，節電効果が3.9%あるいは5.6%であった。アメリカにおけるHERの実験をみると，たとえばAyres, Raseman & Shih (2009) では2.1%，Allcott (2011) では2.0%の節電効果が報告されており，本章の結果はこれらの実験を上回ることがわかる。節電効果が比較的高い水準になった理由として，先行研究ではHERを郵送で提供したのに対し，本章では各世帯の家電製品の保有・利用実態を考慮して節電方法を検討し，被験者宅を直接訪問して節電方法をアドバイスした点が挙げられる。

なお，関西地域に居住するオール電化の契約世帯すべてに「多い」「平均的」「省エネ」の3つのカテゴリーに区分した他者比較を提示し，節電効果が6月の1か月間持続する状況を想定した場合，1キロワット時の節電に対して77円-130円の費用が必要となる (Matsukawa, 2016)。アメリカの研究では（1ドルを100円として換算），1回のみのHERに伴う費用が1キロワット時の節電に対して約4円 (Allcott & Rogers, 2014)，さまざまな省エネルギー・プログラムの費用が1キロワット時の節電に対して平均して約5円 (Arimura et al., 2011) であり，本章の費用を大幅に下回っている。この理由として，アメリカの事例では郵送による情報提供が中心であり，プログラムの費用が世帯あたり100円程度であるのに対し，本章では訪問スタッフの人件費によって費用が高い水準となっている点が挙げられる。

電力消費量の他者比較については，節電をすでに実施している世帯が逆に電

力消費量を増加させる「ブーメラン効果」が議論となっている（Schultz et al., 2007；Ayres, Raseman & Shih, 2009；Allcott, 2011)。表4-9をみると、「省エネ」に区分された世帯のうちBグループについては、いずれの電力契約の場合にもHERのダミー変数の係数がプラスの符号を示しているが、統計的に有意ではない。このため、表4-9ではブーメラン効果の存在は確認できなかった。

CPPの効果をみると、オール電化契約世帯ではポイント単価が40円/kWhから60円/kWh、80円/kWhと引き上げられるのに伴って係数の絶対値が増加している。表4-9のオール電化契約における節電効果は、40円/kWhの場合（β_2）に5.4%、60円/kWh（β_3）では13.4%、80円/kWh（β_4）では13.8%であった。2012年度における京都府のCPPの実験データを用いた分析（経済産業省、2014）では、夏季においてポイント単価が40円/kWhの場合に15.0%、60円/kWhでは17.2%、80円/kWhでは18.4%であり、2013年度の実験データを用いた本章の結果はこれらの節電効果に比べて小規模である。

(3) 時間帯別のHERの効果とCPPの波及効果

CPPでは1日の中で適用する時間を通常短く限定しており、その効果が期待されるのは主にピーク時間帯である。これに対し、HERの効果はさまざまな時間帯に及ぶ可能性がある。初めに、時間帯別にHERの効果を検証する。具体的には、(2)式の電力需要関数を推定する。

$$\log KWH_{i,t} = \sum_{h=1}^{48} (\alpha_1^h A_i + \alpha_2^h G_i + \alpha_3^h B_i)(\alpha_4^h E_{B,i} + \alpha_5^h E_{D,i}) HER_{i,t} \times HOUR_t^h \\ + \sum_{k=1}^{4} \beta_k CPP_{i,t}^k + v_i + \mu_t + u_{i,t} \quad \cdots\cdots(2)$$

ただし、$HOUR_t^h$はtが時間帯hに該当する場合に1、他の場合に0となるダミー変数を表す。(2)式では、(1)式の電力需要関数においてHERの影響を表すパラメータが1日の時間帯h（$h=1, \cdots, 48$）に応じて変化する点を新たに想定している。

表 4-11 朝・夜の時間帯における HER の効果：（2）式，オール電化契約の被験者のみ，有意の係数のみ表示（空欄は，係数が有意でないことを示す）

開始時刻	「多い」，Dグループ	「多い」，Bグループ	「省エネ」，Dグループ	「省エネ」，Bグループ	「平均的」，Dグループ	「平均的」，Bグループ
6：00	−0.239** (0.115)				−0.320*** (0.116)	
6：30	−0.185* (0.097)				−0.223** (0.095)	−0.204* (0.123)
7：00		−0.179** (0.091)		0.150* (0.085)		
7：30				0.140* (0.077)		
8：00			−0.185*** (0.054)			
8：30			−0.149*** (0.052)			
18：00				0.221** (0.103)		
18：30					−0.156** (0.075)	
19：00					−0.141** (0.066)	
19：30		−0.155** (0.076)				
20：00		−0.198*** (0.073)				
20：30		−0.161** (0.070)				
21：00		−0.119* (0.071)				
21：30						

注：括弧内の数値は，各世帯についてクラスター化された標準誤差を示す。*は10％水準，**は5％水準，***は1％水準でそれぞれ統計的に有意であることを示す。

HER の節電効果がみられたオール電化契約の被験者に限定し，期間①および②の平日のデータを用いて（2）式を推定した結果を**表 4-11**に示す。（2）式の推定では48の時間帯すべてについて分析したが，このうち**表 4-11**では朝

(6:00-9:00) と夜 (18:00-22:00) の時間帯において HER の係数が統計的に有意となったケースについてのみ掲載した。B グループで電力消費量が「省エネ」のカテゴリーに相当する被験者を除き，朝の6:00-9:00の時間帯において統計的に有意な節電効果が確認された。B グループの被験者のうち，夜の18:00-22:00の時間帯において HER による節電効果が統計的に有意であったケースは，「多い」のカテゴリーに相当する被験者のみである。また，D グループの被験者のうち夜の時間帯において節電効果がみられたのは，電力消費量のカテゴリーが「平均的」の被験者のみであった。HER による節電効果は朝の時間帯で14.9%から32.0%，夜の時間帯で11.9%から19.8%であり，**表4-9**の節電効果を大幅に上回った。家族揃って活動する可能性の高い朝と夜の時間帯において節電効果が確認された点は，Houde et al. (2013) と整合している。なお，B グループで電力消費量が「省エネ」のカテゴリーに相当する被験者については，朝と夜の時間帯において HER が電力消費を統計的に有意に増加させているケースが存在することから，ブーメラン効果の可能性が推察される。

次に，ピーク時間帯以外における CPP の節電効果について検証する。CPP については主にピーク時間帯における節電を目的としているが，Jessoe & Rapson (2014) では CPP の節電効果がピーク時間帯前後の時間帯においても存在する点が指摘されている。この点を検証するため，ポイント単価が40，60，80円/kWh の CPP の適用日におけるピーク時間帯の前後2時間に関する2つのダミー変数を C・D グループについてのみ加え，（1）式の電力需要関数を推定した。その結果，2つのダミー変数は統計的に有意ではなく，Jessoe & Rapson (2014) において指摘されたピーク時間帯の直前および直後の時間帯への波及効果はいずれも確認できなかった。

（4） HER の節電効果の持続性

省エネルギー対策の有効性を評価する重要な視点として，効果の持続性が挙げられる。他の条件を一定とすると，効果が持続するほど政策介入の有効性が

高まることになる。HERの効果の持続性を分析したFerraro & Price（2013）は，HERの提供から数か月後に節水効果が低下する点を指摘している。これに対して，Allcott & Rogers（2014）は節電効果が数年間の長期にわたって持続する可能性を示している。Allcott & Rogers（2014）は，節電行動が持続する理由として経験の蓄積（Becker & Murphy（1988）におけるconsumption capital）を指摘している。

本章では，実験開始後に経過した週に応じたダミー変数を用いて，効果の持続性を検証する。同様の手法によって，Houde et al.（2013）はIHDの節電効果が必ずしも単調に変化しない点を指摘している。具体的には，HERの実験開始後に経過した週に応じたダミー変数を用いて，（3）式の電力需要関数を推定した。

$$\log KWH_{i,t} = \sum_{w=1}^{16}(\alpha_1^w A_i + \alpha_2^w G_i + \alpha_3^w B_i)\ (\alpha_4^w E_{B,i} + \alpha_5^w E_{D,i})\ HER_{i,t} \times WH_{i,t}^w$$
$$+ \sum_{k=1}^{4} \beta_k CPP_{i,t}^k + v_i + \mu_t + u_{i,t} \quad \cdots\cdots(3)$$

ただし，$WH_{i,t}^w$はHERの実験開始後に経過した第w番目の週に関するダミー変数を表す。$WH_{i,t}^w$は，被験者iに関するHERの訪問日以降1週間以内の日を$w=1$，次の週に含まれる日を$w=2$，その次の週に含まれる日を$w=3$，と定義し，時間tが第w番目の週に含まれる場合に1，そうでない場合に0となるダミー変数である。訪問前およびHERの対象外の被験者については，いずれも$WH_{i,t}^w=0$とした。実験期間の長さを考慮し，$w=16$までをダミー変数の対象と定め，16番目以降の週はすべて$w=16$とした。HERの実施が最も早い5月13日の場合，第16週は8月の最終週に相当する。

期間①および②の平日におけるオール電化契約世帯に関するデータを用いて，（3）式を推定した。推定結果のうち，統計的に有意になった係数のみを**表4-12**に掲げた。**表4-9**において統計的に有意なHERの影響がみられた3つのケース（「多い」に該当するBグループの被験者，「平均的」に該当するDグループの

第 4 章 社会規範 vs 価格インセンティブ

表 4-12　HER 効果の持続性：（3）式，週ダミー，オール電化契約の被験者のみ，有意な係数のみ掲載

変数	係数（標準誤差）
「多い」，B グループ，第 1 週	−0.042* (0.022)
「多い」，B グループ，第 2 週	−0.064*** (0.022)
「多い」，B グループ，第 6 週	−0.053* (0.028)
「多い」，B グループ，第15週	−0.119* (0.067)
「多い」，B グループ，第16週	−0.137** (0.068)
「省エネ」，D グループ，第13週	−0.122** (0.054)
「省エネ」，D グループ，第15週	−0.112** (0.055)
「平均的」，D グループ，第 1 週	−0.034** (0.016)
「平均的」，D グループ，第 2 週	−0.067*** (0.024)
「平均的」，D グループ，第 3 週	−0.050* (0.027)
「平均的」，D グループ，第 5 週	−0.050** (0.025)
「平均的」，D グループ，第 8 週	−0.060** (0.029)
「平均的」，B グループ，第11週	−0.102* (0.058)

注：標準誤差は各世帯についてクラスター化された数値を用いた。*は10％水準で統計的に有意，**は 5 ％水準で統計的に有意，***は 1 ％水準で統計的に有意であることを示す。

被験者，「省エネ」に該当する D グループの被験者）について，いずれも複数の週において統計的に有意な節電効果が示された。このうち D グループで「平均的」のカテゴリーの世帯は平均して3.9％の節電効果を示していたが（表 4 - 9 ），HER の実施後 8 週目までは電力消費量の削減が持続しており，第 1 週・第 2 週・第 3 週・第 5 週・第 8 週においてそれぞれ統計的に有意な節電効果がみられた。この世帯では，第 2 週目に節電効果が最大（6.7％）となっている。

　節電効果は時間の経過とともに減少するとは限らず，B グループで「多い」のカテゴリーの世帯では HER の実施後15週目において11.9％，16週目以降において13.7％の節電効果がみられた。この世帯の実験期間における平均的な節電効果は5.6％（表 4 - 9 ）であり，HER の実施直後に電力消費量が4.2％あるいは6.4％削減された。その後 3 か月程度経過した時点において，平均を上回る大きな節電効果がみられた。この点は D グループで「省エネ」のカテゴリー

の世帯においても同様であり，HERの実施から13週目になって初めて統計的に有意な節電効果がみられた。この世帯における電力消費量は13週目において12.2%，15週目において11.2%それぞれ削減されており，**表4-9**における期間全体の平均削減率（5.6%）を大幅に上回る結果となった。

HERを1回のみ提供した際の節電効果が最大で3か月継続した世帯のグループが存在した点は，HERの効果の持続性を指摘したAllcott & Rogers (2014)の結果と整合している。Allcott & Rogers (2014)は，毎月あるいは毎四半期にOpower社のHERを家計に2年間提供し，その後HERの提供を中止した場合，節電効果は減衰するものの5-10年間継続する可能性がある点を明らかにした。本章ではHERの提供が1回に限定されているが，家電製品の保有・利用実態に応じたきめ細かい省エネルギーのアドバイスを訪問形式によって家計に提供したことによって，特定のグループの家計に対して持続的な節電効果をもたらした可能性が推察される。

5　HERおよびCPPによる節電効果の向上

本章は，2013年に京都府で行われた家計の節電実験のデータを用いて省エネルギー政策の評価を行った。具体的には，HERとCPPの2つの政策を取り上げ，家計の電力需要に及ぼす影響を分析した。HERの実験では，担当者が直接被験者宅を訪問してリーフレットをもとに節電方法を指導した。その際，前年の電力消費量に応じて被験者を「多い」「平均的」「省エネ」の3つのカテゴリーに区分した他者比較を提示することによって，節電の社会規範に関する情報が家計の内因的動機を高めて省エネルギー行動を促す可能性を探った。CPPの実験では，ピーク時間帯の電力消費量に応じて価格を4種類設定し，適用される価格水準を前日に被験者へ通知することによって，価格インセンティブによる節電効果を検証した。

実験データを用いて電力需要を分析した結果，次の4点が明らかになった。①オール電化契約の被験者についてはHERの提供によって3.9%から5.6%の

節電効果がみられたが，他の電力契約の被験者においてHERの節電効果は確認されなかった。また，電力消費量の他者比較におけるカテゴリーおよび実験前年におけるCPPの経験の有無によって，HERの節電効果が異なる結果となった。

②オール電化契約の被験者におけるHERの節電効果は，家族揃って活動する可能性の高い朝と夜の時間帯において高水準に達し，6：00-9：00の時間帯で14.9％から32.0％，18：00-22：00の時間帯で11.9％から19.8％であった。

③HERの節電効果は，特定の家計グループにおいて最大で3か月程度の長期にわたって持続する可能性が示された。

④電力契約の種類にかかわらず，CPPの節電効果が確認され，ピーク需要を9.0％から13.8％削減する効果が示された。また，価格の上昇とともにCPPの節電効果が増加するケースもみられた。ただし，CPPの節電効果がピーク時間帯の直前・直後の時間帯へ波及する点は確認できなかった。

HERの効果がオール電化契約の被験者に限定された結果は，省エネルギーの非価格介入政策の有効性を高めるうえで対象を限定した適用（targeting）が重要になる点を示唆している（Allcott & Taubinsky, 2015）。これに対して，CPPには幅広い対象に適用することによって大きな節電効果が得られる可能性がある。たとえば，関西地域に居住する従量電灯A・B・オール電化の契約世帯がすべてCPPに加入する状況を想定し，電力供給の費用の指標として関西エリアにおける日本卸電力取引所の約定価格を用いた場合，電力需給に関する状況が2013年度の夏季および冬季と同一であるならば節電1キロワット時あたり44円程度の電力供給費用の削減が期待できる（Matsukawa, 2016）。今後家計を対象とした省エネルギー政策には，適切な電力情報の提供とCPPを組み合わせることによって，節電効果を高めることが期待される。

●参考文献

Abrahamse, W. et al.（2005）"A Review of Intervention Studies Aimed at Household

Energy Conservation," *Journal of Environmental Psychology*, 25, 273–291.

Allcott, H. (2011) "Social Norms and Energy Conservation," *Journal of Public Economics*, 95, 1082–1095.

Allcott, H. (2015) "Site Selection Bias in Program Evaluation," *Quarterly Journal of Economics*, 130, 1117–1165.

Allcott, H. & T. Rogers (2014) "The Short-Run and Long-Run Effects of Behavioral Interventions: Experimental Evidence from Energy Conservation," *American Economic Review*, 104 (10), 3003–3037.

Allcott, H. & J. Kessler (2015) "The Welfare Effects of Nudges: A Case Study of Energy Use Social Comparisons," NBER Working Paper No. 21671.

Allcott, H. & D. Taubinsky (2015) "Evaluating Behaviorally Motivated Policy: Experimental Evidence from the Lightbulb Market," *American Economic Review*, 105 (8), 2501–2538.

Arimura, T. et al. (2011) "Cost-Effectiveness of Electricity Energy Efficiency Programs," NBER Working Paper No. 17556.

Arimura, T., H. Katayama & M. Sakudo (2013) "Do Social Norms Matter to Energy Saving Behavior? Endogenous Social and Correlated Effects," mimeo.

Ayres, I., S. Raseman & A. Shih (2009) "Evidence from Two Large Field Experiments that Peer Comparison Feedback Can Reduce Residential Energy Usage," NBER Working Paper No.15386.

Becker, G. & K. Murphy (1988) "A Theory of Rational Addiction," *Journal of Political Economy*, 96, 675–700.

Benabou, R. & J. Tirole (2006) "Incentives and Prosocial Behavior," *American Economic Review*, 96 (5), 1652–1678.

Costa, D. & M. Kahn (2013) "Energy Conservation 'Nudges' and Environmentalist Ideology: Evidence from a Randomized Residential Electricity Field Experiment," *Journal of the European Economic Association*, 11 (3), 680–702.

Darby, S. (2006) *The Effectiveness of Feedback on Energy Conservation: A Review for DEFRA of the Literature on Metering, Billing, and Direct Displays*. University of Oxford, Environmental Change Institute.

Delmas, M. & N. Lessem (2014) "Saving Power to Conserve Your Reputation? The Effectiveness of Private Versus Public Information," *Journal of Environmental Econom-

ics and Management, 67, 353-370.

Faruqui, A. & S. Sergici (2010) "Household Response to Dynamic Pricing of Electricity : A Survey of 15 Experiments," *Journal of Regulatory conomics*, 38, 193-225.

Faruqui, A. & S. Sergici & L. Akaba (2014) "The Impact of Dynamic Pricing on Residential and Small Commercial and Industrial Usage : New Experimental Evidence from Connecticut," *Energy Journal*, 35 (1), 137-160.

Fenrick, S. et al. (2014) "Demand Impact of a Critical Peak Pricing Program : Opt-in and Opt-out Options, Green Attitudes and Other Customer Characteristics," *Energy Journal*, 35 (3), 1-24.

Ferraro, P. & M. Price (2013) "Using Nonpecuniary Strategies to Influence Behavior : Evidence from a Large-Scale Field Experiment," *Review of Economics and Statistics*, 95, 64-73.

Greene, W. (2007) *LIMDEP Version 9.0 : Econometric Modeling Guide, Vol. 1*, Econometric Software Inc., New York.

Gilbert, B. & J. Graff Zivin (2013) "Dynamic Salience with Intermittent Billing : Evidence from Smart Electricity Meters," NBER Working Paper No. 19510.

Houde, S., et al. (2013) "Real-Time Feedback and Electricity Consumption : A Field Experiment Assessing the Potential for Savings and Persistence," *Energy Journal*, 34 (1), 87-102.

Ito, K., T. Ida & M. Tanaka (2013) "Using Dynamic Electricity Pricing to Address Energy Crises : Evidence from Randomized Field Experiments," mimeo.

Ito, K., T. Ida & M. Tanaka (2015) "Persistence of Moral Suasion and Economic Incentives : Field Experimental Evidence from Energy Demand," NBER Working Paper No.20910.

Jessoe, K. & D. Rapson (2014) "Knowledge is (Less) Power : Experimental Evidence from Residential Energy Use," *American Economic Review*, 104 (4), 1417-1438.

LaRiviere, J. et al.(2014) "Prices vs. Nudges : A Large Field Experiment on Energy Efficiency Fixed Cost Investments," mimeo.

Matsukawa, I. (2004) "The Effects of Information on Residential Demand for Electricity," *Energy Journal*, 25 (1), 1-17.

Matsukawa, I. (2011) "How Does Information Provision Affect Residential Energy Conservation? Evidence from a Field Experiment," *Energy Studies Review* 18 (1), 1-19.

Matsukawa, I. (2015) "Information Acquisition, Dynamic Pricing of Electricity, and Conservation Requests : Evidence from a Field Experiment," mimeo, available at http : // ssrn.com/author=1505264

Matsukawa, I. (2016) *Consumer Energy Conservation Behavior After Fukushima : Evidence from Field Experiments*, Springer (forthcoming).

Nolan, J. et al. (2008) "Normative Social Influence is Underdetected," *Personality and Social Psychology Bulletin*, 34, 913–923.

Schultz, W., et al. (2007) "The Constructive, Destructive, and Reconstructive Power of Social Norms," *Psychological Science*, 18, 429–434.

Sexton, S. (2015) "Automatic Bill Payment and Salience Effects : Evidence from Electricity Consumption," *Review of Economics and Statistics*, 97, 229–241.

Wolak, F. (2006) "Residential Customer Response to Real-Time Pricing : the Anaheim Critical-Peak Pricing Experiment," mimeo.

Wolak, F. (2010) "An Experimental Comparison of Critical Peak and Hourly Pricing : the PowerCentsDC Program," mimeo.

Wolak, F. (2011) "Do Residential Customers Respond to Hourly Prices? Evidence from a Dynamic Pricing Experiment," *American Economic Review : Papers & Proceedings*, 101 (3), 83–87.

EDMC (2014)『エネルギー・経済統計要覧2014』日本エネルギー経済研究所計量分析ユニット (EDMC)。

経済産業省 (2014)「スマートコミュニティ構築に向けた取り組み」資源エネルギー庁資料, 2月。

松川勇 (2004)『ピークロード料金の実証分析』日本評論社。

第5章
東日本大震災と製造事業所の回復
―――どのような製造事業所が早期回復に成功したか―――

乾　友彦・枝村一磨・一宮央樹

1　問題の背景と研究目的

　2011年3月11日に発生した東日本大震災は，日本経済・社会に大きな影響を与えた。2010年1-3月期から2012年10-12月期の2年間における各四半期の実質GDP（2005年基準，93SNA，連鎖方式）による前年比伸び率をみると，2010年各四半期が3％を上回り堅調な成長率を示しているのに対して，2011年1-3月は0.0％，4-6月期は-1.5％，7-9月期は-0.5％，10-12月期は-0.1％と1年にわたって経済成長率は低迷し（2011年実質GDPの成長率は-0.5％），2012年1-3月期になって成長率が3.5％に回復する。被災4県（岩手，宮城，福島，茨城）のGDPのシェアは日本全体の6％（県民経済計算の名目GDPのシェア）に過ぎないが，3四半期にわたって日本経済全体の生産活動に大きな影響を与えた。

　日本経済に大きな影響を与えた東日本大震災について，企業の生産活動の回復過程に焦点を当てた分析したものに，内閣府（2012），玄田（2015），若杉・田中（2013），Todo, Nakajima, & Matous（2015）がある。内閣府（2012）では被災地における生産活動の停滞は，サプライチェーンを通じて日本全体の経済活動に影響を与えたものの，被災地の生産活動の回復やサプライチェーンの立て直しは迅速に進展したと分析している。また被災地における生産回復プロセスにおいては，被災事業所の周辺に立地する事業所の集積が重要な役割を果たしたとしている。玄田（2015）は，2014年の1月に企業に関してアンケート調査

を行い，震災以降の売上，雇用が改善している企業は，「経営者のリーダーシップ」をその企業の強みや長所としている企業であるとの分析結果を得ている。

若杉・田中（2013）は，東北地域における被災企業への経済産業研究所によるアンケート調査を使用して事業所の生産の回復の分析をした結果，比較的短期に復旧した事業所にとっては電力供給の寸断が大きな障害となった一方，復旧に要する期間の長期化している事業所ほどサプライチェーンの寸断がもたらす影響が大きかったことを実証的に明らかにしている。Todo, Nakajima, & Matous（2015）は，若杉・田中（2013）と同じ東北地域におけるアンケート調査を使用して，被災地企業の回復に要した期間（日数）を分析し，取引先企業が被災地にある場合は回復までの期間が長期化する傾向がある一方で，取引先企業が被災地以外にある場合には，その期間が短縮される傾向があることを見出しており，サプライチェーンが与える影響を検証している。

本章では，東日本大震災が被災地に加えて非被災地域に立地する事業所の生産活動の回復に与える影響について，経済産業省による「生産動態統計調査」及び「企業活動基本調査」の個票データを用いて分析を行った。生産動態統計調査の個票データを用い，日本の製造事業所に関する月レベルの生産，販売，雇用者数のデータを使用することで，被災地，非被災地の両方の事業所の生産回復に事業所，企業の特性（規模，生産性等）がどのように影響したかについて定量的な分析を行う。本章の研究は大規模なミクロデータを月次レベルで使用して震災の影響を検証した世界初の試みである。

中小企業庁（2012）では，岩手県，宮城県，福島県の産業の特徴として，食料品製造業や電子部品・デバイス・電子回路製造，情報通信機械器具製造業が，全国と比べて高い割合を占めていることが指摘されている。そこで，電子部品・デバイス・電子回路製造業の製品供給が重要な役割を果たす自動車・同部品製造業と，全国に占める被災4県のシェアが高い製造業である半導体製造業にも注目した分析も行う。2011年の製造業における被災4県のシェアは，事業所数で6.4%，従業者数で7.9%，製造品出荷額でみると6.9%である。一方，半導体製造業を含む電子部品・デバイス・電子回路製造業における被災4県のシェ

第5章　東日本大震災と製造事業所の回復

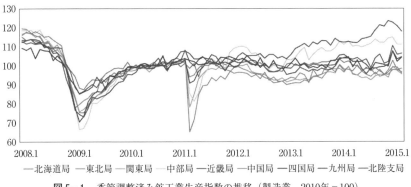

図 5-1　季節調整済み鉱工業生産指数の推移（製造業，2010年＝100）

アは，事業所数で10.1％，従業者数で9.9％，製造品出荷額等で8.9％であり，事業所数，従業者数，製造品出荷額のどれをとっても被災4県のシェアが比較的高いものとなっている。

本章の構成は以下のとおりである。まず，2節で東日本大震災前後の日本各地域における生産活動の復興の状況を確認する。3節で主要な先行研究をレビューし，4節で推計に使用したデータの説明を行う。5節で推計結果を示し，考察する。6節で結論と政策的インプリケーションを議論する。

2　日本各地域における生産指数の状況

東日本大震災が日本の製造業に与えた影響を，季節調整済み鉱工業生産指数（経済産業省）の推移から確認する。2010年平均を基準とし，2008年1月から2015年3月までの鉱工業生産指数を製造業について地域別に整理したのが，図5-1である。2011年3月の東日本大震災発生後，東北，関東，中部，九州，中国地方で生産指数が下落している。一方，北陸や中部地方では生産指数が下落していない。

鉱工業生産指数を食料品製造業について整理したものが図5-2である。被災地域において生産活動に特に影響を大きく受けたのが食料品製造業である。

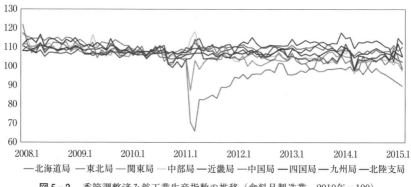
図5-2　季節調整済み鉱工業生産指数の推移（食料品製造業，2010年＝100）

　生産指数をみてみると，やはり東北地方が他の地域と比較して震災後に大きく下落していることがわかる。一方，関東地方でも震災後に比較的大きく下落しているが，東北地方ほど大きく下落している地方はない。また，東北地方では生産指数が震災後から2015年3月になっても100を下回っており，2010年の水準までまだ回復していないことが示唆される。東北地方の場合，食料品製造業の低迷が製造業における鉱工業生産指数の低迷を招く一因となったものと考えられる。ただし，全体としては2012年2月にはおおよそ100に回復しており，震災から1年たたずにほぼ元の水準に戻っている。

　製造業の鉱工業生産指数を東北6県について整理したのが図5-3である。震災後，東北地方は全体的に生産指数の下落が観察されるが，特に宮城県や福島県，岩手県で大きく下落している。また，特に宮城県では，他の県と比較して震災後に生産指数が90から100の間に戻るのが遅い。

　東北地方の食料品製造業について整理したのが図5-4である。当該産業においても，震災後，宮城県と福島県の生産指数の下落が顕著である。また，宮城県と福島県では2015年3月時点においてそれぞれ約69であり，震災後，ほとんど指数が100の水準に達することがなく，生産活動が復興していない。

第5章　東日本大震災と製造事業所の回復

図5-3　季節調整済み鉱工業生産指数の推移（製造業，東北地方，2010年=100）

図5-4　季節調整済み鉱工業生産指数の推移（食料品製造業，東北地方，2010年=100）

3　自然災害が経済活動に与える影響の先行研究

　大規模な自然災害に関する被害を考察する際には，被災地の人的被害，物的被害である直接被害に関する想定に加えて，被災地及び経済全体に与える経済的影響（所得，雇用，産業別の生産，インフレーション等への影響）である間接被害に関しても推計することが期待される。しかしながら，Cavallo & Noy（2011）による自然災害の経済効果のサーベイ論文でも指摘されているように，直接被害（人的被害，作物被害，建物・構造物等のインフラへの被害）の推計に関する研究

は進展しているものの，間接被害の推計に関する経済学的研究は限られている。Cavallo & Noy（2011）は，間接被害の推計例として，自然災害が経済に与える影響を短期，長期に分けて分析し，短期的には経済成長率にマイナスの効果をもたらすものが大半だとしている。ただ，どのようなチャンネルを通じて経済成長にマイナスをもたらすのか，またこのマイナス効果をもたらすチャンネルが一時的なものなのか，恒久的なものなのかのについて検討が必要であると指摘している。

　Skidmore & Toya（2002）は，自然災害が長期の経済成長に与える効果を分析し，災害による資本ストックの毀損は，新設備の導入により新技術が採用され，また人的資本への投資への収益率を相対的に高めることにより人的資本の蓄積が進み，経済全体の全要素生産性の向上，経済成長の上昇することを実証的に確認している。

　Hochrainer（2009）は，災害がなかった場合に想定されるGDPの成長率を時系列モデルによって求め，災害後の現実の成長率との比較を行った。ベルギーのルーベンカトリック大学疫学災害研究所（CRED）の自然災害に関する統計データ（EM-DAT）等を用いて1960年～2005年における225の自然大災害のデータを使用して，災害後の災害がなかった場合に想定される経済成長率と現実の成長率を比較した結果，災害後から5年後においては現実の成長率が，災害がなかった場合に想定される経済成長率に比して概ね4パーセントポイント低くなるとの結果を得ている。

　Fujiki & Hsiao（2015）は，阪神淡路大震災後の兵庫県のGDP及び一人当たりGDP成長率の低迷は震災の影響よりも，兵庫県が国際競争力を失ったことによる構造変化の影響が大きい可能性があることを指摘している。

　自然災害後の被災地企業の回復過程に関するダイナミクスを分析した研究として，De Mel, McKenzie, & Woodruff（2012）がある。彼らはスリランカの零細企業のデータを使用して，2004年12月に起きた津波からの復興過程を研究した。この研究での重要な発見は，被災企業の利益や資本ストックの水準は，被災を免れた企業のそれらより3年経ても低く，また資金制約がこれらの企業の

再建の遅れに重要な影響をもたらすことである。また，資金制約の緩和がより効果を発揮するのは流通業であり，製造業等は例え資金制約が解消されてもサプライチェーンの寸断により回復が遅れることを指摘している。

間接被害に関して，被災企業の被害にとどまらず，被災企業と取引のある企業に与える影響，企業間のネットワークを通じて与える影響に関する最近の研究が進んでいる。Henriet, Hallegatte, & Tabourier（2012）は，自然災害がネットワークを通じて与える効果の理論的モデルによる分析を行い，取引先を絞り，在庫を少なくする近年の企業の生産体制は平時には効率的であるが，災害時にダメージが大きくなることを示している。

Carvalho, Nirei, & Saito（2014）は，被災地における災害を通じたショックが，サプライチェーンを通じて伝播するメカニズムを研究している。外生的なショックが起きた前後のパフォーマンスの差について，ショックを受けたグループ（実験群）と受けなかったグループ（対照群）の平均差（「差の差」の推定法（Difference-in-Differences；DID）と呼ばれる）をとることで，ショックのパフォーマンスへの効果を測定している。その結果，サプライチェーンを通じて取引企業の売り上げが被った影響は，被災地企業を販路としていた川上企業の場合はマイナスの影響があるものの，被災地企業から供給を受けていた川下企業の場合は影響を受けていないことが判明した。

Tokui, Kawasaki, & Miyagawa(2015)は，地域別産業連関表，日本生産性データベース（JIPデータベース）を使用して地域間の産業連関を通じての震災の影響を検証し，サプライチェーンの寸断の被害は，GDP比にして最大0.41％に及ぶ可能性があると論じている。これは震災による直接的な生産額の被害額の推計（0.16％）より大きい。

本章は，東日本大震災からの事業所の生産回復の決定要因を分析するが，同様な先行研究であるTodo, Nakajima, & Matous（2015）や若杉・田中（2013）とは，非被災地の企業においても生産活動にも影響があったと考え，日本全体の事業所の回復期間に与える影響を分析した点で異なる。また，両研究がネットワークの影響を焦点にしているのに対して，企業や事業所の特性が与える影

響に焦点を当てている点でも異なる。加えて両研究とも操業再開を回復と定義しているが，本章は生産額の観点から回復を定義している。

また月次の事業所レベルのデータで分析することで，年単位，企業レベルによる自然災害の影響を研究した他の先行研究とも異なる。なお，生産動態調査と企業活動基本調査とをマッチングして事業所の特性と企業の特性の両面で，自然災害からの回復に与える影響を分析した筆者達が知る限り初めての研究である。

4 分析に用いたデータ

本章では，生産動態統計調査及び企業活動基本調査の個票データと災害救助法適用に関する情報を用いて，事業所レベル，年月レベルのパネルデータを構築し，分析を行う。分析を行う際には一定程度の期間が必要であることから，2008年1月から2012年12月のデータを用いた。また，生産動態統計調査に企業活動基本調査をマッチングし，本社の特性を考慮した分析も行う。使用した主要な統計は下記の通りである。

(1) 生産動態統計調査

生産動態統計調査は経済産業省による基幹統計であり，毎月対象事業所に対して鉱工業生産の動態を調査している。調査対象は全国の鉱産物及び工業品を生産する事業所のうち有意抽出された事業所で，調査対象事業所数は約2万，有効回答率は94%である。生産動態統計調査は鉄鋼・非鉄金属・金属製品統計，化学工業統計，機械統計等，製品別の調査で構成されている[1]。

生産動態統計調査の個票データを事業所レベル，年月レベルでパネルデータとする。個票データについている事業所コードと，調査年月に関する情報を用いてパネル化を行う。1つの事業所で複数の製品を生産している場合は，当該

---
(1) 生産動態統計調査ではこの他に，窯業・建材統計，繊維・生活用品統計，紙・印刷・プラスチック・ゴム製品統計，資源エネルギー統計がある。

製品に該当するフラグを付与し，事業所レベルに集約する。パネル化できたサンプル数は46万7928，事業所数は12万998である。

（2）企業活動基本調査

企業活動基本調査は1992年に開始された経済産業省の基幹統計である。調査対象は，該当業種の事業所を持つ企業のうち，従業者50人以上かつ資本金又は出資金3,000万円以上の企業である。調査対象数は2014年調査で約3万7025社，回収率は85.6％である。企業の名称や所在地に加え，従業者数や事業所の状況，売上高，研究開発支出額等を調査している。

企業活動基本調査を企業レベル，年レベルのパネルデータに整理したうえで，生産動態統計調査の本社情報とマッチングする。生産動態統計調査と企業活動基本調査とのマッチングに必要な企業コンコーダンスはないため，生産動態統計調査の本社企業名，本社所在地，本社電話番号と，企業活動基本調査の企業名称，本社所在地，電話番号の情報を用いてマッチングを行う。結果，2009年から2011年で生産動態統計調査6,451事業所に，企業活動基本調査の企業情報をマッチングした。

（3）災害救助法

災害救助法とは，「災害に際して，国が地方公共団体，日本赤十字社その他の団体及び国民の協力の下に，応急的に，必要な救助を行い，災害にかかつた者の保護と社会の秩序の保全を図ることを目的とする」[2]法律である。災害により市町村の人口に応じた一定数以上の住宅が滅失した場合や住民の生命・身体に危害が及ぶ場合等に，国が救助を行うという法律である。具体的には，避難所や応急仮設住宅の設置，食品，飲料水，医療の供与等である。

本章では，東日本大震災による災害救助法適用地域を被災地域と定義する[3]。

---

[2] 災害救助法第1条より抜粋。
[3] ただし，東京都は大量の帰宅困難者の発生により災害救助法の適用が決定されたため，除いた。

災害救助法が適用されるのは,ある程度の住宅が被災し,住民の生命に危害が及ぶまたは及ぶ可能性がある場合である。したがって,災害救助法が適用されている地域に立地する事業所は被害が大きく,被災地域と考えた。表5-1は東日本大震災による災害救助法適用地域である。市町村単位で適用地域が定められている。

　分析の際に,この災害救助法適用地域を更に「津波浸水地域」,「津波浸水地域」以外,震災に加えて原子力発電所の影響が大きかった「福島県」に分割した。なお,「津波浸水地域」は国土地理院が出している津波浸水地域のメッシュ情報を使用し,公表されているメッシュの中心点の緯度経度から東西南北50mの緯度経度に囲まれた地域と定義した。

(4) 東日本大震災後の生産活動の変動

　推計に使用した生産動態統計調査による事業所の生産金額のデータに関して推計期間における特徴を概観するため,東日本大震災が生産活動の変動に与えた影響を,リーマンショックが生産活動の変動に与えた影響と比較する。リーマンショックはディマンドショックであり,東日本大震災はサプライショックであると考え,ディマンドショックとサプライショックがそれぞれ生産の成長率変動に与える影響を分析する。Ando & Kimura (2012) は,リーマンショックと東日本大震災が日本からの輸出に与えた影響を分析して分析し,リーマンショックによる世界的な需要減少の影響は,日本の輸出に大きく長期的な影響を与えた一方,東日本大震災による影響は限定的で短期的な影響で,輸出や生産は早期に回復したと分析している。同様な比較を,自動車産業,半導体産業の生産金額成長率の変動に関して試みた。

　図5-5は,生産動態統計調査に2008年9月または2011年3月に調査対象となっており,かつ各時点から過去12か月分の間調査対象となっている事業所の生産額成長率について,各時点から過去12か月の変動を計算し,自動車・同付属品製造業と半導体製造業におけるそれぞれのメディアンの推移を見たものである[4]。自動車・同付属品製造業と半導体製造業ともに,リーマンショック(2008年

第5章　東日本大震災と製造事業所の回復

表5-1　災害救助法適用地域（東京都を除く）

県					
青森県	八戸市	上北郡おいらせ町			
岩手県	宮古市 上閉伊郡大槌町 九戸郡野田村 遠野市 岩手郡雫石町 紫波郡矢巾町 気仙郡住田町	大船渡市 下閉伊郡山田町 九戸郡洋野町 一関市 岩手郡葛巻町 和賀郡西和賀町 九戸郡軽米町	久慈市 下閉伊郡岩泉町 盛岡市 二戸市 岩手郡岩手町 胆沢郡金ヶ崎町 九戸郡九戸村	陸前高田市 下閉伊郡田野畑村 花巻市 八幡平市 岩手郡滝沢村 西磐井郡平泉町 二戸郡一戸町	釜石市 下閉伊郡普代村 北上市 奥州市 紫波郡紫波町 東磐井郡藤沢町
宮城県	仙台市 名取市 栗原市 柴田郡川崎町 宮城郡利府町 牡鹿郡女川町 伊具郡丸森町	石巻市 角田市 東松島市 亘理郡亘理町 黒川郡大和町 本吉郡南三陸町 黒川郡大郷町	塩竈市 多賀城市 大崎市 亘理郡山元町 黒川郡富谷町 刈田郡七ヶ宿町 加美郡色麻町	気仙沼市 岩沼市 刈田郡蔵王町 宮城郡松島町 黒川郡大衡村 柴田郡村田町 加美郡加美町	白石市 登米市 柴田郡大河原町 宮城郡七ヶ浜町 遠田郡涌谷町 柴田郡柴田町 遠田郡美里町
福島県	福島市 須賀川市 南相馬市 伊達郡川俣町 耶麻郡猪苗代町 西白河郡泉崎村 石川郡石川町 田村郡三春町 双葉郡川内村 相馬郡新地町 南会津郡只見町 大沼郡金山町	会津若松市 喜多方市 伊達市 安達郡大玉村 河沼郡会津坂下町 西白河郡中島村 石川郡玉川村 田村郡小野町 双葉郡大熊町 相馬郡飯舘村 耶麻郡北塩原村 大沼郡昭和村	郡山市 相馬市 本宮市 岩瀬郡鏡石町 河沼郡湯川村 西白河郡矢吹町 石川郡平田村 双葉郡広野町 双葉郡双葉町 南会津郡下郷町 耶麻郡西会津町 東白川郡塙町	いわき市 二本松市 伊達郡桑折町 岩瀬郡天栄村 大沼郡会津美里町 東白河郡棚倉町 石川郡浅川町 双葉郡楢葉町 双葉郡浪江町 南会津郡南会津町 河沼郡柳津町 東白川郡鮫川村	白河市 田村市 伊達郡国見町 耶麻郡磐梯町 西白河郡西郷村 西白河郡矢祭町 石川郡古殿町 双葉郡富岡町 双葉郡葛尾村 南会津郡檜枝岐村 大沼郡三島町
茨城県	水戸市 下妻市 笠間市 鹿嶋市 神栖市 東茨城郡茨城町 稲敷郡阿見町 稲敷市	日立市 常総市 取手市 潮来市 行方市 東茨城郡大洗町 那珂市 北相馬郡利根町	土浦市 常陸太田市 牛久市 常陸大宮市 鉾田市 東茨城郡城里町 稲敷郡美浦村	石岡市 高萩市 つくば市 かすみがうら市 つくばみらい市 那珂郡東海村 稲敷郡河内町	龍ヶ崎市 北茨城市 ひたちなか市 桜川市 小美玉市 久慈郡大子町 筑西市
栃木県	宇都宮市 那須烏山市 芳賀郡市貝町	小山市 さくら市 芳賀郡芳賀町	真岡市 那須塩原市 塩谷郡高根沢町	大田原市 芳賀郡益子町 那須郡那須町	矢板市 芳賀郡茂木町 那須郡那珂川町
千葉県	旭市 習志野市	香取市 我孫子市	山武市 浦安市	山武郡九十九里町	千葉市美浜区

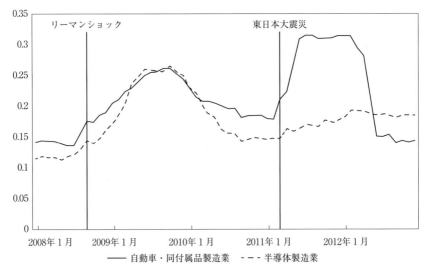

図5-5 自動車・同付属品産業及び半導体製造業の生産額成長率の変動

9月に発生)後に生産額の変動が大きく,リーマンショックから約1年後の2009年9月頃にピークが来ており,東日本大震災が起きた2011年3月前まで変動は減少傾向にある。東日本大震災の前後を見てみると,自動車・同付属品製造業では変動が大きくなり,大震災が起きた半年後の2011年9月頃をピークに,2012年3月頃からは減少傾向にある。一方,半導体製造業では,震災後から変動のピークをむかえることなく,継続して増加傾向にある。リーマンショックと東日本大震災で,産業ごとに与える影響が大きく異なっていることが示唆される。

上記の通り,自動車・同付属品製造業と半導体製造業について,生産額成長率の変動の推移を確認した。ただ,生産の変動には事業所の規模や季節性を考慮した上で分析する必要がある。そこで,それらを考慮した統計分析を行う。具体的には,以下のようなモデルの推計を行った。

---

(4) 具体的には,Buch, Dopke, & Strotmann(2009)を参考に,生産額の前月比成長率を過去12か月分計算し,その標準偏差を変動としている。単位はパーセンテージ・ポイントとなる。

第5章　東日本大震災と製造事業所の回復

$$vol_{it} = \alpha_i + \beta_1 Lehman_t + \beta_2 Disaster_t + \gamma \ln(emp_{it}) + \delta Dummies + \varepsilon_{it} \cdots\cdots (1)$$

ただし，i は事業所，t は年月，vol は生産額成長率の変動，$Lehman$ はリーマンショックが発生した2008年9月以降1を取るダミー変数，$Disaster$ は東日本大震災が発生した2011年3月以降1を取るダミー変数である。emp は事業所の規模を考慮するための事業所の従業員数である。$Dummies$ には，季節性を考慮するための月ダミーと，事業所が立地する地域ダミー変数を含んでいる。

　上記のモデルを，自動車・同付属品製造業と半導体製造業の事業所レベルサンプルを用いてそれぞれ推計する。推計を行う際には，事業所固有の効果を考慮しないプールしたOLSと，固定効果として考慮する固定効果モデル，変量効果として考慮するランダム効果モデルの3パターンで行う[5]。推計の後，まずBreusch-Pagan Lagrange Multiplier（LM）検定を行い，データをプールしたOLSかランダム効果モデルのどちらかを棄却する。もしデータをプールしたOLSが棄却されれば，次にハウスマン検定を行い，固定効果モデルかランダム効果モデルのどちらかを選択する。

　自動車・同付属品製造業のサンプルについて推計を行った結果を整理したのが表5-2である[6]。［1］，［2］，［3］は，リーマンショックについて注目して2008年1月から2009年12月を分析期間とし，2008年9月時点で生産動態統計調査の調査対象となっている424事業所を分析対象とした推計結果である。また，［4］，［5］，［6］は，東日本大震災について注目して2011年1月から2012年12月を分析期間とし，2011年3月時点で生産動態統計調査の調査対象となっている398事業所を分析対象とした推計結果である。LM検定とハウスマン検定の結果採択されたランダム効果モデル［3］と［6］の標準偏回帰係数につ

---

[5]　事業所固有の効果を固定効果として考慮する固定効果モデルでは，事業所が立地する地方の情報も固定効果として考慮される。そのため，固定効果モデルによる推計を行う際には事業所が立地する地域ダミーは含まない。なお，説明変動の1つである従業員数は内生性の問題がある点には注意を要する。

[6]　表5-2，表5-3に示された数値は，上段が標準偏回帰係数，下段が標準偏差である。標準偏回帰係数は，説明変数を標準化した上で得られる回帰係数である。

表 5-2　生産変動の推計結果（自動車・同付属品製造業）

産業	[1] 自動車・ 同付属品製造業	[2] 自動車・ 同付属品製造業	[3] 自動車・ 同付属品製造業	[4] 自動車・ 同付属品製造業	[5] 自動車・ 同付属品製造業	[6] 自動車・ 同付属品製造業
method	Pooled OLS	Fixed Effect	Random Effect	Pooled OLS	Fixed Effect	Random Effect
period	2008年1月～ 2009年12月	2008年1月～ 2009年12月	2008年1月～ 2009年12月	2011年1月～ 2012年12月	2011年1月～ 2012年12月	2011年1月～ 2012年12月
リーマンショックダミー	0.017 (0.044)	0.019** (0.032)	0.019** (0.032)			
東日本大震災ダミー				0.056*** (0.043)	0.056*** (0.031)	0.056*** (0.031)
ln（従業員数）	−0.057*** (0.012)	−0.058** (0.033)	−0.059*** (0.026)	−0.071*** (0.006)	−0.060* (0.018)	−0.064*** (0.014)
月ダミー	Yes	Yes	Yes	Yes	Yes	Yes
地域ダミー	Yes	No	Yes	Yes	No	Yes
サンプル数		9904			9448	
事業所数		424			398	
Breusch-Pagan LM		29627.179			24692.314	
Hausman		1.469			1.055	

注：***は1％有意，**は5％有意，*は10％有意を示す．
　上段は標準偏回帰係数，下段括弧内は標準偏差を示す．

いて注目する。[3]のリーマンショックダミーと，[6]の東日本大震災ダミーについてはともに有意にプラスであり，標準偏回帰係数はリーマンショックダミー（0.019）よりも東日本大震災ダミー（0.056）の方が大きい。このことから，自動車・同付属品製造業についてはリーマンショックよりも東日本大震災の方が生産活動により大きな影響があったことが示唆される。

[1]から[6]のモデルを通じて，対数を取った従業員数の偏標準回帰係数は有意にマイナスであった。これは，従業員数が大きいと生産の変動が減少することを示している。自動車・同付属品製造業において，事業所の規模が大きくなるほど，生産成長率の変動が小さくなることが示唆されている。

次に，半導体製造業のサンプルについて推計を行った結果を整理したのが表5-3である。[1], [2], [3]は，リーマンショックに注目して2008年1月から2009年12月を分析期間とし，2008年9月時点で生産動態統計調査の調査対象となっている144事業所を分析対象とした推計結果である。また，[4], [5],

表5-3　生産変動の推計結果（半導体製造業）

	[1]	[2]	[3]	[4]	[5]	[6]
産業 method	半導体製造業 Pooled OLS	半導体製造業 Fixed Effect	半導体製造業 Random Effect	半導体製造業 Pooled OLS	半導体製造業 Fixed Effect	半導体製造業 Random Effect
period	2008年1月～ 2009年12月	2008年1月～ 2009年12月	2008年1月～ 2009年12月	2011年1月～ 2012年12月	2011年1月～ 2012年12月	2011年1月～ 2012年12月
リーマンショッ クダミー	0.149*** (0.022)	0.151*** (0.016)	0.151*** (0.016)			
東日本大震災 ダミー				0.034 (0.055)	0.046*** (0.032)	0.046*** (0.032)
ln（従業員数）	-0.024 (0.006)	-0.081*** (0.011)	-0.070** (0.010)	-0.116*** (0.007)	-0.184*** (0.010)	-0.182*** (0.010)
月ダミー 地域ダミー	Yes Yes	Yes No	Yes Yes	Yes Yes	Yes No	Yes Yes
サンプル数 事業所数		3349 144			3039 133	
Breusch-Pa- gan LM Hausman		7709.271 1.841			8327.796 7.348	

注：***は1％有意，**は5％有意，*は10％有意を示す。
　　上段は標準偏回帰係数，下段括弧内は標準偏差を示す。

　［6］は，東日本大震災について注目して2011年1月から2012年12月を分析期間とし，2011年3月時点で生産動態統計調査の調査対象となっている133事業所を分析対象とした推計結果である。LM検定とハウスマン検定の結果採択されたランダム効果モデルである［3］と［6］について注目する。［3］のリーマンショックダミーと，［6］の東日本大震災ダミーはともに有意にプラスであり，標準偏回帰係数は，リーマンショックダミー（0.151）の方が東日本大震災ダミー（0.046）より大きい。このことから，半導体製造業についてはリーマンショックの方が東日本大震災より生産活動に影響があったことが示唆されている。
　［1］から［6］のモデルを通じて，対数を取った従業員数の係数は有意にマイナスであった。これは，従業員数が大きいと生産の変動が減少することを示している。半導体製造業においても，事業所の規模が大きくなるほど，生産成長率の変動は小さくなることが示唆された。

5　生産回復のモデルと推計結果

(1) モデル

　事業所の属性や震源地からの距離，立地の属性が早期の生産回復に与える影響を推定する。「早期の生産回復」とは，震災が発生した年内である2011年12月までに回復した場合と本章では定義する。「回復」の定義は様々なバリエーションが考えられるが，本章ではHochrainer (2009) に従って，各事業所の過去の生産額のトレンドに回帰した時点を事業所の回復時期とした。生産額のトレンドの推計は極めてシンプルな方法を採用し，震災前1年前の生産額（具体的には2010年1月と2月の平均生産額）と，震災直前の生産額（具体的には2011年1月と2月の平均生産額）から震災1年前の生産額の上昇率を求め，この上昇率を各事業所の生産額のトレンドと仮定した。そのうえで，各事業所における各月の生産額の前年同月比を求め，その前年同月比が先に求めたトレンドの成長率を上回った月を回復月とした[7]。回復した事業所の特性を整理したのが**表5-4**である。

　このように事業所の生産の回復を定義したうえで，2011年4月から2011年12月を分析期間として次のような回帰分析を行った。

$$Y_i = \alpha + \beta_1 \cdot FIRM_i + \beta_2 \cdot DISA_i + \beta_3 \cdot DIST_i + \beta_4 \cdot ELE_i + \beta_5 \cdot X_i + \varepsilon_i \cdots\cdots(2)$$

被説明変数であるY_iは，2011年4月～12月に回復と判断された事業所iは1，この期間に回復していない事業所jは0を取るように変数とした。

　事業所，企業の特性（$FIRM_i$）が回復のスピードに与えた影響を検証するため，事業所の規模，事業所の労働生産性，その事業所が属する企業の本社の従

---

[7]「回復月」の定義は，「震災直前1年間の成長率を震災後の過去1年間の成長率が初めて上回った月」である。「震災直前の生産額を上回った月」や，「もし震災がなければ到達していたであろう生産額を上回った月」という定義による「回復月」も試し，分析の頑健性を確認する必要があるかもしれないが，今後の課題としたい。

第5章　東日本大震災と製造事業所の回復

表5-4　早期回復した事業所と未回復の事業所の平均的な特性

生産動態統計調査のみのサンプル

	3月	4～12月
回復事業所数	1799	2378
未回復事業所数	11199	8821
回復事業所従業員数（平均）	238.357	468.142
未回復事業所従業員数（平均）	216.171	148.244
回復事業所労働生産性（平均）	1.765	2.099
未回復事業所労働生産性（平均）	0.687	0.306
回復事業所生産金額（平均）	492.784	1166.242
未回復事業所生産金額（平均）	308.695	77.515

生産動態統計調査と企業活動基本調査をマッチングさせたサンプル

	3月	4～12月
回復事業所数	1054	1509
未回復事業所数	5397	3888
回復事業所従業員数（平均）	308.696	620.212
未回復事業所従業員数（平均）	340.328	230.734
回復事業所労働生産性（平均）	1.969	2.307
未回復事業所労働生産性（平均）	0.955	0.43
回復事業所生産金額（平均）	669.322	1603.597
未回復事業所生産金額（平均）	542.505	129.081

業員数，研究開発集約度，流動資産比率，海外展開の状況を説明変数に加えた。事業所の規模や労働生産性の高い事業所[8]は全要素生産性も高い可能性があり，震災のような大きなショックに対しても即時に適応する能力が高いものと考えられる。また企業の特性[9]として，本社の従業員数が多く，研究開発集約度が高く，海外展開している企業も同様に全要素生産性が高く，事業所の早期回復に寄与するものと考えた。一方で，Henriet, Hallegatte, & Tabourier（2012）は，取引先を絞り在庫を少なく生産している企業は，平時は効率的であるが自然災害のような予期せざるショックに関しては脆弱であると指摘していることから，

---
[8] 事業所の規模に関しては，各事業所の2011年3月の従業員数を使用し，小規模事業所を従業員数20人以下，中規模事業所は，従業員数21人以上300人以下，大規模事業所は従業員数301人以上の事業所とした。労働生産性に関しては2011年2月時点の産出高／従業員数を使用した。
[9] 企業の特性に関する変数は，「企業活動基本調査」による2011年のデータを使用した。

平時に生産性の高い事業所は，震災のような自然災害のショックから回復に時間を要する可能性もある。また資金制約に直面しない企業の回復が早いことが，De Mel, McKenzie, & Woodruff (2011) の研究でも指摘されていることから，流動資産比率を説明変数に加えた。これは流動資産比率が高ければ資金制約が一定程度緩和されると考えた。

　被災の程度 ($DISA_i$) による影響を検討するため，各事業所の立地地点も説明変数に含めた。被災地に立地する事業所（災害救助法適用地域に立地する事業所）と被災地以外に立地する事業所に分割した。被災地に関しては前述したように更に「津波浸水地域」，「津波浸水地域」以外，震災に加えて原子力発電所の事故の影響が大きかった「福島県」に分割した。

　被災の直接的な影響に加えて，間接的な影響の程度を測る指標として，震源からの距離 ($DIST_i$) を説明変数に加えた。これは震源から遠いほど，震災による機械設備等の毀損に加えて，サプライチェーンの寸断の影響が小さいものと考えたことによる。

　電力供給の不安定性の影響 (ELE_i) をモデルで検証する。日本全体の電源周波数地域が，50Hz地域と60Hz地域に分割され相互供給が難しいことから，東日本を主体とする電源周波数地域50Hz地域に立地する事業所は電力供給の不安定性の影響を一定程度受けた可能性があるものと考え，50Hz地域の立地ダミーを加えた。特に本州においては，ほんのわずかな地理的な差においても電源周波数地域が異なる地域が存在することから，この説明変数を使用する際はサンプルを本州に立地する事業所に限定した。

　その他のコントロール変数 (X_i) として，事業所の属する産業の違いが回復に与える影響が異なると考え，事業所の属する産業を自動車製造業（自動車または自動車部品製造業），半導体産業（半導体または半導体集積回路製造業），その他の産業に分割した。また事業所の周辺の産業の集積や，地域別の経済動向をコントロールするため地域ダミー（北海道，被災3県（岩手・宮城・福島），青森・秋田・山形，関東地方，中部地方，近畿地方，中国地方，四国地方，九州地方）を加えた。

第5章 東日本大震災と製造事業所の回復

表5-5 生産動態統計調査データセット記述統計量

	変数名	サンプル数	平均	標準偏差	最小値	最大値
事業所特性	回復ダミー	12998	0.183	0.387	0	1
	小規模ダミー	12998	0.135	0.342	0	1
	中規模ダミー	12998	0.718	0.450	0	1
	大規模ダミー	12998	0.147	0.354	0	1
	自動車産業ダミー	12998	0.030	0.170	0	1
	半導体産業ダミー	12998	0.010	0.098	0	1
	労働生産性	12998	0.836	2.116	0	56.818
事業所立地	災害救助法適用地域かつ津波浸水地域ダミー	12998	0.004	0.061	0	1
	災害救助法適用地域だが津波浸水地域でないダミー	12998	0.063	0.244	0	1
	福島県ダミー	12998	0.025	0.156	0	1
	北海道ダミー	12998	0.021	0.142	0	1
	被災三県(岩手・宮城・福島)ダミー	12998	0.051	0.220	0	1
	青森・秋田・山形県ダミー	12998	0.032	0.177	0	1
	関東地方ダミー	12998	0.225	0.417	0	1
	中部地方ダミー	12998	0.272	0.445	0	1
	近畿地方ダミー	12998	0.200	0.400	0	1
	中国地方ダミー	12998	0.078	0.268	0	1
	四国地方ダミー	12998	0.035	0.183	0	1
	九州地方ダミー	12998	0.087	0.282	0	1
	震源地からの距離(対数)	12998	6.344	0.480	4.930	7.758
	50Hz地域ダミー	12998	0.367	0.482	0	1

　推計に使用したサンプルの記述統計は表5-5と表5-6である。表5-5は生産動態統計調査のみを使用したサンプルであり，表5-6は生産動態統計調査と企業活動基本調査をマッチングしたサンプルである。パネル化できた事業所数は12,998であるが，先述の回復の定義を使用すると一部の事業所は3月時点で既に回復していることとなり，この3月回復の事業所を除いた11,199事業所のサンプルを使用して推計を行った。表5-6に関しても，生産動態統計と企業活動基本調査をマッチングしたサンプルから3月に回復した事業を除いた5396事業所のサンプルを使用して推計を行った。

表5-6 生産動態統計調査と企業活動基本調査をマッチングさせたデータセット記述等計量

	変数名	サンプル数	平均	標準偏差	最小値	最大値
事業所特性	回復ダミー	6451	0.234	0.423	0	1
	小規模ダミー	6451	0.037	0.190	0	1
	中規模ダミー	6451	0.733	0.443	0	1
	大規模ダミー	6451	0.230	0.421	0	1
	自動車産業ダミー	6451	0.045	0.207	0	1
	半導体産業ダミー	6451	0.015	0.123	0	1
	労働生産性	6451	1.120	2.497	0	56.818
企業特性	本社従業員数（対数）	6451	4.900	1.397	0	10.058
	研究開発集約度	6451	0.015	0.026	0	0.241
	流動資産比率	6451	0.557	0.170	0.043	1
	海外に関連・子会社を持つダミー	6451	0.058	0.234	0	1
事業所立地	災害救助法適用地域かつ津波浸水地域ダミー	6451	0.004	0.063	0	1
	災害救助法適用地域だが津波浸水地域でないダミー	6451	0.071	0.256	0	1
	福島県ダミー	6451	0.025	0.157	0	1
	北海道ダミー	6451	0.020	0.140	0	1
	被災三県(岩手・宮城・福島)ダミー	6451	0.051	0.220	0	1
	青森・秋田・山形県ダミー	6451	0.029	0.166	0	1
	関東地方ダミー	6451	0.245	0.430	0	1
	中部地方ダミー	6451	0.262	0.440	0	1
	近畿地方ダミー	6451	0.201	0.401	0	1
	中国地方ダミー	6451	0.078	0.268	0	1
	四国地方ダミー	6451	0.032	0.176	0	1
	九州地方ダミー	6451	0.083	0.276	0	1
	震源地からの距離（対数）	6451	6.331	0.477	4.930	7.576
	50Hz地域ダミー	6451	0.385	0.487	0	1

（2）推定結果

①生産動態統計調査により全国の事業所のサンプルを使用した分析

表5-7は，生産動態統計調査のみを使用して全国にある事業所の早期回復に与えた企業，事業所の特徴を分析した結果である。推計方法は線形確率モデル（Linear Probability Model）である。モデル（1）は災害救助法適用地域や津波浸水地域であることを明示的にモデルに含めている。モデル（2）は，災害救助法適用地域や津波浸水地域に関する情報の代わりに，震源地からの距離を含めた推計である。モデル（3）は，モデル（2）から事業所が立地する地方

表 5-7　生産動態統計調査のみのサンプルを用いた推計結果

		全国			本州のみ
		(1)	(2)	(3)	(4)
事業所特性	中規模ダミー	0.128*** (0.00762)	0.128*** (0.00762)	0.128*** (0.00764)	0.139*** (0.00877)
	大規模ダミー	0.222*** (0.0166)	0.222*** (0.0166)	0.223*** (0.0168)	0.239*** (0.0182)
	自動車産業ダミー	0.343*** (0.0306)	0.344*** (0.0305)	0.345*** (0.0307)	0.331*** (0.0316)
	半導体産業ダミー	0.240*** (0.0607)	0.241*** (0.0607)	0.234*** (0.0605)	0.262*** (0.0675)
	労働生産性	0.0614*** (0.00771)	0.0614*** (0.00770)	0.0616*** (0.00774)	0.0596*** (0.00797)
事業所立地	災害救助法適用地域かつ津波浸水地域ダミー	−0.116* (0.0612)			−0.116* (0.0612)
	災害救助法適用地域だが津波浸水地域でないダミー	−0.0403** (0.0185)			−0.0405** (0.0185)
	福島県ダミー	−0.0651* (0.0387)			−0.0652* (0.0387)
	北海道ダミー	−0.132*** (0.0363)	−0.0658* (0.0371)		
	青森・秋田・山形県ダミー	−0.0976*** (0.0371)	−0.0411 (0.0280)		−0.0985*** (0.0370)
	関東地方ダミー	−0.0529* (0.0309)	0.00161 (0.0247)		−0.0532* (0.0308)
	中部地方ダミー	−0.0779** (0.0325)	−0.0121 (0.0343)		−0.0916** (0.0366)
	近畿地方ダミー	−0.102*** (0.0327)	−0.0338 (0.0416)		−0.119*** (0.0381)
	中国地方ダミー	−0.141*** (0.0339)	−0.0699 (0.0489)		−0.157*** (0.0392)
	四国地方ダミー	−0.139*** (0.0353)	−0.0680 (0.0496)		
	九州地方ダミー	−0.145*** (0.0331)	−0.0719 (0.0565)		
	震源地からの距離（対数値）		−0.00895 (0.0288)	−0.0511*** (0.00713)	
	50Hz 地域ダミー			−0.0164 (0.0198)	
定数項		0.128*** (0.0318)	0.119 (0.154)	0.359*** (0.0464)	0.136*** (0.0372)

サンプル数	11,199	11,199	11,199	9,599
決定係数	0.196	0.195	0.193	0.186

注：括弧内は頑健な標準誤差を示す。
　　***は1％有意，**は5％有意，*は10％有意を示す。

のダミーを除いた推計である。モデル（4）は，モデル（1）をベースにして，サンプルを本州に限り，電源周波数に関する情報を含めた推計である。

　企業の規模に関するダミー変数の係数はプラスで有意な結果を得た。中規模事業所ダミーと大規模事業所ダミーの係数の値を比較すると，全てのケースで後者の係数が，前者の係数より大きな値となっている。この結果は事業所の規模が大きいほど，回復が早いことを示す。自動車産業，半導体産業のダミーに関しても全てのケースにおいてプラスで有意であり，この2産業はサプライチェーンの寸断によるマイナスの影響が危惧されたにもかかわらず，他の産業よりも早く回復している。特に半導体産業の回復は早い。事業所の労働生産性に関してもプラスで有意である。

　一方で事業所の被災状況に関しては，マイナスで有意な係数を得た。災害救助法適用地域に立地する事業所は他の地域に立地する事業所より震災の影響を大きく受け，特に震災の被害が大きいと考えられる津波浸水地域に立地する事業所は回復が遅れていることが統計的に示唆されている。

　震源からの距離の係数は有意にマイナスであった。サプライチェーン等の影響もあり震源から遠くに立地する事業所は必ずしも早く回復していないことが示唆された。地域ダミーをコントロールすると，距離の係数は有意でなくなるが，むしろ被災地以外の多くの地域の係数がマイナスで有意な結果となっており，被災3県に立地する事業所は政策的支援や自助努力により非被災地以上に急速に生産を回復させたことが示唆された。

　50Hz地域の立地ダミーは，マイナスではあるものの，有意な結果が得られず，電力供給の不確実性は早期回復には大きく影響しなかった可能性が示唆される。

②生産動態統計調査と企業活動基本調査をマッチングさせた全国の事業所のサ

第5章 東日本大震災と製造事業所の回復

表5-8 生産動態統計調査と企業活動基本調査をマッチングさせたサンプルを用いた推計結果

		全国			本州のみ
		(1)	(2)	(3)	(4)
事業所特性	中規模ダミー	0.128***	0.129***	0.135***	0.135***
		(0.0227)	(0.0227)	(0.0230)	(0.0277)
	大規模ダミー	0.208***	0.209***	0.215***	0.221***
		(0.0281)	(0.0280)	(0.0283)	(0.0329)
	自動車産業ダミー	0.323***	0.324***	0.326***	0.320***
		(0.0357)	(0.0356)	(0.0358)	(0.0367)
	半導体産業ダミー	0.233***	0.235***	0.225***	0.236***
		(0.0652)	(0.0652)	(0.0646)	(0.0727)
	労働生産性	0.0510***	0.0511***	0.0511***	0.0490***
		(0.00902)	(0.00900)	(0.00904)	(0.00919)
企業特性	本社従業員数(対数)	0.0184***	0.0179***	0.0180***	0.0175***
		(0.00506)	(0.00506)	(0.00505)	(0.00558)
	研究開発集約度	0.433	0.439	0.493*	0.477
		(0.284)	(0.285)	(0.285)	(0.301)
	流動資産比率	0.309***	0.309***	0.307***	0.305***
		(0.0334)	(0.0334)	(0.0334)	(0.0372)
	海外に関連・子会社を持つダミー	-0.0686***	-0.0698***	-0.0713***	-0.0606**
		(0.0259)	(0.0258)	(0.0260)	(0.0280)
事業所立地	災害救助適用地域かつ津波浸水地域ダミー	-0.164*			-0.164*
		(0.0870)			(0.0873)
	災害救助適用地域だが津波浸水地域でないダミー	-0.0445*			-0.0451*
		(0.0257)			(0.0257)
	福島県ダミー	-0.0781			-0.0785
		(0.0592)			(0.0591)
	北海道ダミー	-0.161***	-0.136**		
		(0.0562)	(0.0581)		
	青森・秋田・山形県ダミー	-0.109*	-0.0579		-0.109*
		(0.0596)	(0.0468)		(0.0593)
	関東地方ダミー	-0.0779*	-0.0458		-0.0775*
		(0.0468)	(0.0381)		(0.0466)
	中部地方ダミー	-0.106**	-0.0823		-0.130**
		(0.0494)	(0.0521)		(0.0546)
	近畿地方ダミー	-0.137***	-0.127**		-0.165***
		(0.0498)	(0.0639)		(0.0574)
	中国地方ダミー	-0.174***	-0.175**		-0.201***
		(0.0515)	(0.0756)		(0.0589)
	四国地方ダミー	-0.175***	-0.175**		
		(0.0552)	(0.0765)		

九州地方ダミー	−0.189***	−0.201**		
	(0.0507)	(0.0859)		
震源地からの距離（対数値）		0.0439	−0.0619***	
		(0.0441)	(0.0113)	
50Hz 地域ダミー				−0.0275
				(0.0289)
定数項	−0.0726	−0.373	0.194**	−0.0491
	(0.0607)	(0.238)	(0.0818)	(0.0701)
サンプル数	5,396	5,396	5,396	4,672
決定係数	0.193	0.193	0.191	0.181

注：括弧内は頑健な標準誤差を示す．
　　***は１％有意，**は５％有意，*は10％有意を示す．

ンプルを使用した分析

　表5-8は，生産動態統計調査と企業活動基本調査をマッチングさせたサンプルを使用して分析した分析結果をまとめたものである．各モデルは，生産動態統計調査のみのサンプルを用いた上記分析と同様の定式化である．マッチングの結果，サンプルが減少し，生産動態統計調査のみのサンプルの半分程度（5396事業所）となった．サンプル数は減少するが，企業情報を　マッチングすることで，事業所が属する企業特性の効果を詳細かつ適切に考慮することが可能となった．

　マッチングしたサンプルを使用して分析した結果，事業所の規模，労働生産性，自動車産業，半導体産業に属している事業所の場合1をとるダミー変数の係数が有意にプラスとなった．これは，事業所の規模が大きく，労働生産性が高く，自動車産業または半導体産業に属している事業所ほど，早期に回復する可能性が高いことを示唆している．この傾向は，企業の特性をコントロールしたあとでも確認された．

　企業特性である本社従業員数，キャッシュフローの潤沢さを示す流動資産比率等は，それぞれプラスで有意であった．事業所の規模等に加えて，企業の規模や潤沢なキャッシュフローが事業所の早期回復に寄与することがわかった．研究開発集約度についてはプラスであるものの，一貫して有意な結果を得ることはできなかった．

一方で，企業の海外展開に関しては，係数がマイナスで有意であった。海外展開を行っている企業は国内の生産にこだわる必要がなく，生産を海外にシフトさせた可能性があり，事業所の回復に影響を与えた可能性が考えられる。

6 まとめと復興政策への示唆

本章では，2011年3月に発生した東日本大震災が被災地域だけでなく非被災地域に立地する事業所の生産の変動や生産の回復のスピードに与えた影響について，経済産業省による「生産動態統計調査」および「企業活動基本調査」の個票データを用いて分析を行った。震災後9カ月以内（4月～12月）に生産が過去のトレンド水準に回復した事業所を早期回復事業所として，その事業所の特性を検討した。事業所の立地をコントロールして，事業所や企業の特性が生産回復に与える効果を分析したところ，事業所の規模が大きく，労働生産性が高いことに加えて，本社従業員数が大きく，キャッシュフローが潤沢な企業であることが早期回復のためには重要な条件であることが判明した。一方で，海外に進出して国際的な生産体制を整備している企業は，生産を海外にシフトさせた可能性があり，必ずしも国内の事業所の生産回復には寄与していないことを示唆する推計結果を得た。

本章では生産金額が震災前のトレンド水準に戻ることを短期的な回復とみなし研究を行ったが，今後は最新の統計データを利用し，経済状況などのマクロ要因を考慮したうえで長期的な回復について研究を行うことが重要であると考えられる。また，本論文では企業特性が事業所の早期回復に寄与したメカニズムを明らかにすることが出来なかった。代替的なサプライヤーやバイヤーを被災地以外の地域から確保したのか，そもそもサプライチェーンの多様化，複線化が図られており，柔軟にサプライチェーンの変更が可能であったのかを検証することや，復興のための補助金制度の効果について検証することが出来なかった。企業，事業所の取引関係や，震災後に復興のためのグループ化補助金を受けた被災企業のデータなどを用いた研究により，このような生産回復に至

るメカニズムを明らかにすることを今後の課題としたい。

ただ，柔軟にサプライチェーンを変更することや，普段からサプライチェーンの多様化，複線化を図ることは，経営上の余裕が乏しい中小企業にとっては実質的に不可能であるものと考えられる。今回の東日本大震災のケースのように自然災害の影響がサプライチェーンを通じて被災地以外に広く拡散することが判明したことから，自然災害の経済的影響を最小限に留めるためには，サプライチェーンの寸断に大きなマイナスの影響を受けることが予想される中小企業支援の方策について検討することが，実際に物理的被害を受けた企業を支援する政策と同様に重要となるものと考えられる。

＊本研究は，独立行政法人経済産業研究所におけるプロジェクト「原発事故後の経済状況及び産業構造変化がエネルギー需給に与える影響」の成果の一部である。また，JSPS科研費24330091及び26780166の助成も受けた。

●参考文献

Ando, M. & F. Kimura（2012）"How Did the Japanese Exports Respond to Two Crisis in the International Production Network? : The Global Financial Crisis and the East Japan Earthquake," *Asian Economic Journal*, 26（3），261-287.

Buch, C., D. Jorg & H. Strotmann（2009）"Does Export Openness Increase Firm-level Output Volatility?" *World Economy*, 32（4），531-551.

Carvalho, V. M., M. Nirei & Y. U. Saito（2014）"Supply Chain Disruptions : Evidence from the Great East Japan Earthquake," *RIETI Discussion Paper Series* 14-E-035.

Cavallo, E. A. & N., Ilan（2011）"Natural Disasters and the Economy――A Survey," *International Review of Environmental and Resource Economics*, 5, 63-102.

De M., Suresh, D. McKenzie & C. Woodruff（2012）"Enterprise Recovery Following Natural Disasters," *The Economic Journal*, 122, 64-91.

Fujiki, H. & C. Hsiao（2015）"Disentangling the Effects of Multiple Treatments――Measuring the Net Economic Impact of the 1995 Great Hanshin-Awaji Earthquake," *Journal of Econometrics*, 186, 66-73.

Henriet, F. S. Hallegatte & L. Tabourier（2012）"Firm-Network Characteristics and Economic Robustness to Natural Disasters," *Journal of Economic Dynamics and Control*, 36, 150-167.

Hochrainer, S.(2009) "Assessing the Macroeconomic Impacts of Natural Disasters : Are There Any?" *World Bank Policy Research Working Paper Series* 4968.

Leiter, A. M., H. Oberhofer & P. A. Raschky(2009)"Creative Disasters? Flooding Effects on Capital, Labor and Productivity within European Firms," *Environmental and Resource Economics*, 43, 333-350.

Skidmore, M. & H. Toya(2002)"Do Natural Disasters Promote Long-Run Growth?" *Economic Inquiry*, 40：664-687

Todo, Y., K. Nakajima & P. Matous(2015)"How Do Supply Chain Networks Affect the Resilience of Firms to Natural Disasters? Evidence from the Great East Japan Earthquake," *Journal of Reginal Science*, Vol. 55, No. 2, 209-229.

Tokui, J., K. Kawasaki & T. Miyagawa(2015)"The Economic Impact of Supply Chain Disruptions from the Great East Japan Earthquake," *RIETI Discussion Paper Series* 15-E-094, 2015.

玄田有史(2015)『危機と雇用：災害の労働経済学』岩波書店。

内閣府(2012)『平成24年度　年次経済財政報告──日本経済の復興から発展的創造へ』内閣府。

中小企業庁(2012)『中小企業白書　2012年版』中小企業庁。

若杉隆平・田中鮎夢(2013)「震災からの復旧期間の決定要因──東北製造業の実証分析」*RIETI Discussion Paper Series* 13-J-002.

第6章
エネルギー生産効率性の変化
――産業集積のエネルギー効率化に対する影響分析――

田中健太・馬奈木俊介

1　製造業における更なるエネルギー効率性向上の必要性

　東日本大震災以降,日本企業にとって,エネルギーをいかに効率的に用い,生産活動を行うかということは重要な課題となっている。現在,原油価格の低下により,火力発電の発電コストが大幅に減少しているものの,今後再生可能エネルギーの発電シェア増加に伴い,日本全体の電力の発電コストは増加する可能性が高い。また日本はエネルギー資源を海外に依存しているため,オイルショックに代表されるようなエネルギー供給の不安定性の増加や,海外からのエネルギー資源利用費用の大きな変化に悩まされる事態が多く発生してきた。今後も日本の企業がエネルギー利用に関する制約に大きく影響されることは避けることができない。

　こうした背景から日本企業は高いエネルギー効率を実現できるように,政策的にも企業の自主的なエネルギー効率化の努力も広く行われ,実際に高いエネルギー効率を実現してきた。しかし気候変動問題に対する対応や東日本大震災以降のエネルギー需給状況をみても更なるエネルギー効率の改善を図る必要がある。

　図6-1はIEA（2015）に示されているエネルギー強度の製造業及びサービス業の国際比較結果である。一般的に先進国においてはエネルギーを多く消費する製造業を中心とする第二次産業から,サービス産業を中心とする第三次産業に移行する産業のソフト化が発生する傾向がある。そのため,サービス業また

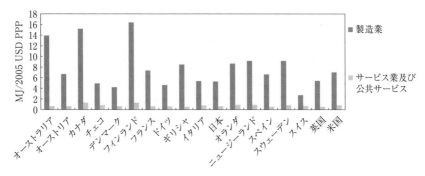

図6-1　製造業,及びサービス業のエネルギー強度（付加価値ベース）
出所：IEA（2015）より

は業務部門と言われる部門におけるエネルギー効率化が近年では重要視されているが，製造業におけるエネルギー効率化も未だに重要といえる。その理由は図6-1に示されるように，エネルギー効率を測るひとつの指標として用いられるエネルギー強度のみで比較した場合，サービス業におけるエネルギー強度の違いはそれほど大きくない一方で，製造業のエネルギー強度は国際的にも大きな違いがある。もちろん各国の産業特性に大きく影響されるものの，エネルギー価格に不確実性がある状況においては，製造業におけるエネルギーのより効率的な利用は国際的な産業競争力の源泉の重要な要素となりうる可能性が指摘できる。そのため製造業のエネルギー効率性をより厳密に評価をし，その要因を明らかにすることは大きな政策インプリケーションを提示することが可能であると考えられる。

そこで本章では日本の産業のなかでもエネルギーをとくに多量に使用する紙パルプ産業とセメント産業のエネルギー効率性を事業所レベルで推計し，どの程度エネルギー効率性の改善余地があるのか考察するとともに，とくに高いエネルギー効率を実現している事業所の要因を明らかにすることを目的とする。

これまでエネルギーの効率的利用の指標作成，指標を用いた分析はさまざま行われており，こうした先行研究ではとくに技術の普及や進歩，産業別の違いを分析することに焦点を当てていた。しかしコンパクトシティーの研究で示さ

第6章　エネルギー生産効率性の変化

れているように，特定地域や都市に人口が集中することにより，エネルギー効率性の向上やエネルギー利用に大きく関係するCO_2排出量が減少する可能性はすでに示されている（Morikawa, 2012 ; Iwata & Managi, 2015など）。しかしそうした地域の属性の企業や工場といった主体のエネルギー効率性に対する影響については，十分に議論はされていない。本章ではこれまでのエネルギー効率性もしくはエネルギー生産効率性の先行研究を踏まえ，事業所レベルのエネルギー効率性を推計し，考察する。また推計されたエネルギー効率性の変化要因を計量分析により地域の属性として産業集積の程度の影響に焦点を当て，その影響を明らかにすることを試みる。

2　エネルギー生産効率性に関する先行研究および産業集積の影響可能性

(1) 生産効率性の推計に関する先行研究

　これまで企業や事業所の生産効率性に関する分析は産業組織分野をはじめとして，多くの研究が行われてきた。企業，事業所レベルでの生産効率性やTFP（Total factor productivity：全要素生産性）の変化要因の分析は現実の政策面だけでなく長期的な経済成長の要因を明らかにし，理論的な貢献としても多くの知見を与えてきた。

　とりわけ，規制産業に関する分析では生産効率性の議論が盛んに行われてきた。公的規制による参入規制が行われてきた産業において，X非効率性の存在可能性が高いことは理論的，実証的にも示されており，国内外において公的な制約の多い企業の生産効率性の分析が広く行われてきた。たとえば日本の事例では電力産業を中心に，都市ガス産業，空港経営など様々な先行研究が存在し，そうした研究により，規制緩和による生産効率性や生産性の改善効果が実証されている（Nakano & Managi, 2008 ; Tanaka & Managi, 2013 など）。

　一般的に生産に必要とされる投入要素としては資本ストック（生産設備の量や質）および労働（労働者数，賃金など）が代表的である一方で，特定の産業にとってはより重要となる生産要素がある可能性も否定できない。その代表的な

ものがエネルギーである。

　これまで，エネルギーが重要な生産要素であると考え，生産活動の状況を含めたエネルギー効率性の推計を行った研究はさまざまあり，事業所レベルでのデータを用いた先行研究もこれまで行われてきた。エネルギー生産効率性の推計にはエネルギー源単位に基づく分析や，生産プロセスをさかのぼり，エネルギー消費をより厳密に測る工学的な方法がとられる。しかし，生産活動や技術の変化，既存技術の導入可能性まで考慮したエネルギー生産効率性の推定には生産関数に基づいた生産効率性の推計が必要となる。とくに代表的な手法として，関数形を柔軟に設定可能なDEA（Data Envelopment Analysis：データ包絡分析）を応用した生産効率性の推計方法が用いられている。

　たとえばBoyd & Pang（2000）ではInput oriented型の距離関数を仮定したDEAを用い，エネルギーを含めた投入要素全体の節約可能性に焦点を当てて，エネルギー生産効率性を推計している。またMukherjee（2008）はアメリカの事業所別のデータを用いて同様にDEAを用いたエネルギー生産効率性の推定を行っている。Mukherjee（2008）ではBoyd & Pang（2000）とは異なり，Input oriented型の一定の生産投入，産出のもとでのエネルギーの利用のみの効率性に焦点をあてた距離関数を仮定し，エネルギー生産効率性を推計している。またBlomberg et al.（2012）ではスウェーデンのパルプ産業を対象にDEAを用い，電力消費の削減可能性について分析を行っている。

　これまでの先行研究ではエネルギー生産効率性の推計を行い，エネルギー消費の潜在的な削減可能性を主に焦点を当てており，エネルギー生産効率性がどのような要因により変化するかは十分に分析されていない。実際にMartin et al.（2012）では企業の環境対策を志向する組織的な構造がエネルギー効率（エネルギー原単位）に影響する可能性を示している。さまざまな要因がエネルギー生産効率性に影響を与える一方で各要因がどの程度エネルギー生産効率に影響を与えるかは未だに十分に明らかになっていない。

（2）産業集積のエネルギー効率利用に対する影響可能性

　前述の通り，産業や企業，事業所におけるエネルギー生産効率やエネルギーの効率的な利用に関しての分析では，企業や事業所の立地する地域性の影響について，十分な議論がなされてこなかった。しかしエネルギーの利用にはエネルギーに関するインフラネットワークの状況，エネルギー資源を調達するための港湾などの輸送ネットワークの状況などの地理的影響によって立地が制約される。実際に紙板紙生産金額に占める主要化石燃料費用の比率は他の産業に比べ高く，エネルギー費用が企業の意思決定上に重要な役割を持つ可能性が高い。日本製紙連合会（2013）によると，1990年代に入り，省エネルギーの取り組みなどを進めて紙板紙生産金額に占める主要化石燃料費用の比率は7％～10％程度まで減少させることができたが依然として他産業と比べ，高い比率を示している。

　産業集積の要因としてはこれまで多くの実証的，理論的研究がある。前述の通り，中間投入財として高い費用比率を持つエネルギーが存在すると考えた場合，ウェーバーの工業立地論（Weber, 1909）に基づくと，エネルギー費用やエネルギーの消費量がより少なくなるような地域に産業が集積する可能性が指摘できる。実際に伝統的な生産活動では重視されてこなかったが，近年の企業活動に影響を与えている環境問題への対応についても企業立地に影響を与えている可能性はすでに指摘されている（Core et al., 2013）。

　しかし一方で産業集積が起こったのちの効果としても，エネルギーの効率的利用を促す効果が発生する可能性は指摘できる。たとえば産業集積による技術スピルオーバー効果である。技術スピルオーバーは産業の集積によって，付近の企業の持つ知識を享受できたり，同一産業に携わる他の技術を持つ企業同士の連携などによって技術進歩が促されたり，経営の効率化が促されるなどの効果が発生することを指す。こうした効果により，産業集積地では他の地域よりも生産性の向上が促され，また技術進歩が促進される可能性が示唆されている。これまでの様々な産業集積と生産性に関する研究において，技術スピルオーバー効果の発生が確認されている（Beaudry & Schuffauerova, 2009など）。とくに

専門的な労働者の集積によって,産業集積地域における技術スピルオーバーが発生し,集積地域に立地する企業の生産性が向上している結果は確認されている (Moretti, 2004 ; Anderson & Lööf, 2011)。

　同様にエネルギーの利用効率に関しても同一産業に従事する経営体同士が集積している地域ではよりエネルギー効率の高い経営の方法や技術に関する知識がスピルオーバーすることにより,エネルギー効率が高まる可能性がある。そのほかに集積地域内における同一企業グループによるエネルギー資源のシェアリング(エネルギー効率の高い資源の利用可能性の拡大),地域におけるエネルギーインフラネットワークの改良の容易さ(エネルギー需要が集中しているために,より望ましいエネルギーを調達するためのインフラ整備が優先的に行われやすい)などさまざまな利点が存在する。こうした背景から産業集積によってエネルギーの効率的利用が促される可能性が指摘できる。しかし一方でエネルギー集約産業であっても,エネルギーより重要な原材料の調達やその他の立地上の制約が発生している場合は必ずしも産業集積がエネルギー効率を向上させるとは限らない。たとえばセメント産業は同様にエネルギー集約産業であるが,原料となる石灰の調達のために,エネルギーインフラにアクセスしやすい臨海部には立地がしにくい傾向がある。そのため,産業集積の一般的な生産効率や技術開発に対する効果と同様に,産業によっても産業集積によるエネルギー効率向上の可能性が異なる可能性も考えられる。

3　エネルギー効率性の推定と要因分析の方法

(1) DEAを用いた生産非効率性の測定

　本研究では第1に事業所別のエネルギー生産効率性及び通常の生産効率性を推計する。推計の手法としては前述の通り,生産効率性の推計の多く用いられてきたDEAを用いる。DEAはインプット要素(生産要素)とアウトプット要素がそれぞれ複数ある場合においても,生産技術の関数形を特定せずに推計を行うことができる手法である。そのため環境効率性や資源生産性など,これま

で単純な経営活動の効率性の分析に考慮されなかった様々な要因を考慮したうえで経営体の経営活動を分析することに適した手法である（馬奈木，2013）。

本研究で用いる生産効率性の推計モデルは，次の通りである。t期の生産技術は，実現可能なインプットとアウトプットの組み合わせとして以下で表される。

$$T(t) = \{(x_t, y_t) : x_t \ can \ produce \ y_t\} \quad \cdots\cdots (1)$$

ここで，インプットは $x \in R_+^M$，アウトプットは $y \in R_+^N$ のベクトルである。距離関数 d は次式で与えられる。

$$d(x_t, y_t) = \max\{\delta ; (\delta x_t, y_t) \in T(t)\} \quad \cdots\cdots (2)$$

δ は t 期の技術的に実現可能な生産技術（生産フロンティア）である $T(t)$ との距離を捉えるパラメーターであり，この δ を求めることにより，各企業の相対的な生産効率性を推定することができる。つまり同様のアウトプットを生み出している経営体を比較した場合に，最も効率的な経営体を選び出し，その経営体に比べてどの程度生産投入要素を減少させることが可能かどうかという観点から生産効率性を推定する方法である。本研究では（3）式に基づいた最適化問題より生産効率性を推定する。

$$d_{T(t)}(x_t, y_t) = \max_{\delta,\lambda} \delta$$
$$s.t. \quad Y_t \lambda \geq y_t^i$$
$$X_t \lambda \leq \delta x_t^i$$
$$N1\lambda = 1$$
$$\lambda \geq 0, \quad \cdots\cdots (3)$$

DEA の生産効率性の推計には CRS（Constant Return to Scale：規模に対して収穫一定）もしくは VRS（Variable Return to Scale：規模に対して収穫不変）のどちらかを仮定して推計を行う。本研究では CRS 及び VRS をそれぞれ仮定した生産効率性を推計し，その推計結果をもとに生産性指標を産出する。それぞれの仮定

に基づいた推計結果を用いることにより，規模による生産効率の変化と純粋な効率性の変化を分離することが可能となる。詳細については次節にて，説明を行う。エネルギー生産効率性として，インプット変数に各事業所の有形固定資産額と従業員数に加え，エネルギー投入量（総投入熱量）を用いることにより，エネルギー生産効率性を測り，次節で示す生産性指標の測定方法よりエネルギー生産効率性の変化（以下，TFPC-ENとする）を算出する。また同時に各事業所の有形固定資産額と従業員数のみをインプット変数として用いた生産効率性の推定結果を用いて，通常の生産効率性の変化（以下，TFPCとする）を算出する。

（2）Malmquist 生産性指標の産出と各指標の分離

本研究では前述に述べた生産効率性の推定結果に基づいて TFPC（Total factor productivity change：全要素生産性変化）を計算する。Chambers et al.（1996）に基づき，TFPC は経営体自体の生産効率性改善による生産効率性変化である生産効率性変化（EFCH）と，生産フロンティアの全体が上昇することによる生産効率性の変化である技術変化（TECH）に分解することが可能である。TFPC，EFCH と TECH はそれぞれ下記の（4）式より計算される。（4）式において，$d_{T(t)}$ は前述の通り距離関数を示し，t は年を示す。つまり $d_{T(t)}(x_t, y_t)$ は t 期の生産フロンティアに対して，ある経営体の t 期の投入産出状況に基づいた生産効率性を示している。ここでエネルギー生産効率性の変化である TFPC-EN を同様に分解し，エネルギー生産効率性変化における生産効率性変化を EFCH-EN とし，技術変化を TECH-EN とする。それぞれの生産性指標を分解し，分析に用いることにより，より詳細にエネルギー生産効率の変化要因を分析することができる。また本研究では CRS 及び VRS，それぞれの仮定で推計した生産効率性を用いることにより，EFCH を規模の変化による効率性変化（SECH）と純粋な技術効率性の変化（PTCH）の 2 つに分離が可能である。

$$TEPC = EFCH \times TECH = SECH \times PTCH \times TECH$$

$$EFCH = \frac{d_{T(t+1)}(x_{t+1}, y_{t+1})}{d_{T(t)}(x_t, y_t)}$$

$$TECH = \left(\frac{d_{T(t)}(x_t, y_t)}{d_{T(t+1)}(x_t, y_t)} \right) \left(\frac{d_{T(t)}(x_{t+1}, y_{t+1})}{d_{T(t+1)}(x_{t+1}, y_{t+1})} \right)^{1/2} \quad \cdots\cdots (4)$$

しかし TFPC-EN には通常の経営体の生産性の変化も含んだものとなっており，純粋にエネルギー効率を改善した効果を示すことができない。そこで通常の生産性指標とエネルギーを考慮したエネルギー生産性指標それぞれの生産指標を用い，（5）式より，純粋にエネルギーの効率的な利用による生産性の変化を捉える指標（EEI : Energy efficiency index）を作成する。

$$TEEI = \frac{TEPC\text{-}EN}{TEPC} = \frac{EFCH\text{-}EN}{EFCH} \times \frac{TECH\text{-}EN}{TECH}$$

$$= \left(\frac{SECH\text{-}EN}{SECH} \times \frac{PTCH\text{-}EN}{PTCH} \right) \times \frac{TECH\text{-}EN}{TECH} \quad \cdots\cdots (5)$$

TEEI はエネルギー利用効率と生産効率を含んだ TFPC-EN を生産効率のみを考慮した TFPC で除することで求める。また EFCH-EN を EFCH で，TECH-EN を TECH で同様に除することによって，エネルギー効率のみを考えた場合の生産効率改善効果（$\frac{EFCH\text{-}EN}{EFCH}$，以下 EFCH-EEI と表記する）と技術変化（$\frac{TECH\text{-}EN}{TECH}$，以下 TECH-EEI と表記する）を計算することが可能である。同様にエネルギーを考慮した SECH-EN と PTCH-EN もそれぞれ，通常の SECH と PTCH でそれぞれ除することにより，エネルギー効率のみへの貢献を計算可能となる（$\frac{SECH\text{-}EN}{SECH}$ を以下では SECH-EEI，$\frac{PTCH\text{-}EN}{PTCH}$ を以下では PTCH-EEI と表記する）。

(3) システム GMM によるエネルギー効率化指標（*EEI*）の変化要因分析

　前述のべてきたエネルギー生産効率性および生産効率性の変化および産業集積指標を用いて，産業集積によるエネルギー効率の改善に対する影響に焦点をあてた分析を行う。そのため，下記（6）式の推計式に従い，システム GMM を用いた計量分析を行う。これまでの先行研究に示されているように，経営体の意思決定を考慮した場合，意思決定前の時期の自己の生産性変化を観察した後で意思決定を行っている可能性がある。そこで1期前の生産性指標の変化をモデルに加える。しかし，こうした意思決定を反映した指標を説明変数に用いた場合，内生問題が発生する可能性が高い。そこで Zhengfei & Oude Lansink (2006) は DEA を用いた生産性指標の変化要因分析に2期前の生産性指標を操作変数とするシステム GMM を用いることを提案している。そのため本分析においても，2期前の *EEI* を操作変数とするシステム GMM を用い分析を行う。 *i* は事業所，*t* は年を示す。

$$EEI_{i,t} = EEI_{i,t-1} + EEI_{i,t-2} + AG_{i,t} + Oil_t + c + u_i + \varepsilon \qquad \cdots\cdots (6)$$

　被説明変数（*EEI*）としては，推計された生産性指標から計算されたエネルギー効率性指標を用いる（*TEEI,EFCH-EEI,TECH-EEI*）の値を用いる。それぞれの指標を被説明変数としたモデルに基づいて同様の説明変数で変化要因を分析することにより，エネルギー効率全体の変化だけでなく，そのエネルギー効率の変化が経営体自体の効率改善なのか，産業全体で発生している改善効果なのか分けて理解することができる。

　説明変数として，第一に産業集積の指標（*AG*）を用いる。*AG* は Marshall の集積効果を捕える指標として各事業所が立地する地域の同一産業に従事する従業員の全国シェアを用いる。雇用者数のデータに関しては工業統計調査に基づき計算を行う。またエネルギー価格の変化を考慮するために，WTI 原油先物価格データ（IMF, 2015）を変数として加える（*Oil*）。*c* は定数項，*u* は事業所 *i* 固有の効果を捉える変数である。

4 エネルギー効率性の推定および要因分析に用いるデータ

本研究では日本の紙パルプ産業およびセメント産業における個々の企業のエネルギー生産効率性および通常の生産効率性を推定する。通常の生産効率性の推定には生産投入要素として不可欠となる労働力と生産資本を捉える指標を用いる。労働力の指標として各事業所の「延べ常用労働者数」を用い，さらに生産資本の代理変数として「有形固定資産年初残高」を用いる。さらにエネルギー生産効率性の推定の際には，労働力，生産資本に加え，生産に必要な「最終消費エネルギー量（ギガジュール：GJ）」を投入要素として加える。「延べ常用労働者数」および「有形固定資産年初残高」については，経済産業省が行っている工業統計調査（経済産業省，各年）の事業所別個票データから用いる。対象となる紙パルプ産業は産業分類コードのなかで製造業の「パルプ・紙・紙加工品製造業」として産業分類されている事業所を対象（産業分類コード14）とし，セメント産業に関しては「窯業・土石製品製造業 （10）」（産業分類コード21）とする[1]。

一方で最終消費エネルギー量においても経済産業省が行っている特定業種石油等消費統計（経済産業省，隔年）の事業所別個票データを用いる。ただし，特定業種石油等消費統計では事業所別の各燃料や資源別の消費量の記載が行われているが，各事業所において使用しているエネルギーがさまざまであり，投入されている燃料や資源が各事業所で異なっている。そこで本分析では各事業所が経営活動に使用している燃料及び資源を熱量ベースに変換し，熱量の投入量をエネルギー投入の量として，エネルギー生産効率性の推計に用いる。各エネルギー要素（石炭，石油，都市ガス，そのほかの天然ガス，液化石油ガスなど化石燃料使用量，蒸気，廃材など）[2]の熱量単位については，総合エネルギー統計（経済

---

(1) 特定業種石油等消費統計においては窯業・土石製品製造業に含まれるセメント産業とガラス産業とを分けた調査統計を行っており，本研究におけるセメント産業に区分される事業所は石油等消費統計の区分に基づく対象事業となっている。

産業省，各年)のエネルギー原単位をもとに変換する。一方で生産のアウトプット変数は，事業所ごとの「出荷金額等合計」を前述の工業統計調査から用いる。各統計調査の個票データのうち，本研究では2000年から2010年の調査データを用いて分析を行う。

　工業統計調査のデータは日本全国の製造業に関わる事業所について，その生産活動の状況を毎年調査しており，従業者3人以下の事業所を除くすべての事業所を対象として行っている。しかし，一方で特定業種石油等消費統計に関しては一定規模以上の事業所の全数調査として行われており，紙パルプ産業においては従業者数50名以上の規模の事業所のみが対象となる。

　そのため，特定業種石油等消費統計で対象となる事業所をもとに，工業統計調査とのデータ接合作業を行った[3]。最終的に今回の分析対象期間において，パネル化できる事業所を分析対象とし，紙パルプ産業においては135事業所のデータサンプル（全サンプル：1350サンプル）をもとに分析を行い，セメント産業においては66事業所のデータサンプル（全サンプル：660サンプル）を用い分析を行った。

5　エネルギー効率性の推計結果および要因分析結果

(1) Malmquist生産性指標の推計結果

　表6-1および表6-2は紙パルプ産業，およびセメント産業における各エネルギー効率性指標の変化の推移を年平均で示したものである。また図6-2，図6-3は表6-1，および表6-2の年平均の推移を線グラフ化したものであ

---

[2] 石油，ガソリン，灯油など液体の燃料に関してはklを単位として用いる。また石炭や廃材などの個体燃料及び蒸気に関してはtを単位として用いる。都市ガス，天然ガスなどの気体燃料に関して1000㎥を単位とし，電力に関しては1000kwhを単位として用いている。

[3] 工業統計調査と特定業種石油等消費統計との間で共通する事業所番号は存在しないために，工業統計調査の個票調査名簿と特定業種石油等消費統計に記載のある企業名，事業所名，住所，電話番号をもとに同一事業所であると判別できる事業所を抽出した。

第6章 エネルギー生産効率性の変化

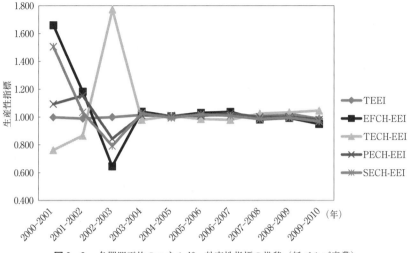

図6-2 各期間平均のエネルギー効率性指標の推移（紙パルプ産業）

る。Malmquist生産性指標は1を基準に，1を超えた場合には生産性の向上が示されていることを意味し，1を下回った場合には生産性の減少が発生していることを示している。まず紙パルプ産業においては2000年から2010年の分析期間において，平均で0.5％ほどエネルギー効率全体（TEEI）が向上していることが見受けられる。とくに2000年代前半よりも，後半はよりエネルギー効率性の改善傾向が見受けられる。2000年代前半ではエネルギー効率改善の大きな要因は個々の事業所自身の効率性改善（EFCH-EEI）に依る傾向があるが，とくにこの効率性改善の原因は規模の経済性に依拠する部分が大きいことがSECH-EEIの推移から読み取れる。一方で2000年代後半ではEFCH-EEIの効果は少なくなり，TECH-EEIがEEI全体の効率性向上に貢献していることがわかる。この結果は2000年代後半にエネルギー効率性の高い事業所がより高くなる一方で，エネルギー効率性が低い事業所のエネルギー効率化が比較的遅れている可能性がある。2002年から2003年にかけては大きく各指標の推移が変化しているが，この原因は紙パルプ産業における事業再編が活発に行われた時期であり，その影響を受けた結果である可能性が高い。

表6-1 紙パルプ産業におけるエネルギー効率性指標の年平均推移

年	Index				
	TEEI	EFCH-EEI	TECH-EEI	PECH-EEI	SECH-EEI
2000-2001	0.999	1.660	0.762	1.094	1.506
2001-2002	0.990	1.182	0.865	1.154	1.035
2002-2003	1.000	0.646	1.773	0.843	0.791
2003-2004	1.016	1.039	0.980	1.012	1.028
2004-2005	1.005	1.006	1.008	1.011	0.994
2005-2006	1.012	1.031	0.987	1.009	1.020
2006-2007	1.014	1.037	0.980	1.026	1.009
2007-2008	1.006	0.983	1.025	1.001	0.985
2008-2009	1.024	0.993	1.033	1.002	0.996
2009-2010	0.987	0.950	1.046	0.982	0.968
2000年代前半	1.002	1.107	1.078	1.023	1.071
2000年代後半	1.008	0.999	1.014	1.004	0.995
平均	1.005	1.053	1.046	1.013	1.033

表6-2 セメント産業におけるエネルギー効率性指標の年平均推移

年	Index				
	TEEI	EFCH-EEI	TECH-EEI	PECH-EEI	SECH-EEI
2000-2001	1.001	0.982	1.021	0.994	0.990
2001-2002	1.004	0.945	1.065	0.965	0.982
2002-2003	0.998	0.990	1.010	1.003	0.989
2003-2004	1.006	0.999	1.010	1.009	0.990
2004-2005	0.995	1.007	0.991	1.026	0.983
2005-2006	1.001	0.995	1.011	0.977	1.019
2006-2007	1.011	0.999	1.014	0.991	1.010
2007-2008	1.004	1.177	0.878	1.063	1.111
2008-2009	1.031	0.960	1.087	0.987	0.975
2009-2010	1.005	0.986	1.038	1.034	0.959
2000年代前半	1.001	0.985	1.020	0.999	0.987
2000年代後半	1.011	1.023	1.006	1.010	1.015
平均	1.006	1.004	1.013	1.005	1.001

第6章 エネルギー生産効率性の変化

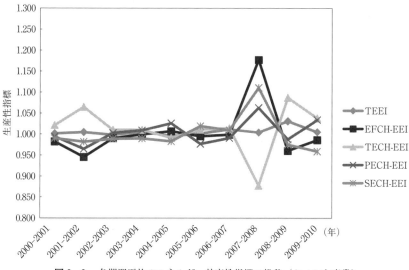

図6-3 各期間平均のエネルギー効率性指標の推移（セメント産業）

一方でセメント産業においては2000年から2010年の間でのエネルギー効率化全体の改善は0.6％程度にとどまっている。しかし2000年代前半と比べると2000年代後半においてはエネルギー効率性の向上は進んでおり，*EFCH-EEI*の向上によって*TEEI*全体の向上が見受けられる。とくに*EFCH-EEI*が向上した効果として大きいのは*SECH-EEI*の向上であり，セメント産業においては2000年代後半に事業所の規模の効果によってエネルギー効率性が向上している結果を示している。セメント産業のエネルギー効率性の変化について，2007年から2008年にかけて，大きな各指標の変化が見受けられる。この大きな原因のひとつはリーマンショックによる世界的景気後退に伴う民間建設工事の減少とされている（セメント協会，2015）。実際に2007年を境に，セメントの需要は減少傾向を示しており，このような大きな需要変動の対応がエネルギー効率性にも影響してしまっている可能性がある。

表6-3は紙パルプ産業における各エネルギー効率性指標の標準偏差を各年で示した表である。2000年代前半と比べて，*TEEI*全体の標準偏差は減少して

表6-3 紙パルプ産業におけるエネルギー効率性指標の標準偏差年平均推移

年	Index				
	TEEI	EFCH-EEI	TECH-EEI	PECH-EEI	SECH-EEI
2000-2001	0.073	1.296	0.261	0.245	1.043
2001-2002	0.064	0.232	0.161	0.191	0.180
2002-2003	0.059	0.175	1.039	0.145	0.228
2003-2004	0.232	0.260	0.042	0.160	0.144
2004-2005	0.167	0.196	0.091	0.150	0.105
2005-2006	0.162	0.178	0.065	0.115	0.125
2006-2007	0.201	0.197	0.063	0.150	0.107
2007-2008	0.052	0.063	0.043	0.080	0.065
2008-2009	0.056	0.074	0.053	0.084	0.088
2009-2010	0.068	0.102	0.087	0.073	0.070
2000年代前半	0.119	0.277	0.190	0.139	0.215
2000年代後半	0.108	0.123	0.062	0.100	0.091
平均	0.113	0.277	0.190	0.139	0.215

おり，このことは事業所間のエネルギー効率性変化のばらつきが少なくなっていることを示している。こうした結果から，エネルギー効率性の変化は産業全体ではエネルギー効率性の高い事業所はより改善を進めているものの，エネルギー効率性が低かった事業所に関しては生産フロンティアに近い，効率性の高い事業所に追いつくほどの効率化が進んでいない傾向が示されていると考えられる。一方でセメント産業においては表6-4に示されるように各事業所間における各エネルギー効率性指標のばらつき（標準偏差）を見ると2000年代前半ではすべてのエネルギー効率性指標においても標準偏差が低い。とくにセメント産業は2000年代後半になると標準偏差の値はすべてのエネルギー効率性指標において高くなる傾向が示されている。このことは近年のセメント産業では規模の大きさに依存してエネルギー効率化が進むため，規模の比較的小さい事業所のエネルギー効率化が進まない傾向を示している可能性がある。このように紙パルプ，セメントともに，年を経るごとにエネルギー効率性に与える要因が

表6-4 セメント産業におけるエネルギー効率性指標の標準偏差年平均推移

年	Index				
	TEEI	*EFCH-EEI*	*TECH-EEI*	*PECH-EEI*	*SECH-EEI*
2000-2001	0.032	0.053	0.041	0.054	0.066
2001-2002	0.029	0.051	0.053	0.059	0.053
2002-2003	0.016	0.044	0.045	0.058	0.042
2003-2004	0.045	0.090	0.049	0.062	0.044
2004-2005	0.027	0.062	0.048	0.075	0.042
2005-2006	0.019	0.061	0.075	0.052	0.051
2006-2007	0.080	0.042	0.095	0.053	0.047
2007-2008	0.073	0.249	0.134	0.146	0.211
2008-2009	0.084	0.116	0.141	0.076	0.116
2009-2010	0.123	0.199	0.136	0.237	0.090
2000年代前半	0.030	0.060	0.047	0.061	0.049
2000年代後半	0.076	0.133	0.116	0.113	0.103
平均	0.053	0.097	0.081	0.087	0.076

変化しており,地域間におけるエネルギー効率性の差も発生している可能性があると言える。表6-5は紙パルプ産業およびセメント産業における主要な地域の平均の各エネルギー効率性指標を示している。表に見られるように,地域間で各指標の傾向の違いが発生していることが見受けられる。

(2) 産業集積のエネルギー効率性に対する影響分析

前節に示した通り,エネルギー効率性の変化は産業間でも異なっており,事業所間のエネルギー効率性のばらつきも発生している。こうしたエネルギー効率性の変化に地域性,とくに本研究で着目する産業集積の程度が影響するか,システムGMMを用いて分析を行う。推計の結果は表6-6(紙パルプ産業)および表6-7(セメント産業)に示す。

紙パルプ産業を対象とした推計の結果(表6-6)では集積の指標となる*AG*はエネルギー効率全体を示す指標(*TEEI*)と有意に正の関係性がある結果が示

表6-5 紙パルプ産業及びセメント産業の主要地域における各効率性指標の平均値

表6-5-1 紙パルプ産業における各地域の効率性指標平均値

	TEEI	EFCH-EEI	TECH-EEI	PECH-EEI	SECH-EEI
北海道	1.0043	1.0117	1.0138	1.0083	0.9995
岐阜県	1.0135	1.0516	1.0281	1.0106	1.0316
静岡県	1.0078	1.0306	1.0382	1.0127	1.0163
大阪府	1.0081	1.1667	1.1409	1.0270	1.0716
愛媛県	1.0125	1.1019	1.0987	1.0138	1.0820

表6-5-2 セメント産業における各地域の効率性指標平均値

	TEEI	EFCH-EEI	TECH-EEI	PECH-EEI	SECH-EEI
北海道	1.0000	0.9997	1.0118	1.0052	0.9942
茨城県	1.0031	1.0140	1.0126	1.0158	0.9984
栃木県	1.0217	1.0335	1.0083	1.0287	1.0048
埼玉県	1.0034	0.9924	1.0183	0.9948	1.0003
山口県	1.0060	1.0057	1.0114	1.0117	0.9957
福岡県	1.0027	0.9978	1.0064	1.0027	0.9955

された。エネルギー効率性のなかでも，それぞれの事業所自身のエネルギー効率性の変化を示す EFCH-EEI は産業集積と有意な関係性は示されなかった。一方で産業全体のエネルギー効率改善を促す効果の指標である TECH-EEI との関係性については，産業集積と負に統計学的に有意な推計結果が示された。この結果，産業集積指標である AG は産業全体のエネルギー効率改善を促す効果 (TECH-EEI) とは負の関係性を示している。こうした結果は紙パルプ産業において産業集積はエネルギー効率化を改善する効果が全体としてはあるものの，産業集積においては生産フロンティアを押し上げるような新しい技術進歩が停滞している可能性がある。

エネルギー価格の変化の指標として用いた Oil に関しても AG と同様にエネルギー効率性全体に正の影響を与えるが，TECH-EEI に関しては負の関係性を示している。こうした結果はエネルギー利用価格が上昇することによって個々

表6-6　紙パルプ産業における EEI の変化要因分析

説明変数	被説明変数（Index）		
	TEEI	EFCH-EEI	TECH-EEI
$Index_{t-1}$	-0.2813*** (-28.55)	-0.3789*** (-33.28)	-0.1148*** (-47.97)
$Index_{t-2}$	0.0847*** (9.34)	-0.1743*** (-26.95)	-0.2416*** (-108.18)
AG	1.5116** (3.82)	0.1156 (0.31)	-2.5218*** (-6.15)
Oil	0.0001** (2.21)	0.0018*** (18.75)	-0.0056*** (-98.04)
c	1.1776*** (63.18)	1.4211*** (71.52)	1.8276*** (185.17)
AR 1	-4.00***	-4.16***	-3.95***
AR 2	0.57	2.21**	2.55**
Sargan	287.50***	355.61***	1289.67***

注：（　）内の数値は t 値を示している。AR 1 及び AR 2 は Arellano-Bond test の結果を示しており，Sargan は Sargan test の結果を示している。*は10％水準，**は5％水準，***は1％水準で統計的であることを有意を示している。

の事業所のエネルギー効率改善のための努力が促されるが，産業全体の生産フロンティアを押し下げる効果がある可能性を示している。エネルギー利用価格の上昇はエネルギー効率の改善を促すものの，抜本的な技術進歩や省エネルギーのための大きな投資や技術変更自体は短期的な価格変動で十分に促されないため，このような結果を示していると考えられる。

一方で，セメント産業の結果（表6-7）では AG とエネルギー効率全体の関係性は負に有意な関係性が示された。セメント産業においては産業集積指標と EFCH-EEI との間では統計的に正の関係性が示された。しかし TECH-EEI との間で統計的に負の関係性が示され，結果としてエネルギー効率性全体（TEEI）とは負に有意な関係性を示す結果が得られた。こうした結果はセメント産業において，産業集積地においてはエネルギー効率性の低い事業所のエネルギー効率性の改善効果が期待されるが，生産フロンティアを向上させる効果は乏しく，

表6-7　セメント産業におけるEEIの変化要因分析

説明変数	被説明変数（Index）		
	TEEI	EFCH-EEI	TECH-EEI
$Index_{t-1}$	0.0192*** (11.05)	-0.1545*** (-66.67)	-0.2130*** (-59.86)
$Index_{t-2}$	0.0325*** (31.49)	-0.1181*** (-79.53)	-0.2557*** (-69.99)
AG	-11.2158** (-26.75)	19.2952*** (15.86)	-33.0314*** (-14.60)
Oil	0.0004*** (21.68)	0.0052*** (25.57)	-0.0002*** (-98.04)
c	0.9523*** (426.18)	1.2227*** (412.00)	1.5280*** (301.97)
AR 1	-1.84*	-3.85***	-3.90***
AR 2	1.06	0.68	1.80*
Sargan	122.35**	338.10***	346.16***

注：（　）内の数値はt値を示している。AR 1及びAR 2はArellano-Bond testの結果を示しており，SarganはSargan testの結果を示している。*は10％水準，**は5％水準，***は1％水準で統計的であることを有意を示している。

結果的に産業全体のエネルギー効率性を押し下げる効果が働くことを示している。この結果はセメントの産業の技術的な制約に基づく原因と，産業の構造自体の問題が原因となっている可能性がある。

　紙パルプ産業において，熱利用（蒸気）が大きな比重を占め，現在ではエネルギー効率性の高いコージェネレーションが普及している地域がある。こうした地域においてはガスパイプラインとの接続がより効率的なエネルギー利用には必要である。一方でセメント産業においては原料となる石灰鉱山などが山間部等にあり，原材料利用のための立地制約が大きい。そのためエネルギー効率の高いエネルギーインフラネットワークとの接続できる可能性が低いと考えられる。またセメント産業においては生コンクリート製造のように，技術的に製品を供給するエリアが特定されてしまう事業所も多く存在する。そのため地域内で産業集積が進むことで，各事業所の得られるマージンが減少せざる得なく

なり，結果としてそうした地域の市場構造がエネルギー効率を推計する際に指標に影響を与える可能性がある。実際にアメリカにおけるセメント産業の分析では，セメント産業のそうした特性から地域的な市場支配によって価格の差別化が発生していることが実証されている（Miller & Osborne, 2014）。そのため産業集積指標がエネルギー効率性指標と負に有意な関係性を示した可能性がある。

6 地域性を考慮したエネルギー政策の必要性

　本研究の結果，紙パルプ産業においては産業集積によるエネルギー生産効率性の改善可能性が示唆された。これまで集積の経済性に関しては通常の生産効率性の改善可能性について言及されてきた。しかし，エネルギー自体が重要となる産業においてはエネルギーも重要な生産要素として認知され，企業や事業所の生産活動の意思決定に反映される。そのため，産業集積の効果としてインプット自体の効率的な利用を促進させる技術スピルオーバーなどを通じた正の効果がエネルギー生産効率性も向上させる可能性があると考えられる。

　本研究の結果，紙パルプ産業において産業集積によるエネルギー効率化の効果が発生している可能性が示された。とくに産業集積の効果としては，エネルギー効率のトップランナーとなる事業所のエネルギー効率をより改善させるような効果がなく，地域内の技術スピルオーバーによって，エネルギー効率が劣っていた事業所のエネルギー効率改善効果が大きいことが示された。結果として，産業集積全体のエネルギー効率化に関して，紙パルプ産業においてはエネルギー効率性全体を向上させる効果が期待される可能性が示された。

　一方で，セメント産業の分析に見られるように，必ずしも産業集積がエネルギー効率性に正の影響を与えない場合も想定される。前述の通り，セメント産業においては，原材料が立地の大きな制約となっており，産業によってはエネルギーよりも重要となる立地条件が発生する場合がある。そのため，エネルギー効率性を産業ごとに，より正確に推計し，地域性を含めたさまざまな要因を明らかにすることで，より費用対効果の高い，省エネルギー政策を製造業に適応

可能であると考えられる。

　これまで産業集積は主に通常の生産，経営活動における正の影響について言及されてきた。しかしながら，現在では企業はエネルギー消費などより一層重要なる要素を経営活動に考慮し，意思決定を行っている。そのためエネルギーの利用状況にも産業集積が影響する可能性は大きい。

　東日本大震災以降，より省エネルギーで，持続可能な社会の構築が求められている。そのため，今後もより企業のエネルギー利用効率を高める施策は重要となる。これまでのエネルギー効率の議論はとくに技術進歩や普及に注目をしていた。しかしながら技術普及には産業集積をはじめとする地域の特性が大きな影響を与える。そのため，産業集積など，地域の特性の影響を考慮したエネルギー効率化のための施策が必要であると考える。こうした結果は今後の持続的な社会を構築する上での地域や都市の設計に重要なインプリケーションを持つだけでなく，エネルギーセキュリティや気候変動対策としての産業政策として，産業集積政策の在り方や可能性について言及ができる結果と言える。

●参考文献

Andersson, M. & H. Lööf (2011) "Agglomeration and productivity: evidence from firm-level data," *The Annals of Regional Science*, 46, 601-620.

Beaudry, C. & A. Schiffauerova (2009) "Who's right, Marshall and Jacobs? The localization versus urbanization debate," *Reserch Policy*, 38, 318-337.

Boyd, A. G. & J. X. Pang (2000) "Estimating the linkage between energy efficiency and productivity," *Energy Policy*, 28, 289-296.

Blomberg, J., E. Henriksson & Lundmark, R. (2012) "Energy efficiency and policy in Swedish pulp and paper mills: A data envelopment approach", *Energy Policy*, 42, 569-579.

Core, A. M., R. J. R. Elliott., T. Okubo & Y. Zhou (2013) "The carbon dioxide emissions of firms: A spatial analysis," *Journal of Environmental Economics and Management*, 65, 290-309.

Färe, R., S. Grosskopf., M. Norris and Z. Zhang (1994) "Productivity Growth, Technical

Progress, & Efficiency Change in Industrialized Countries," The American Economic Review, 84, No. 1, 66–83.

IEA (2015) "Energy efficiency Market report 2015", http://www.iea.org/publications/freepublications/publication/energy-efficiency-market-report-2015-.html

IMF (2015) IMF Primary commodity price, http://www.imf.org/external/np/res/commod/index.aspx

Iwata, K. & S. Managi (2015) "Can Land Use Regulations and Taxes Help Mitigate Vehicular CO2 emissions? An Empirical Study of Japanese Cities," *Urban Policy and Research*, forthcoming.

Martin, R., M. Muuls, LB. De. Preux., B. Laure. & U.J. Wagner (2012) "Anatomy of a paradox: Management practices, organizational structure and energy efficiency,", *Journal of Environmental Economics and Management*, 63, 208–223.

Miller, H. N. & M. Osborne (2014) "Spatial differentiation and price discrimination in the cement industry: evidence from a structural model," *Rand Journal of Economics*, 45, 2, 221–247.

Moretti, E. (2004) "Workers' Education, Spillovers, and Productivity: Evidence from Plant-Level Productions Functions," *The American Economic Review*, 94, 3, 656–690.

Morikawa, M. (2012) "Population density and efficiency in energy consumption: An empirical analysis of service establishments," Energy Economics, 34, 5, 1617–1622.

Mukherjee, K. (2008) "Energy use efficiency in U.S. manufacturing," *Energy Economics*, 30, 76–96.

Nakano, M. & S. Managi (2008) "Regulatory reforms and productivity: An empirical analysis of the Japanese electricity industry," *Energy Policy*, 36, 201–209.

Tanaka, K. & S. Managi (2013) "Measuring Productivity Gains from Deregulation of the Japanese Urban Gas Industry," *Energy Journal*, 34, 4, 181–198.

Zhengfei, G. & L. Oude (2006) "The source of productivity growth in Dutch agriculture: a perspective from finance," *American Journal of Agriculture Economics*, 88: 644–656.

経済産業省,「特定業種石油等消費統計」,各年。

経済産業省個票,「工業統計調査」,各年。

セメント協会 (2015)「セメントの需給」, http://www.jcassoc.or.jp/cement/1jpn/jc5.html (2015/12/20アクセス)

日本製紙連合会　技術環境部（2013）「紙・パルプ産業のエネルギー事情　2013年度」（2012年度実績）版。

馬奈木俊介（2013）『環境と効率の経済分析―包括的生産性アプローチによる最適水準の推計』日本経済新聞社。

第7章
製造業におけるエネルギー消費の変動要因
―― 要因分析法を用いた検証 ――

岩田和之・田中健太

1　製造業での温室効果ガス排出量

　1990年の日本の温室効果ガスは約11億5千トン CO_2 であった（国立環境研究所，2015）。この後，1997年12月に署名された京都議定書による温室効果ガスの6％削減や1999年，2002年の省エネ法（エネルギーの使用の合理化に関する法律）改正による対象事業者の拡大およびエネルギー原単位の改善（有村・岩田，2008），2010年から始まったエネルギー多消費事業所を対象とした東京都での温室効果ガス総量削減義務と排出量取引など，多くの温室効果ガス削減あるいはその原因となる使用エネルギー削減のための対策が実施されてきた。これらの対策の結果および2008年後半のリーマンショックといった景気変動の影響にもかかわらず，2014年の温室効果ガスは約12億6000トン CO_2 となり，1990年比では約9.6％の増加となっている（図7-1）。

　図7-2は内閣府（2015）による日本の1990年以降の名目GDPと対前年実質GDP比である。京都議定書の基準年となった1990年以降，バブルの崩壊やアジア通貨危機などの影響により，日本経済は「失われた10年」とも揶揄される経済的に厳しい状況に陥っており，経済成長率が極めて低い状態が長期的に続いている。しかし，図7-2を見ると，リーマンショック前の2007年までは実質的にGDPは低いながらも成長を続けていることがわかる。その結果，名目ではあるものの，1990年のGDPは約457兆円であるのに対し，2014年は491兆円へと約7.2％の名目成長を達成している。また，実質GDPについては，1994

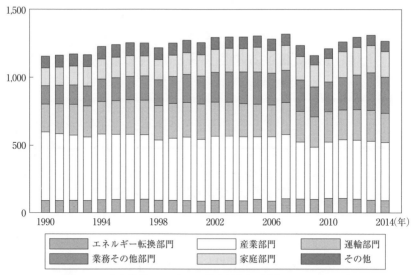

図7-1　温室効果ガスの部門別排出量推移（単位：百万 CO_2-ton）
出所：国立環境研究所（2015）より作成。

年（約447兆円）と比べ，2014年（約525兆円）は17.3％増となっている[1]。こうした経済状況を考慮すると，温室効果ガスの約9.6％増分のうち，相当分が経済成長によってもたらされていると推察される。

それでは，日本国内での部門別では，実質的に温室効果ガスの削減が達成できているのはどこだろうか。図7-3は部門別の温室効果ガス間接排出量の推移を表したものである。部門別の温室効果ガスを見ると，その多くが工場・事業所といった産業部門から発生していることがわかる。1990年にはその約43％が産業部門から排出されているが，2005年には産業部門の全体に占める排出割合は約35％へ低下している。その後も産業部門からの排出量は低下し，2014年

---

[1] GDP の計算は常に同一基準に基づいて計算をしていない。そして，基準を変更した場合，過去に遡って（遡及して）新基準に基づく数値の再計算を行っていない。そのため，現在の基準である2005年基準93SNA の下では，1994年以降の GDP のみを公開している。
（内閣府ホームページ http://www.esri.cao.go.jp/jp/sna/otoiawase/faq/qa2.html）

第7章 製造業におけるエネルギー消費の変動要因

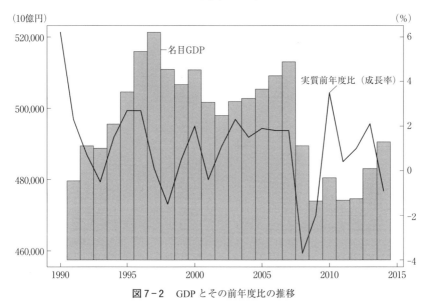

図7-2　GDPとその前年度比の推移

出所：内閣府（2015）より作成。

には約34％へと低下している。そのため緩やかながらの経済成長にもかかわらず，産業部門では一貫して温室効果ガスが削減できていることがわかる。運輸部門は2000年までは寄与度が上昇しているものの，それ以降は徐々に温室効果ガス削減が達成できている。また，発電所等のエネルギー転換部門については，2010年の東日本大震災の影響による原子力発電所の稼働停止により，一時的に寄与度が上昇しているものの，それ以降は排出量が減少しているといえる。

　その一方で，排出源としてオフィスビル等の業務その他部門と一般家計を表す家庭部門は一貫して温室効果ガスを排出している（有村・武田，2012）。そのため，さらなる温室効果ガス削減を達成するためには，これらの部門に対しても，産業部門や運輸部門と同様に有効な対策が必要となる。ただし，両部門に対する温室効果ガス削減対策は割高である可能性もあるため，部門別の限界削減費用を勘案しつつ，対策を取る必要がある。

　前述の通り，特に産業部門においては温室効果ガスの削減，つまりは生産活

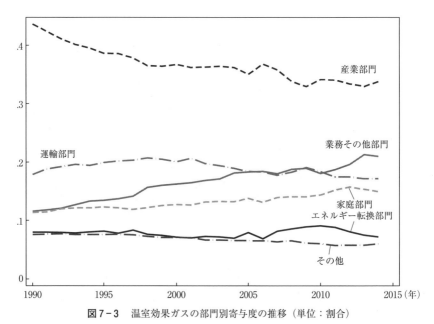

図7-3 温室効果ガスの部門別寄与度の推移（単位：割合）
出所：国立環境研究所（2015）より作成。

動に投入するエネルギーの削減が達成できたと言えるが，この削減はどのような要因変化によってもたらされたのだろうか。工場・事業所にとって，エネルギー削減を達成するには，投入するエネルギー量の削減（省エネ）や単純な規模の縮小，設備を人員に置き換えるといった複数の削減オプションが存在する。これらの削減オプションのなかで，果たしてどのオプション選択によって実際にエネルギー削減が達成されたのであろうか。本章ではこのような問題に対して多用される要因分析法（Decomposition Analysis）を用いて，この疑問に答える。

本章の構成は以下である。さまざまな要因分析法のうち，LMDI法（Logarithmic Mean Divisia Index Method）を本分析では採用するため，LMDI法について第2節で説明する。第3節では本章で用いるデータについて説明する。第4節では，LMDI法を用いて製造業全体におけるエネルギー消費変化の要因をLMDI法により明らかにする。また，エネルギー消費統計調査の都道府県別集計データを用いて，地域別に要因変化を考察する。しかし実際の産業自体の消

費変化をより詳細にも考察する必要もあるために，同節では，製造業のなかでエネルギー集約的な産業の代表例として，パルプ・製紙産業とセメント産業に注目し，経済産業省が毎年集計している工業統計調査および特定業種石油等消費動態統計の事業所レベルの個票データを用いて，エネルギー消費変化の要因も探る。したがって，本章では2つの異なるデータを用いた要因分析法を実施することにより，産業部門におけるエネルギー投入変化の要因を明らかにする。第5節で本章の結果のまとめおよび考察を行う。

2 要因分析法

エネルギー消費量などの環境・経済アウトプットの増減がどのような要因によって変化してきたかを探る方法として知られているものが要因分析法である。要因分析法では，エネルギー消費量をそれぞれの要素の乗算型の恒等式で表すことで，エネルギー消費量の変動分を各要素の変動分に分解する方法である。たとえばよく知られている要因分析法として茅恒等式（茅，1997）がある。これは（1）式のように，二酸化炭素（CO_2）排出量をエネルギー消費量あたりのCO_2排出量（炭素集約度），GDPあたりのエネルギー消費量（エネルギー集約度），人口あたりのGDP（経済的な付加価値）と人口（規模）の4つの要因に恒等式として分解するものである。

$$CO_2 排出量 = (CO_2 排出量／エネルギー消費量) \times (エネルギー消費量／GDP) \times (GDP／人口) \times 人口 \quad \cdots\cdots(1)$$

このように，要因分析法では分析対象の指標（上式ではCO_2排出量）を複数の項目からなる乗算型の恒等式として表すことから，項目を分析者の関心に応じて追加あるいは削減することで，柔軟な要因分析を行うことができるというメリットを持つ。

要因分析法にはラスパイレス型 (Laspeyres Index 法)，改良ラスパイレス型 (Refined Laspeyres Index 法) やディビシア型（Arithmetic mean Divisia Index 法，LMDI

法）など多くの方法が開発されている[2]。これらのうち，本章ではAng et al. (1998) で開発されたディビシア型のLMDI法を採用し，日本の製造業を対象に，エネルギー消費量変化の要因分析を行っていく。

t年における製造業のエネルギー消費量をE_tとする。また，産業全体の製造出荷額，有形固定資産額と従業員数をそれぞれY, K, Lと表記する。このY, KとLを用いて，Eを（2）式のように4つの要素に分解する。

$$E_t = (E_t/Y_t) \times (Y_t/K_t) \times (K_t/L_t) \times L_t \qquad \cdots\cdots(2)$$

右辺第1項のE_t/Y_tはエネルギー消費量を製造出荷額で割ったものであり，これをEF（Energy Efficiency：エネルギー効率）と表記する。EFが大きいほど，生産額あたりの消費エネルギーが多くなる。そのため，EFは生産額で計ったエネルギー効率を表すことになる。第2項のY_t/K_tは製造出荷額を有形固定資産額で除算したものである。これはいわゆる有形固定資産回転率とよばれる経営指標であり，本章ではこれをFAT（Fixed Asset Turnover）と呼ぶこととする。FATが大きいほど，少ない固定資産（たとえば，工場での生産機器）で多くの生産額を生み出していることになる。したがって，FATは有形固定資産が生産活動に対して有効に活用されているかどうかを測る尺度となる。第3項のK_t/L_tは従業員数あたりの有形固定資産額である。これは経済学でも馴染みの深い資本労働比率であり，本章ではCLR（Capital Labor Ratio）と表す。CLRが大きいほど労働者一人あたりの有形固定資産が大きいことになることから，資本集約的であることを意味する。逆に，CLRが低いほど，労働集約的であることを意味する。そのため，CLRは生産活動が資本と労働のどちらの生産要素を集中的に活用しているかを測る指標となる。最後の第4項，L_tは従業員数であり，ここでは産業の規模を捉える要因として扱う。以上より，各項目を略語に置き換えると，（2）式は（3）式のようになる。

---

[2] これらの方法の特徴の説明についてはAng & Zhang（2000）が詳しい。

第7章 製造業におけるエネルギー消費の変動要因

$$E_t = EF_t \times FAT_t \times CLR_t \times L_t \qquad \cdots\cdots(3)$$

次に,t年とt−1年とのEの比率を取ると,(3)式は(4)式のように書くことができる。

$$\frac{E_t}{E_{t-1}} = \frac{EF_t}{EF_{t-1}} \times \frac{FAT_t}{FAT_{t-1}} \times \frac{CLR_t}{CLR_{t-1}} \times \frac{L_t}{L_{t-1}} \qquad \cdots\cdots(4)$$

両辺対数を取ると,(5)式のように乗算型から加算型の関数へと変えることができる。

$$lnE_t - lnE_{t-1} = ln\frac{EF_t}{EF_{t-1}} + ln\frac{FAT_t}{FAT_{t-1}} + ln\frac{CLR_t}{CLR_{t-1}} + ln\frac{L_t}{L_{t-1}} \qquad \cdots\cdots(5)$$

ここで,t年とt−1年とのエネルギー消費量の対数平均値である,$w_t = (E_t - E_{t-1})/(lnE_t - lnE_{t-1})$ を両辺に掛けると,(6)式のようにエネルギー消費の前期からの変分($\Delta E_t = E_t - E_{t-1}$)を w_t を乗じたエネルギー効率,有形固定資産回転率,資本労働比率と規模の4つの変化(成長)率の加算型の恒等式と表すことができる。これが本章で扱うLMDI法による要因分解である。この w_t は右辺にある各要因の変化率を左辺の差分に変換するための重み付け係数となる。

$$\Delta E_t = w_t ln\frac{EF_t}{EF_{t-1}} + w_t ln\frac{FAT_t}{FAT_{t-1}} + w_t ln\frac{CLR_t}{CLR_{t-1}} + w_t ln\frac{L_t}{L_{t-1}} \qquad \cdots\cdots(6)$$

LMDI法は恒等式をベースにしていることから簡易に要因分解ができ,結果の解釈も容易であるということもあり,Ang(2004)で推奨されている。また,計量分析を用いるためには必要となる多くの変数データも不要であるし,そもそも統計学や計量経済学の知識も必要ない。さらに,企業や個人の個票データではなくマクロレベルの集計データでも分析が可能である。これらの多くの利点があることから,LMDI法の応用範囲は多岐に渡っている。たとえば,日本での化学産業における低環境負荷特許の要因分解をしているFujii(2016)や,

日米中独の4カ国における鉄鋼業と機械産業のCO_2排出量の要因分解をしている尾沼．他（2011）などがあり，環境問題やエネルギー問題に関連する多くの研究で多用されている。

LMDI法では対数変換を行うため，要因となる変数は正値を取ることが求められることに注意が必要となる。ただし，本章での要因は全て非負値となり，ゼロを取るケースも存在していないため，LMDI法を用いた要因分析は可能である。

3　分析に用いるデータ

本章では2つのデータセットを用い，LMDI法による製造業におけるエネルギー消費量の要因分解を行う。1つ目のデータは，1990-2012年までの23年間の都道府県別の集計データである。もう1つのデータは2000-12年までの13年間のパルプ・製紙業とセメント業の2つの業種の個票（工場・事業所）データである。後者のデータの概要については，エネルギー生産効率性の変化要因を検証している第6章で説明しているため，そちらを参照頂きたい。

そこで，本章では1つ目のデータのみを説明する。日本の製造業におけるエネルギー消費がどのような推移をしてきたかを地域別に見る。図7-4は1990年を基準とした地域別の製造業におけるエネルギー消費量の変化を表した図である。ここでいうエネルギーとは石炭や石油等の化石燃料のみならず，電力の帰属消費分も含めたエネルギー全般を指し，それらを熱量換算したものである。また，地域別では，通常の地域区分ではなく，日本国内にある10の電力会社に区分している。なぜなら，電力の帰属消費分を熱量換算する場合，換算率は都道府県等の地域単位ではなく電力会社ごとの電源構成（たとえば，どの程度火力発電に依存しているか）に依存するからである。表7-1は各電力会社管区内にある都道府県の一覧を示している。

既述したように，産業部門全般では温室効果ガスは1990年以降経年的に減少してきている。図7-4を見ると，製造業においても日本全体では増減の幅は

第7章 製造業におけるエネルギー消費の変動要因

表7-1 各電力会社管区と地域区分

電力会社名	都道府県名							
北海道電力	北海道							
東北電力	青森県	岩手県	宮城県	秋田県	山形県	福島県	新潟県	
東京電力	茨城県	栃木県	群馬県	埼玉県	千葉県	東京都	神奈川県	山梨県
北陸電力	富山県	石川県	福井県					
中部電力	長野県	岐阜県	静岡県	愛知県	三重県			
関西電力	滋賀県	京都府	大阪府	兵庫県	奈良県	和歌山県		
中国電力	鳥取県	島根県	岡山県	広島県	山口県			
四国電力	徳島県	香川県	愛媛県	高知県				
九州電力	福岡県	佐賀県	長崎県	熊本県	大分県	宮崎県	鹿児島県	
沖縄電力	沖縄県							

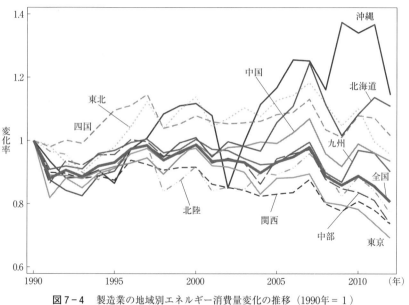

図7-4 製造業の地域別エネルギー消費量変化の推移（1990年＝1）
出所：都道府県別エネルギー消費統計調査より作成。

あるものの，経年的にエネルギー消費量は削減されており，2012年には1990年と比べエネルギー消費量は約20％削減されていることがわかる。また，1990年代前半のバブル崩壊や2009年のリーマンショックによる経済停滞の影響も確認できる。そのため，図7-3と図7-4の全国値は整合的な結果であると言える。

しかしながら，地域別に変化率を見てみると，大きな違いがあることがわかる。東京電力，関西電力，中部電力，北陸電力管区内では，全国値よりもエネルギー消費量が減少している一方で，他の7つの電力会社管区内では全国地よりもエネルギー消費が多くなっている。特に，沖縄電力，四国電力，北海道電力の管区内では，1990年と比べて2012年のほうが熱量ベースでエネルギー消費量が多くなっていることがわかる。また，エネルギー消費量ベースでは，四国電力管区内では1990年前半のバブル崩壊による影響は見られないし，沖縄電力管区内ではリーマン・ショックの大きな影響は確認できない。このように，地域間でエネルギー消費傾向に差が見られるのである。いずれにしろ図7-4を見る限りでは，一部地域におけるエネルギー増加の原因がこれらの地域で省エネ投資が進んでいないからであるのか，あるいは単純に生産活動が増加したからであるのかの判断はできない。そのため，次節ではLMDI法を用いてその要因を考察していく。

4　要因分析法の分析結果

（1）地域別データを用いた分析結果

本節ではLMDI法を用いた要因分析の結果を示す。先に，地域別（電力会社管区内別）のデータを用いた場合の分析結果を説明する。図7-5は全国値と東京電力管区内の分析結果を載せている。図7-5ではエネルギー効率，有形固定資産回転率，資本労働比率と規模の前年からの変化率の4つの分解要因をそれぞれ EF,FAT,CLR,L で示す。図7-4を見ると，1990-91年にかけて，全国の製造業におけるエネルギー消費量は約12%減少している。図7-5を見ると，同2期間におけるこの減少分（-12%）は EF の改善（-18%），FAT の悪化（-6%），CLR の増加（+10%）と L の増加（+2%）に分解できることがわかる。したがって，1990-91年へのエネルギー改善の多くはエネルギー効率の改善によってもたらされているといえる。

まず，全国でのFAT系列について見てみよう。1991年以降については失わ

第7章 製造業におけるエネルギー消費の変動要因

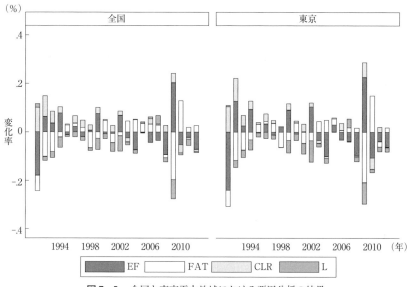

図7-5　全国と東京電力地域における要因分析の結果

れた10年とも揶揄される不況期であるため，生産活動の低下によってもエネルギー消費量は減少している。このことはFATの減少によって説明できる。1994年まではFATが前年比でマイナス変化しているため，1994年までは不況の影響による生産活動が低下していることがエネルギー削減に寄与しているが，1995年から1997年にかけては生産活動の活性化によるエネルギー利用増加がエネルギー消費量増加の要因となっている。そして，アジア通貨危機の1998年頃から再度生産活動が低下していることがわかる。2002年以降は日本経済が上向きになっている（図7-2参照）ことから，FATがエネルギー増加の要因となり，2008年のリーマンショック時には大幅に生産活動が低下していることがエネルギー消費削減の大きな要因であると考えられる。2011年の東日本大震災は製造業に対して全国的に大きな影響があったものの，エネルギー消費を少なくするような生産活動の低下は見られていないことも示されている。

　次に，L系列を見てみよう。Lは製造業の規模を捉える変数として，FATは製造業の有形固定資産回転率を表している。そのため，どちらも生産活動を捉

える要因となっている。そのため，Lはエネルギー消費増減に対して，FATと概ね同方向に作用していることがわかる。ただし，FATについては工場等での減産（機器の回転率を抑制）をとらえているため，短期的な生産活動変化を意味している。一方で，Lは労働者数で図っているため，長期的な生産活動変化を意味している。このように，LとFATは長期と短期での生産活動変化という点で異なる指標である。LとFATの変化はLのほうがおおよそ小さいことからも，これまでの不況期では主に短期的な資本回転率の低下によって対応してきたこといえる。

CLRについては経年的にエネルギー消費量を押し上げる方向に働いていることが示されている。このことは，景気等の経済変動にかかわらず労働から資本への代替傾向があることを示している。最後のEFについては，1991年と2009年を除いて，2000年頃を境としてはエネルギー効率改善が進むようになったことが見て取れる。いずれにしろ，バブル崩壊直後の1991年とリーマンショック直後の2009年については大きな経済変動に伴う製造業での構造変化が起きており，他の時期とは大幅に異なっている。

図7-5の右図には全国のうち，東京電力管区内の都県（**表7-1**を参照）のみを用いて要因分析を行った結果を示している。東京電力地域における自治体のみのデータを使っても，小さな違いはあるものの全国値との大きな差は見られないことがわかる。

図7-6には東京電力以外の9つの電力会社毎にLMDI法を用いた分析結果が示されている。どの地域においても全国値や東京電力地域と同様に，1991年と2009年，次いで1998年のアジア通貨危機の時期に各要因の変動幅が大きくなっていることがわかる。前項に述べたように，各要因の全体としての傾向は地域別に見ても概ね変化はない。FATとLについては不況期にはエネルギー消費を押し下げる方向に働くとともに，その変化率はFATのほうがLよりも大きい。そして，CLRは経年的に増加する（労働者を資本に置き換える）ことでエネルギー消費を押し上げる要因となっていることがわかる。

ただし，沖縄電力地域のみ，他の地域と比べても各要因の変動幅が大きく，

第7章 製造業におけるエネルギー消費の変動要因

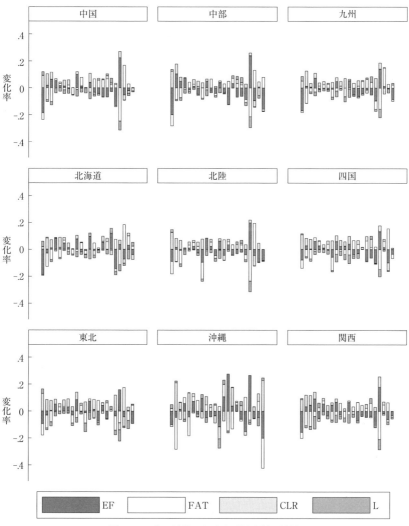

図7-6 他9地域における要因分析の結果

変動の傾向も異なっている。これは沖縄県が他の都道府県と比べ，産業に占める製造業の割合が低く，その代わりに観光業の割合が高くなっているという特徴を持つからであると考えられる[3]。また，各要因の変動の幅に注目すると，

表7-2　1990年から2012年における各要因の対前年変化率の平均値

	全国	中国	中部	九州	北海道	北陸	四国	東京	東北	沖縄
EF	−0.46%	−0.50%	−1.60%	−1.26%	0.32%	−0.89%	−0.69%	−0.14%	0.04%	−0.01%
FAT	−0.72%	−0.11%	−0.14%	−0.36%	0.50%	−1.05%	−0.25%	−1.20%	−0.76%	−1.86%
CLR	2.06%	1.99%	1.55%	2.41%	1.33%	2.17%	2.94%	2.08%	2.58%	2.76%
L	−1.86%	−1.68%	−1.20%	−1.26%	−1.67%	−1.41%	−1.92%	−2.41%	−2.06%	−0.27%

　四国電力や北海道電力，九州電力地域において変動幅が他の地域よりも小さくなっている。このことは，景気変動による影響や設備投資といった製造業と取り巻く環境変化は地方部でのほうが都市部よりも小さくなっていることを示していると考えられる。

　図7-5と図7-6の結果を数値としてまとめたものが上記の**表7-2**である。**表7-2**では1990-2012年の23年間における各要素の前年変化率の平均値を表したものである。既述したように，この23年間では沖縄電力，四国電力と北海道電力地域においてエネルギー消費が増加している。そのため，**表7-2**での合計変化の行では，それらの地域のみプラスの値をとっていることがわかる。

　全体ではエネルギー消費削減が達成できているが（図7-1および図7-3），その多くはL（規模）の削減によってもたらされていることがわかる。この傾向は中部電力地域を除いて全地域でも同様の傾向にある。次いで，FATの低下，EFの改善によってエネルギー消費は削減されている。一方で，労働から資本への代替（CLR）よってエネルギー消費は毎年平均で2％ほど増加している。以上から，この23年間，日本の製造業はエネルギー効率の改善もあったものの，それ以上に労働から資本への切り替えを行うと同時に，その規模の縮小を行うことによってエネルギー消費を削減していることが明らかになった。

（2）個票データを用いた分析結果

　（1）は都道府県別の集計データを用いて分析を行った。ここでは，セメント産業と製紙・パルプ産業の2業種のみに注目し，工業統計調査および石油等

---

(3)　沖縄県の県民経済計算については以下のWEBページを参照されたい。http://www.pref.okinawa.jp/toukeika/accounts/2012/acc_hyou.html（最終アクセス日2015年12月31日）

第7章 製造業におけるエネルギー消費の変動要因

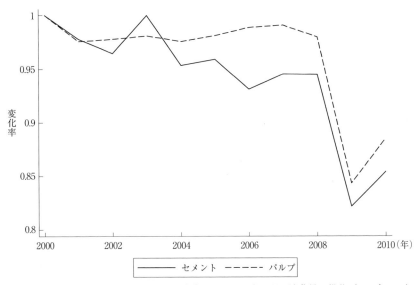

図7-7 セメント産業と製紙・パルプ産業におけるエネルギー消費量の推移（2000年＝1）

消費動態統計の個票データを用いてこれまでと同様にLMDI法による要因分析を行った結果を説明する。都道府県の集計データとは異なり，ここでの分析期間は2000-10年までの11年間である。図7-7は両産業のエネルギー消費量の変化を表したものである。ここから，両産業のエネルギー消費量はともに減少傾向にあり，特にリーマンショックの時期に大きく減少していることがわかる。

図7-8は2業種でのLMDI法による分析結果を載せている。2つの業種での傾向は異なっていることがわかるが，2009年のリーマン・ショックの影響により，両業種ともに大きくFATが低下（生産効率の悪化）したことによって，エネルギー消費量が減少していることが示されている。それ以外の時期については，概ね両業種ともに生産効率が改善し，その結果としてエネルギー消費量が増加していることが示されている。

パルプ産業では，傾向として，L（労働規模）が減少しCLR（資本労働比率）が増加している。このことは，労働から資本への代替がセメント産業よりもパ

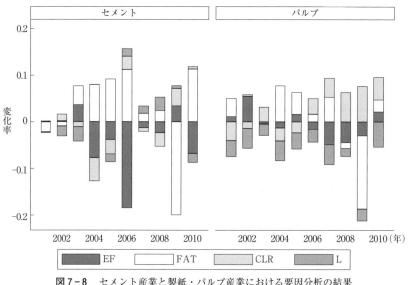

図7-8 セメント産業と製紙・パルプ産業における要因分析の結果

ルプ産業で行われていることを示唆している。また，EF（エネルギー効率）は両産業ともに概ね経年的に改善しており，2006年のセメント産業では特にその傾向が顕著に現れている。この2006年の大幅なEFの改善を除き，前節で見た都道府県別データを用いた要因分析と個票を用いたセメントとパルプ産業の要因分析の間では，特に大きな違いは見られないといえる。

5　エネルギー変化の主要因と今後の課題

1990年以降，製造業などの産業部門では他部門と比較し，温室効果ガスが大幅に削減されている。しかしながら，こうした削減が事業所での省エネ投資によってもたらされたのか，長期的な不景気に伴う生産縮小によってもたらされたのか，あるいはその両方であるのかは不明瞭となっている。そこで，本章ではこの20年間の製造業でのエネルギー消費量の削減が，どのような要因によってもたされたかをLMDI法を用いて分析を試みた。要因としては，エネ

ルギー効率性，有形固定資産回転率，資本労働比率，規模の4つを取り上げ，それらがエネルギー消費に対してどのような影響をもたらしたかを分析した。また，分析では，都道府県別の集計データとセメント，製紙・パルプ産業に属する事業所の個票データの2つのデータセットを用いた。

前者のデータセットを用いた分析の結果，製造業でのエネルギー削減は主に，規模と生産活動の縮小，そしてエネルギー効率改善によってもたされたことが明らかになった。ただし，その背後では，生産活動における労働から資本への代替が行われていることも示されたが，この資本への集約度向上によるエネルギー消費量の増分は削減分よりも小さいものであることも明らかになった。さらに，この傾向は一部地域（沖縄，四国，北海道）を除いて概ね日本全国で同じであることも示された。また，事業所個票データを用いて分析をしたところ，セメントと製紙・パルプ産業ともに都道府県データと同様の傾向にあることも示された。したがって，製造業におけるエネルギー削減は，これらの複数の要因変化が同時に起こることにより達成されたといえる。

これらの4つの要因変化が何によってもたらされたかは本章では明らかにしていないが，その多くはバブル崩壊，アジア通貨危機やリーマンショック等のマクロ経済に与えるショックが引き金となっている可能性は極めて高い。こうしたマクロショックと要因との因果関係を明らかにするためには，LMDI法ではなく計量分析等のより詳細な分析手法を採用することが必要となる。この点については今後の課題としたい。

● 参考文献
有村俊秀・岩田和之（2008）「温暖化対策としての『省エネルギー法によるエネルギー管理の徹底』の評価——旅館・ホテル業を対象として」『環境経済・政策研究』1（1），2008年。

有村俊秀・武田史郎（2012）『排出量取引と省エネルギーの経済分析——日本企業と家計の現状』日本評論社。

尾沼広基・藤井秀道・馬奈木俊介（2011）「CO_2排出量変化要因の多国間比較——鉄鋼

業と機械製造業の事例研究」『環境情報科学論文集』25。

茅陽一「地球温暖化の進展と日本の選択」『国際問題』453, 1997年。

国立環境研究所（2015）『日本国温室効果ガスインベントリ報告書』国立環境研究所。http://www-gio.nies.go.jp/aboutghg/nir/2015/NIR-JPN-2015-v3.0_J_web.pdf よりダウンロード可能（最終アクセス：2015年12月20日）

内閣府（2015）『平成27年度年次経済財政報告――四半世紀ぶりの成果と再生する日本経済』内閣府。http://www5.cao.go.jp/j-j/wp/wp-je15/index_pdf.html よりダウンロード可能（最終アクセス：2015年12月20日）

Ang, B. W., F. Q. Zhang & K. H. Choi (1998) "Factorizing changes in energy and environmental indicators through decomposition," *Energy*, 23 (6).

Ang, B. W. & F. Q. Zhang (2000) "A survey of index decomposition analysis in energy and environmental studies," *Energy*, 25 (12).

Ang, B. W. (2004) "Decomposition analysis for policymaking in energy: which is the prefer method?," *Energy Policy*, 23 (6).

Fujii, H. (2016) "Decomposition analysis of green chemical technology inventions from 1971 to 2010 in Japan," *Journal of Cleaner Production*, 112 (5).

第8章

消費者を対象とした環境技術導入に関する要因分析
――選好,行動経済的要因による技術普及に対する影響可能性の検証――

田中健太・馬奈木俊介

1 消費者のエネルギー関連機器の購買行動

　日本のエネルギー消費において,産業部門におけるエネルギー消費量は近年,減少傾向にある。一方で民生部門（業務部門および,家庭部門）におけるエネルギー消費量は増加傾向にある。民生部門のなかでも家庭部門においてはエネルギー消費量の増加は抑制されているものの,傾向的には消費量の減少には転じていないといえる。とくに近年ではエネルギー効率性能の高い家電製品や自動車などの開発・普及が進んでいることもエネルギー消費を抑制している一因であると考えられる。しかしながら,東日本大震災以降の日本のエネルギー需給構造のなかで,より一層の省エネルギーを行う必要があるため,さらなるエネルギー効率性の高いエネルギー消費製品の普及が必要となる。

　実際にこれまで,利用するエネルギーの価格に対して課税等による省エネルギーな技術普及を進めようとする施策や,省エネ性能の高い製品の普及を促進する補助金政策や税制優遇などの直接的な経済的インセンティブを刺激する対策により,省エネルギー製品が広く普及した。しかし実際に省エネルギーの実現により,確実に投資に対して十分な利益が得られるにも関わらず,エネルギー効率の高い技術が採用されないことがある。こうした論点は「エネルギー効率性ギャップ」と呼ばれている。エネルギー効率性ギャップが議論となる背景には技術普及や省エネ行動を促すための政策効果が何らかの要因により相殺されている可能性があるためである。

とくに省エネ技術の普及に対して，過小な投資を引き起こす可能性のある大きな要因されてきたのは「外部性」，「流動性制約」，「情報に関わる問題」，「割引率」の4つがあげられる（浜本，2012）。とくに自動車や大型の家電製品など，エネルギー消費に大きく関わる耐久消費財購入時の消費者の意思決定の分析は経済学的にも重要な課題であるとされており，前者の要因のなかでも割引率，時間選好の影響に関する研究は広く行われている。

　これまで時間選好を測定する手法の開発，および実際の耐久消費財の購入状況から割引率の推計は多くの研究で試みられてきた。例えば，実験経済学的手法による時間選好を推計する試みを行った Tanaka et al. (2010) では単純な時間割引率だけでなく，双曲割引率（Hyperbolic discount rate）の推計を試みており，より複雑な人の異時点間の意思決定要因を明らかにしている。一方で実際の家電製品をはじめとしたエネルギー消費耐久消費財の実データを用いた研究ではエアコン，冷蔵庫などさまざまな機器を対象に推計が試みられている（Frederick et al., 2002）。このような研究結果において，個人の時間選好が大きく地域ごとに異なることが明らかになっており，購入する財の違いにおいても異なっていることが明らかになっている。

　また近年では行動経済学の発展により，これまで重要とされてきた個人の選好以外にも，情報の理解や認知の重要性が示されている。エネルギー利用に関連する機器の購入においても情報の与え方による消費者の行動変容が発生している可能性が指摘されている。例えば Larrick & Soll (2008) では一般的な自動車の燃費表示（マイル／ガロン）が消費者の自らのガソリン消費節約金額を誤って認識させてしまい，自分の生活に適切な燃費の自動車購入が妨げられている可能性が指摘されている。一般的に燃費が高いほど，エネルギー効率が高く，費用対効果が高いように思われるが，自動車の乗換えを考えるときに将来の燃料コストを計るためには，ガソリン1ℓあたりの走行距離である燃費ではなく，その逆数で計算される1km走行する際のガソリン消費量が重要となる。図8-1は横軸に燃費をとり，縦軸に対応する同じ燃費で10万km走行した場合のガソリン消費量を示したものである。一般的に燃費表示のイメージとして

第8章　消費者を対象とした環境技術導入に関する要因分析

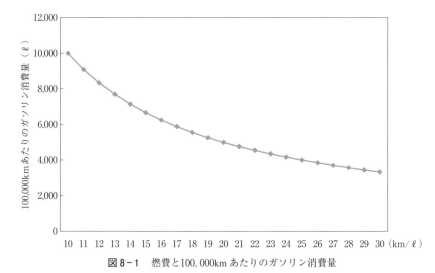

図8-1　燃費と100,000kmあたりのガソリン消費量

は，燃費の上昇と比例して必要となるガソリンの量も単調的に減少すると考えられやすい。しかし実際に図8-1で示されるように，単調的な関係性ではない。つまり，比較的燃費の悪い自動車から多少燃費の良い自動車に乗り換えることによって，節約できるガソリン消費量と，すでにある程度省エネ性能の高い自動車からより省エネ性能が高い自動車に乗り換えるケースを比較すると，同じ燃費差であったとしても，前者のほうがより効率的にガソリンの消費量を節約される可能性が高い場合も発生する。

実際にアメリカなどでは自動車の省エネ性能に対して，単純に燃費のみを表示するのではなく，実際にどの程度，ガソリン代を節約できるかといったより詳細な性能表示を実施している。

そのため，消費者のエネルギーに関する耐久消費財の購買行動要因を行動経済的なより新たな側面から理解することは，今後の家庭部門における省エネルギー技術の普及政策に大きな示唆を与えることができる。そこで本章では，消費者の自動車の購買選択行動について先行研究で示されてきたような新たな行動要因や時間選好などの影響について，日本の消費者の自動車購入を事例とし

て分析を行う。

2 自動車購入に関する先行研究

これまで自動車購入の要因分析については広く研究がされてきた。とくに自動車とエネルギーに関しては2000年代に多くの国や地域で実施されてきた環境負荷の少ない自動車購入に対しての減税，補助金政策の効果についての検証が代表的であると考えられる。例えば，Chandra et al.（2010）ではカナダにおけるハイブリッドカーの購入に対する購入時の税金軽減施策のCO_2排出量削減効果を検証している。Chandra et al.（2010）ではこの施策において，CO_2 1 t あたり，約195カナダドルの費用が必要となったと推計している。また Beresteanu & Li（2011）ではイギリスにおけるハイブリッドカー購入時の所得税軽減措置の費用対効果を推計しており，CO_2 1 t あたり，約177ドルの削減費用が必要となったことを推計している。一般的にCO_2の排出削減費用は EU における排出権取引価格を参考に，高いか低いか評価されているが，これまでの研究結果を概観すると，エネルギー効率の高いハイブリッドカー等の普及施策の費用はEU排出権取引市場で取引されている排出権よりも高額であり，費用対効果が十分に高いとは言えないと考えられる。日本におけるエネルギー性能の高い自動車の普及施策の分析では藤原（2011）があげられる。藤原（2011）では2004年に実施された自動車関連税のグリーン税制化（一定の低燃費基準を達成した自動車に対する減税措置）による低燃費車の普及効果を分析しており，2004年の減税措置の結果，低燃費車自体の普及は進むものの，自動車自体の保有台数が増加し，結果として社会全体での自動車利用によるガソリンの消費量が増加してしまう可能性を示唆している。また Tanaka & Managi（2015）においては日本において2009年より実施されたエコカー減税，補助金の効果について分析をしているが，その費用対効果が海外の結果と同様に日本においても十分に高くない結果を示している。一方で，この研究においては消費者が燃費に大きく反応して購買行動を決定している結果も示している。こうした研究から，消費者行

動の複雑性をより理解する必要性が見受けられ。実際にAllcott（2011）では消費者が不完全な情報に基づいて，将来の自動車に関わる燃料費用の予測をしていることを示している。そのひとつの重要な消費者行動の要因として，情報の認知や理解がどのようになされているかという点があげられ，前述のように，燃費表示の仕方により，消費者の購売行動が変化するMPGイリュージョンは代表的事例であると考えられる。

3 アンケート概要

本章では日本全都道府県を対象とし，自動車を保有している世帯代表者に対するインターネットアンケート調査結果に基づき，分析を行う。アンケートは2013年に実施し，全サンプル数は4403世帯を対象とした。アンケート対象者は全国の人口分布（世代，各都道府県）に基づき，各都道府県別に重み付けをしてサンプル対象数を決定した。今回のアンケートでは現在所有している自動車の車名および車種，購入時期などの現状所有している自動車に関する質問に加え，過去に所有していた自動車の情報や自動車の購入，乗り換えに関する意識について質問を行った。また基本的な個人属性だけでなく，回答者の時間選好の程度を測る設問，および燃費表示の認識差に関する設問を加えている。

回答者の時間選好については8問の設問を用意した（**表8-1参照**）。各設問では受け取れる金額が現在のものと，将来のもの，2つを提示し，どちらを選んだかその結果より，各個人の割引率の高さを測る。既存研究においては，時間選好を測るために，同様に複数問の選択肢を用意すると共に，実際に金銭を支払うことにより，正確な時間選好の導出を行っている。また単純な時間選好だけでなく，より複雑な時間選好の考え方を仮定した選好の推計も試みられている。しかしながら，インターネット調査においては，各個人の選択に基づいた金銭的なインセンティブを担保することはできず，文面上だけでの説明のため，正確な時間選好率は推計できないものの，各個人間の差異について一定の評価ができると考えられる。

表8-1 時間選好(時間割引率)に関する設問

設問番号	P(明日)	Q(15日後)
①	100,000円	100,000円
②	100,000円	101,000円
③	100,000円	102,000円
④	100,000円	105,000円
⑤	100,000円	110,000円
⑥	100,000円	140,000円
⑦	100,000円	170,000円
⑧	100,000円	200,000円

表8-2 MPGイリュージョンに関する設問

選択肢	P		Q	
設問番号	今	買い替え後	今	買い替え後
①	15km/リットル	25km/リットル	10km/リットル	20km/リットル
②	15km/リットル	25km/リットル	20km/リットル	30km/リットル
③	15km/リットル	25km/リットル	10km/リットル	30km/リットル
④	15km/リットル	25km/リットル	20km/リットル	40km/リットル
⑤	15km/リットル	25km/リットル	10km/リットル	15km/リットル
⑥	15km/リットル	25km/リットル	20km/リットル	25km/リットル

　一方で，燃費表示の認識差(MPGイリュージョン)については**表8-2**のような設問を連続で回答者に提示し，回答を行ってもらった。ここでは2つの選択肢のうち，どちらか一方を答えてもらう，6問の設問を準備した。各設問では自分が乗り換えるのであれば今の燃費と乗り換える自動車の燃費を比較して，どちらのプランを選択するか，答えてもらう質問に回答してもらう。それぞれの設問では通常の燃費のみを表示しているが，実際の1kmあたり自動車走る際に節約できるガソリンの量は燃費の単純な大小からは決まらないように設問を作成している。また設問の前の説明において，乗り換えの際に，燃費以外は全く同じ自動車と仮定して選択を行ってもらうよう記載をしてある。
　図8-2は各設問において，それぞれの選択肢がどの程度1kmあたり自動車を走行すると仮定したときに乗り換えた際に節約できるガソリン消費量を示

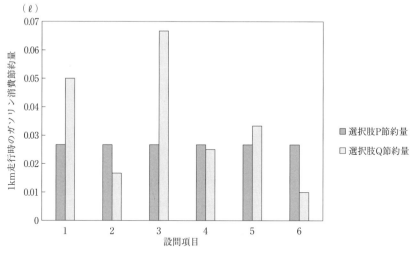

図8-2　MPGイリュージョンに関する各設問におけるガソリン節約量

している。

たとえば設問2では，燃費差で考えるとどちらの選択肢も10km/ℓと考えられるが，実際のガソリン消費量の節約を考えた場合には選択肢Pのほうがよりお得な乗り換えであると考えられる。また選択肢4においては選択肢Pのほうが燃費差だけでみたときに，明らかに望ましくないように見えるが，実際には選択肢Pのほうがガソリン代の節約は大きいということがわかる。このような6問の設問のなかで，各回答者が燃費表記と自己の将来的な燃料コストとの関係性を正確に認識できているのか判別する。

4　時間選好と行動経済的要因の車種選択への影響可能性

次に時間選好及びMPGイリュージョンの購入自動車の選択に与える影響を分析する。表8-3及び表8-4は時間選好及びMPGイリュージョンの設問回答結果と現在所有している自動車の燃費との関係性を示した表である[1]。時間選好については8問の設問のうち，何問選択肢Pを解答したかという回答数

表 8-3　時間選好と購入車燃費

選択肢 P 選択数	人数	平均購入車燃費
0	876	18.629
1	103	19.140
2	189	18.881
3	116	17.900
4	73	18.909
5	27	20.265
6	17	14.283
7	31	21.103
平均燃費		18.687

で時間選好の各個人の違いを示す。つまり選択肢Pの回答数が多い回答者はより時間選好率が低い消費者であると考えられる。一般的に時間選好が低ければ，より長期的に自己の将来のエネルギー消費量節約にインセンティブを感じるため，より燃費の良い自動車を選択している可能性が高いといえる。

　一方で，MPGイリュージョンに関する回答結果については，より正確に燃費表示を把握して，乗り換えによってより節約できるガソリン量が多くなる選択肢をいくつ選ぶことができているかということで指標化を行う。つまりより乗り換えの費用対効果が高い選択肢を選んでいるほど，MPGイリュージョンが発生していないという指標となる。そのためこの指標が低い人ほど，燃費が高い自動車を購入している可能性が高くなると考えられる。

　実際にアンケートの結果をもとに，時間選好の回答結果のグループ別に分けた上で，各グループに区分された回答者の所持している自動車の平均燃費を示

---

(1) この分析において，いくつかの条件に基づき，サンプルの絞込みを行った。第一に新車購入のみを対象とした。第二に2005年以降の購入車を対象とした。こうした条件をつけた理由として，アンケートから細かい車種の把握が難しく，自動車諸元表による，車種ごとの諸元データとの接合が本アンケートでは困難であった。そのため，2010年の諸元データを中心にデータ接合を行い，自動車のモデルチェンジの期間を考慮するため，2005年以降の新車購入を行った回答者のサンプルに絞込みを行った。

第8章　消費者を対象とした環境技術導入に関する要因分析

表8-4　MPGイリュージョンに関する回答結果と購入車燃費

正解数	人数	平均購入車燃費
0	23	22.176
1	163	21.779
2	493	19.730
3	395	17.664
4	254	17.009
5	89	16.360
6	15	14.637
平均燃費		18.687

した表が表8-3である。表8-3の結果を見てみると時間選好については，燃費選択との関係性はそれほど明確な関係性が示されなかった。とくに時間選好に関しては，購入自動車の価格などにも大きな影響を与える要因であり，ランニングコストのみに対して直接的な関係性があるとは考えられない。しかしながら，選択肢Pの選択数が多いグループでは選択数が6となるグループを除いて，若干ながら燃費の高い自動車を選択している傾向もあると考えられる。そのため，時間選好と燃費選択には関係性がある可能性も示唆できる。

MPGイリュージョンに関する回答結果については，時間選好よりも関係性がより明確に示されている傾向がある。表8-4は時間選好と同様に，MPGイリュージョンに関する設問の回答結果別にグループを分け，各グループに区分された消費者の所持している自動車の平均燃費を示している。表8-4に示されるように，乗り換え時の燃費変化とガソリン消費量の関係性をより正確に理解している人ほど，燃費が抑えられている一方で，燃費表示の理解が不十分な人ほど，高い燃費の自動車を購入している傾向が見受けられる。しかし実際に燃費を正確に理解している人が購入車について自分のより望ましい選択を行っているかは今回のアンケートにおいて，分析は不可能である。またMPGイリュージョンの減少をより理解できている人は高学歴や自動車の専門的な知識を有している人である可能性もある。

5　燃費選択の要因分析

　前述の通り，購入者の燃費選択に関しては燃費表示の認識差や時間選好などの影響の可能性は示唆されたものの，各回答者の個人属性との関係性は複雑であり，明確な関係性は示すことができていない。そこで，各回答者の購入車の燃費の選択要因分析を OLS（Ordinary Least Squares）により行う。推計式は下記の通りである。

$$Fuel_i = Income_i + Male_i + Family_i + Running_i + Illusion_i + Time_i + c + \varepsilon \cdots\cdots(1)$$

i は各回答者（世帯）を示し，被説明変数として現在所有している自動車の燃費（10・15モード）であり，推計式では $Fuel$ で示している。税込み所得（$Income$），回答者（世帯主）の性別ダミー変数（$Male$：男性１，女性０），家族人数（$Family$），年間走行距離（$Running$）を回答者及び各世帯の属性を示す説明変数として，推計式に加える。また前述の通り作成をした MPG イリュージョンの指標（$Illusion$）および時間選好の指標（$Time$）も同様に説明変数として推計式に加える。c は定数項，ε は誤差項を示している。とくに所得や家族構成は自動車選択において重要な変数となると考えられ，燃費選択に制約を与える要因となると考えられる。また比較的，より自動車を利用する世帯については燃料費をより意識し，燃費の良い自動車を選択する可能性が高いと考えられる。そして本研究で重要となる MPG イリュージョン指標は，MPG イリュージョンが発生している場合，燃費表示を正確に理解していない消費者（MPG イリュージョン指標が低い人）はより燃費を過大に評価する可能性が高く，より高い燃費の自動車を選択する傾向が見られると考えられるため，より燃料費を節約できる選択肢を選んだ回答数（正解数）を変数として用いる。時間選好については，時間選好指標が低い人ほど，現在の価値を重視するために，そうした人々は燃費の良い，高い自動車を選択するのではなく，燃費が低くとも価格の安い自動車を選択する可能性が高いと考えられる。そのため，変数としては時間選好に関する質問で選択

表8-5　燃費選択の要因分析

Income	0.001*
	(1.73)
Male	−1.409***
	(−3.01)
Family	−0.785***
	(−4.52)
Running	0.166*
	(1.81)
Illusion	−1.322***
	(−7.04)
Time	0.124
	(0.95)
R^2	0.0586
サンプル数	1298

注：（　）内はt値を示しており，***はt検定において1％水準，**は5％水準，*は1％水準で有意であることを示している。

肢Pを選択した数を用いる。表8-5は（1）式に基づいた推計結果である。

　表8-5に示されるように個人（世帯）属性においては所得，性別，家族構成，年間走行距離のいずれも統計学的に有意な関係性が示された。所得に関しては正に有意な関係性を示しており，ハイブリッドカーなど比較的価格が高く，燃費性能の良い自動車を購入できる世帯は所得の高い世帯が多いためと考えられる。回答者の性別に関しては，回答者が必ずしも世帯主であり，自動車の購入意思決定の権限を持っていると考えることは本アンケート結果からはわからない。しかし，男性が燃費の悪い自動車を主に使用する自動車として所有をしている傾向があるのは，男性のほうが，自動車の他の性能等にこだわりがあり，燃費を相対的に軽視する傾向があるためと推察する。そのため，本推計では統計学的に負に有意な関係性が示されたと考えられる。走行距離が比較的長い世帯は正に有意な関係性を示しており，普段から利用頻度の高い世帯は，燃費の良い自動車を購入する傾向が示されたと考えられる。

　一方で，MPGイリュージョン指標については，所有車の燃費と指標の間で

負に有意な関係性が示された。この結果は燃費表示を正確に理解していないほど,燃費の良い自動車を購入する傾向があることを示しており,MPGイリュージョンが発生し,自動車購入に影響を与えている結果を示している。また時間選好については統計的に有意な関係性が示されなかった。この理由は時間選好と自動車購入との間に複雑な関係性があるためであると考えられる。時間選好は自動車購入において,購入する自動車の価格の選択に大きな影響を与えている。一方で,燃費自体も自動車の価格に依存する車種も多く,とくにハイブリッドカーのような自動車は比較的,他の低燃費車よりも価格が高くなる。そのため,購入時の自動車価格と長期的なランニングコストと関係する燃費との双方と関係性があるため,今回の推計では有意な関係性が見られなかった可能性がある。

6　民生部門における省エネ技術普及のあり方

本章では消費者レベルでのエネルギー消費機器普及のあり方について,これまでのエネルギー効率性ギャップの議論において重要とされてきた時間選好や,近年,行動経済学的に重要とされる消費者の情報の認識の問題について,MPGイリュージョンの議論に基づいて,日本の消費者においても,そうした情報認識の問題が消費行動に影響を与えているのか,インターネットアンケートの調査結果から検証を行った。本章では自動車の購買行動のなかでも,とくにエネルギー消費に直結をする燃費選択に関して焦点をあて,分析を行った。分析の結果,第一に所有者の燃費選択に関して各世帯の特徴が強く関係性があり,所得や家族構成などの基本的な属性と燃費の選択に大きな関係性があることが示された。しかしながら実際の購買行動には自動車のさまざまな特徴（価格,大きさや馬力など）もそうした世帯属性と複雑に影響するため本研究では正確な関係性をつかみ切れてはいないが,こうした結果は各世帯の制約条件が省エネ機器の選択に大きな影響を与えていることを示している。

第二に時間選好の影響については燃費選択に対して直接的な関係性を示さな

かったものの，消費者の燃費表示に関する理解，認識の程度について，所有車の燃費選択に直接的な関係性がある可能性が高い結果が示された。今回の分析では消費者が合理的に行動するのを阻害し，それがエネルギー効率性ギャップを引き起こしているかどうかは判断できないものの，実際に燃費表示が消費者の自動車購入に影響を与えてしまっており，日本においてもMPGイリュージョンが発生している可能性が高い。

こうした結果は今後の日本における家庭部門のエネルギー効率化に一定の政策的示唆を与えると考えられる。例えば現状の燃費表示だけでなく，実際のエネルギー費用がどの程度減少するのか，消費者に適切に情報を与えるような燃費表示のあり方についてはすでにアメリカにおいても実施がされている。また実際のエネルギー消費情報や適切な機器選択に関する情報の提供など，消費者の認識をより正確にすることで，より価格インセンティブに基づいた省エネ機器の普及促進政策の費用対効果が上昇する可能性もある。実際に電力消費の実験結果においては，各時間帯の需要に応じたダイナミックプライシングを導入した際に消費者の価格変化に対する反応が鈍いが，より正確なリアルタイムな電力消費状況を伝えることにより，その反応をより強くすることができることも実証されている（Josse & Rapson, 2013）。そのため，より消費者の認識に立った上で，各消費者の選好や属性だけでなく，情報の認識や認知のあり方まで考慮した社会的に望ましい省エネ技術の普及政策が必要であるといえる。

●参考文献

Allcott, H.（2011）"Consumers' Perceptions and Misperceptions of Energy Costs," *American Economic Review : Papers & Proceeding*, 101, 3, 98-104.

Taanka, K. & S. Managi.（2015）"Ecological friendly transportation : cost of subsidy and tax reduction scheme," Edt by Managi, S. The Economics of Green Growth, Routledge, New York.

Tanaka T., C. F. Camerer & Q. Nguyen.（2010）"Risk and Time Preferences : Linking Experimental and Household Survey Data from Vietnam," *The American Economic Review*, 100, 1, 557-571.

Chandra A., S, Gulati. & M, Kandlikar.(2010) "Green drivers or free riders? An analysis of tax rebates for hybrid vehicles," *Journal of Environmental Economics and Management*, 60, 78-93.

Beresteanu, A. & Li, S.(2011) "Gasoline Prices, Government Support, and the Demand for hybrid vehicles in the United States," *International Economic Review*, 52, 1, 161-182.

Frederick, S., G. Loewenstein & T. O'donoghue.(2002) "Time discounting and time preference : A critical review", Journal of economic literature, 40, 2, 351-401.

Larrick, P. R & J. B. Soll. (2008) "The MPG illusion," Science, 320, 20, 1593-1594.

浜本光紹(2012)「家計における省エネルギー投資と割引率」有村俊秀・武田史郎編著『排出量取引と省エネルギーの経済分析　日本企業と家計の状況』日本評論社。

藤原徹（2011）「低公害車・低燃費車に対する減税措置が自動車購入行動に与える影響について」『Rieti Discussion Paper Series』，11-J-008。

第9章
日本の固定価格買取制度と太陽光発電普及の効果
――価格インセンティブはどの程度太陽光発電の普及を促進したか――

日引 聡

1 再生可能エネルギーの普及と固定価格買取制度

　地球温暖化防止のために，二酸化炭素をはじめとする温室効果ガスの排出削減が国際的に重要な政策課題になっている。二酸化炭素の排出削減促進策の一つとして，太陽光発電，風力発電など再生可能エネルギーの導入促進が期待されている。環境省の中央環境審議会地球環境部会中長期ロードマップ小委員会が2010年12月に発表した中間整理によると，2020年までに温室効果ガスを1990年比で15％削減するには再生可能エネルギーの一次エネルギーに占める割合を約5％（2010年12月現在）から約10％に，25％削減するには12％にまで引き上げる必要がある。ただし，この数値は，2020年にかけて原発9基が新増設されることを前提としており，原発の新増設が滞れば，さらにそれ以上の再生可能エネルー導入が必要になる。東日本大震災による津波によって起こった東京電力福島第一原子力発電所事故により，放射汚染が広がり，多くの人が被害を受けた。そのようななか，原子力発電は，震災前の2010年度には全発電量の29％を占めていたが，事故の影響で2015年8月まで，すべての原子力発電所の稼働がストップしていた。2015年9月10日に，九州電力・川内原子力発電所1号機が事故後初めて原子力規制委員会の安全審査を経て，通常運転に復帰したばかりである。放射能汚染を懸念する世論によって脱原発を求める声が大きくなるなか，新規の原子力発電所の増設は難しい社会情勢になっている。
　地球温暖化防止の観点からは，脱化石燃料（石油，石炭，天然ガス）が求めら

れ，放射能汚染に対する懸念の観点から，脱原発が求められるなか，再生可能エネルギー推進が重要な役割をもとうとしている。

　再生可能エネルギーの導入を促進する政策手段として，近年注目されている政策手段に，固定価格買取（Feed-in Tariff，以下では，FITと略称する）制度，再生可能エネルギー利用割合基準（Renewables Portfolio Standard，以下ではRPSと略称する）制度がある。FIT制度は，再生可能エネルギーによる発電に対して，通常の電気料金より高い料金を設定して，東京電力などの一般電気事業者による買取りを義務付ける制度をいう。この制度を導入したドイツでは，電力総発電量に対する再生可能エネルギー発電割合が2000年に6.3％であったものが，2007年末には倍増し，導入促進に大きな役割を果たしたと評価されている。一方，RPS制度は，非再生可能エネルギーによる発電事業者に対して，その販売電力量の一定割合を，再生可能エネルギーによる発電量によって調達することを義務づけるものである。再生可能エネルギー発電の電力価格は，政府によって決められるのではなく，再生可能エネルギー発電市場の需給を反映して決定されるという特徴がある（日引・庫川（2013））。

　REN21（Renewable Energy Policy Network for the 21st Century）（2013）によると，2013年時点で，FIT制度は71カ国および28の州で実施され，RPS制度は22カ国および米国，カナダ，インドなどでは54の州で実施されている。欧州ではFIT制度を採用する国が多く，米国各州ではRPS制度の導入が主流となっている。このようななか，日本では，2012年7月1日からFIT制度が実施されている。

　制度実施後，2015年3月末時点で買取制度の認定を受けた発電設備の総容量は8768万kW（キロワット）となり，発電設備が3年足らずで，国内発電設備総量（火力や原子力を含む）2億5767万kWの3分の1に相当する設備が認定を受けた。しかし，全認定量のうち，実際の運転開始発電設備は1871.5万kW（全認定量の21.3％）にとどまり，8割近くは稼働していない。全認定量のうち94％が太陽光発電の設備総容量であるが，太陽光発電の運転開始率は21.9％であり，全体の78.1％が稼働していないことが大きな要因となっている。

　本章は，固定価格買取制度と再生可能エネルギーの現状を整理し，固定価格

買取制度導入後（2012年7月）から2013年6月末までに認定された太陽光発電設備および運転開始した太陽光発電設備を対象に，都道府県レベルのクロスセクションデータを使い，認定容量及び運転容量の需要関数を推計することで，買取価格が認定容量および運転容量の増加にどの程度寄与したかを分析する。後述するように，制度導入によって再生可能エネルギー買取認定が大きく進んだにもかかわらず，制度的な不備によって認定を受けても運転開始に至った設備は一部に限定されるという問題が生じた。認定を受けても運転開始に至らなかった要因には，認定を受け，運転開始の意思があったにもかかわらず，その後の土地取得が不可能となったり，過大な再生可能エネルギーの接続のために，電力会社への接続不可能となるなど，さまざまな理由で運転開始できなかったケースがある。その一方で，早く認定を受けたうえで，将来の設備費用の低下を待って運転開始する意図をもった事業者も少なからず存在するものと考えられている。この分析から，価格のインセンティブによって，認定設備（運転開始された設備と運転開始されない設備の両方を含む）を増加させる効果は，運転開始設備（認定を受けたなかで運転を開始した設備のみ）のそれに比べて3〜14倍の大きさであったと推定される。このことから，より高い収益を求めて認定を受けるインセンティブ（すなわち，より高い価格適用を受けるために認定を急ぐインセンティブ）は非常に大きかったと考えられる。

2　固定価格買取制度と再生可能エネルギーの現状

2011年8月26日に「電気事業者による再生可能エネルギー電気の調達に関する特別措置法」が成立し，2012年7月1日から固定価格による全量買取制度が施行されている。この制度は，太陽光発電，風力発電，中小水力発電，地熱発電，バイオマス発電を対象とし，発電された電力は，あらかじめ決められた買取期間，買取価格で，東京電力などの一般電気事業者に買取を義務付ける制度となっている。買取価格を小売市場での売電価格より高く設定することで，設備費用などが高いために従来十分普及してこなかった再生可能エネルギーの普

表9-1 固定価格買取制度下での主要な買取価格と買取期間

		2012年度	2013年度	2014年度	2015年度 4月1日〜6月30日	2015年度 7月1日〜2016年3月31日	買取期間
太陽光発電	10kW 以上	40円+税	36円+税	32円+税	29円+税	27円+税	20年
風力発電	20kW 以上			22円+税			20年
	20kW 未満			55円+税			20年
	洋上風力	—		36円+税			20年
水力発電	1,000kW 以上 30,000kW 未満			24円+税			20年
	200kW 以上 1,000kW 未満			29円+税			20年
	200kW 未満			34円+税			20年
地熱発電	15,000kW 以上			26円+税			15年
	15,000kW 未満			40円+税			15年
バイオマス発電	メタン発酵ガス			39円+税			20年
	間伐材等由来木質バイオマス	32円+税			40円+税 (2000kW 未満)	32円+税 (2000kW 以上)	20年
	一般木質バイオマス農作物残さ			24円+税			20年
	建設資材廃棄物			13円+税			20年
	一般廃棄物その他バイオマス			17円+税			20年

出所：経済産業省資源エネルギー庁ウェブサイト『なっとく！ 再生可能エネルギー』（http://www.enecho.meti.go.jp/category/saving_and_new/saiene/kaitori/kakaku.html）を参考に作成

及を促進することを狙っている。

　再生可能エネルギー事業者は，自身が発電した電力を，固定価格買取制度を利用して売電したい場合，事前に経済産業省に設備認定（法令で定める要件に適合しているかどうかを確認）の申請をし，経済産業大臣の認定を受けなければならない。再生可能エネルギー事業者が運転を開始した場合，認定を受け，電力会社に接続申し込みをした時点[1]の買取価格が適用され，運転開始時点から買取期間の間，その価格で売却することができる。

第9章 日本の固定価格買取制度と太陽光発電普及の効果

表 9-2 再生可能エネルギー導入（容量）の現状

	2012年6月末累積導入容量（買取制度導入前）	2012年7月～2015年3月末における		2030年導入見込み量
		運転容量	認定容量	
太陽光	560kW	1,811kW	8,263kW	6,400kW
風力	260kW	33kW	229kW	1,000kW
中小水力	960kW	9kW	66kW	1,084～1,155kW
地熱	50kW	0.5kW	7kW	140～155kW
バイオマス	230kW	18kW	203kW	602～728kW
合計	2,060kW	1,872kW	8,768kW	

出所：総合資源エネルギー調査会　基本政策分科会　再生可能エネルギー導入促進関連制度改革小委員会（第2回）配布資料（http://www.meti.go.jp/committee/sougouenergy/kihonseisaku/saisei_kanou/002_haifu.html）より加工作成

表 9-1は買取価格及び買取期間を示している。表からわかるように，太陽光発電以外の再生可能エネルギーについては，買取価格は変化していない。しかし，太陽光発電に対する買取価格は，年々下落している。

表 9-2は，固定価格買取制度導入前の再生可能エネルギーの累積導入容量，制度導入以降の運転容量及び認定容量を表している。表からわかるように，制度導入の結果，制度開始（2012年7月）から2015年3月までの間に認定された設備容量は8768万kWとなり，制度開始以降，3年足らずで火力，原子力などを含む国内発電設備総量の3分の1に相当する再生可能エネルギーの設備が認定された。内訳をみると，全認定設備容量のうち94％が太陽光発電であり，次いで，風力が2.6％，バイオマスが2.3％，中小水力が0.8％，地熱が0.08％と

---

(1) 制度実施当初においては，一旦認定を受けると，その後すぐに運転を開始しなくても，認定失効するルールがなかった。また，平成26年度までは，認定を受けてから電力会社に接続申し込みをした時点の買取価格が適用された。このとき，申し込みをしても，必ずしもすぐに接続契約を締結する必要はなかったため，契約締結に至らないままの状態を維持することが可能であった。このため，運転開始を遅らせることで，発電設備費用が十分低下してから運転開始をすることのメリットが生じ，特に，太陽光発電について，認定を受けてもすぐに運転開始をしない事業者を増やす一因となった可能性がある。このような理由から，太陽光発電についてのみ，平成27年度以降，認定を受け，接続契約を締結した時点の買取価格が適用されることとなった。

なっており，そのほとんどが太陽光発電である。

　日本では，EU諸国と比較して，風力，水力などに対する買取価格を相対的に高く設定しているにもかかわらず，太陽光発電以外の再生可能エネルギーの普及が進んでいない。その理由として，太陽光発電以外の再生可能エネルギーの場合，技術的な問題に加え，制度的要因（環境アセスメント，農地法，河川法，温泉法などの障壁）などのために（日引・庫川（2013））リードタイムが長くなる点が指摘されている。リードタイムを長いと，計画着手時点のビジネス環境と運転開始時点のビジネス環境が大きく異なり，たとえば，計画に着手した時点では収益が高いと見込まれていたにもかかわらず，運転開始時点では，収益が低下してしまう状況が生じる可能性がある。このように，リードタイムが長いことで事業リスクが高まることが，太陽光発電以外の再生可能エネルギーに対する投資を低める要因として働いているのである。

　たとえば，太陽光発電（メガソーラ）の場合，運転開始まで1年前後の期間が必要なのに対し，陸上風力の場合5～8年程度，バイオマス発電（木質専焼）の場合4～5年程度，地熱発電の場合11～13年程度，小水力の場合3～5年程度かかるといわれている。地熱発電や風力発電の場合，環境アセスメントが必要であり，そのために数年を要する。地熱発電については，地熱を利用する温泉業者との調整が必要となるケースがあったり，地熱発電が可能な場所であっても，国立公園規制のために発電が難しいケースもある。また，洋上風力発電の場合，漁業権をめぐって漁業組合との調整が必要となるケースがある。このため，環境アセスメントの短縮化，規制緩和などを進めることでリードタイムの短縮化を図ることが重要な課題となっている。

　次に，急速な認定容量の増加にもかかわらず，運転が開始された設備の容量（運転容量）は，全体の24％程度でしかない点についても注意する必要がある。特に，太陽光発電についてみてみると，認定容量の20％しか運転開始していない。固定価格買取制度の導入によって，太陽光発電の認定容量は，2年半(2012年7月～2015年3月）の間に，制度導入前（2012年6月末）の累積導入量の約16倍増加し，この間の認定容量だけで，2030年に想定されていた導入量を超えてい

第9章　日本の固定価格買取制度と太陽光発電普及の効果

(制度導入当初)

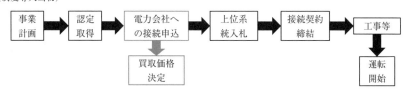

(現行制度（平成27年度以降））

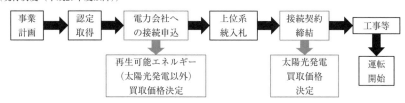

図9-1　認定手続の流れ及び買取価格決定時期

出所：総合資源エネルギー調査会　基本政策分科会　再生可能エネルギー導入促進関連制度改革小委員会（第2回）配布資料（http://www.meti.go.jp/committee/sougouenergy/kihonseisaku/saisei_kanou/002_haifu.html）より加工作成

る。しかし，実際に運転を開始した施設は，22％に過ぎない。これは，次のような理由によるものと考えられている。

(1) 認定申請の段階で土地や設備が確保されていなくても，申請が可能であった[2]。このため，認定後，土地・設備取得が進まず，運手開始に結びつかなかった。

(2) 表9-1からわかるように，太陽光発電に対する買取価格は，年々下落している。図9-1に示すように，当初，運転開始時点ではなく，認定を受け，電力会社に接続申し込みをした時点の買取価格が適用されるというルールであった。このため，高い価格の適用を受けようとして，認定時期を早めるインセンティブが存在した。この結果，太陽光発電設備の価格が十分下落するまで待ってから，運転を開始し，高い価格で売却

---

[2] 平成24年度，25年度において認定申請の段階で土地や設備が確保されていなくても，申請が可能であったが，平成26年度以降の案件（50kW以上の太陽光発電設備）については，認定を受けてから一定期間以内に，土地・設備の確保が確認できない場合，認定が失効するルールが設けられた。

することを狙ったと考えられる案件が見られた。
（3）太陽光の急速な導入拡大が進む中，全国的に，ローカルな系統制約[3]が生じる地域が増加している。このため，認定を受けても，接続申し込みができないケースが生じている。

　万が一認定された設備がすべて運転を開始した場合，想定以上の太陽光発電が生じ，買い取り費用も莫大となる。太陽光発電については，認定した設備のうち多くのものが運転開始に至っていないため，今後，新たに認定することは，より問題を悪化させてしまうという問題をはらんでいる。

3　買取価格の効果

　本節では，太陽光発電を対象に，都道府県レベルのクロスセクションデータを用いて，固定価格による普及の効果，すなわち，買取価格の設定が，太陽光発電設備の導入（認定された容量，運転開始した容量）をどの程度促進したかを分析しよう。

　日本の再生可能エネルギーの普及策を定量的に評価した主要な先行研究は，明城・大橋（2010）で見られる程度である。この研究は，1997年から2007年にわたる都道府県レベルのパネルデータを使って，太陽光発電に対する需要関数および太陽光メーカーの供給関数からなる構造モデルを推定し，その結果を用いて，将来の太陽光発電システムの生産コストの変化が2020年までの太陽光発電の導入にどのような影響を与えるかをシミュレーション分析している。48円/kWh の買取価格が，5年で半減し，かつ，生産コストがまったく下がらない場合には2020年までの累積導入量は770万 kW となるが，生産コストが5年で半減する場合には3100万 kW となることを明らかにしている。しかし，この研究は，2012年に導入された固定価格買取制度導入以前のデータを分析したものであり，現実に実施されているデータを用いた分析ではない。このため，本章

---

[3] 特定の地域に太陽光発電が集中的に導入された結果，東京電力などの一般電気事業者の特別高圧系統の空き容量が不足するために生じる。

では，制度開始後のデータを用いて，以下で説明するように，太陽光発電設備容量（認定容量および運転容量）の需要関数を推計することで，買取価格が設備容量の増加にどのように寄与したかを明らかにする。

(1) 太陽光発電設備需要関数

以下では，太陽光発電設備容量に対する需要関数として，（1）式を考える。

$$D_j = \alpha_0 + \alpha_1 EPS_j + \alpha_2 PD_j + \alpha_3 HA_j + \alpha_4 d_j + \varepsilon_j \qquad \cdots\cdots(1)$$

ただし，D_j は，都道府県 j において2012年7月から2013年6月末までに認定を受けた太陽光発電設備容量（以下では，認定容量と呼ぶ）あるいは運転開始した発電設備容量（以下では，運転容量と呼ぶ），EPS_j は都道府県 j における発電設備1kW あたりの買取期間における売電収入の現在価値合計（円/kW），PD_j は都道府県 j における人口密度（人数/km²），HA_j は都道府県 j における可住面積（km²），d_j は都道府県 j が政令指定都市を含む都道府県であれば1，そうでなければ0をとる政令指定都市ダミーであり，ε_j は誤差項である。

日照時間の長い都道府県ほど発電設備による発電量が多いため，kW あたりの売電収入は多くなる。このため，kW あたりの買取期間における売電収入の現在価値合計（EPS_j）が大きい都道府県ほど（すなわち，太陽光発電の収益性が高い都道府県ほど）設備容量は多くなると考えられる。したがって α_1 は正になると予想される。また，人口密度（PD_j）の高い都道府県ほど，建物の面積が多くなるため，規模の大きい非住宅用の太陽光発電設備の設置に適した土地は少なくなると考えられる。後述するが，本章では，10kW 以上の規模の太陽光発電を対象にした分析を行うため，人口密度の高い都道府県ほど設備容量は少なくなると考えられる。このため，α_2 は負になると予想される。可住面積（HA_j）が大きいほど居住以外の用途に使える土地面積が多いため，太陽光発電設備に利用可能な土地面積が多くなると考えられる。このため，α_3 は正になると予想される。政令指定都市ダミー（d_j）は，都市化の代理変数として用いている。都市化の進んだ都道府県ほど，太陽光発電設備の設置可能な土地が少ないため，

発電設備の設置が進まない可能性がある。このため，α_4は負になると予想される。

（2）売電収入の現在価値合計

kW あたりの売電収入現在価値合計（ESP_j）は，（2）式に示すように，kW あたりの毎年の発電量に買取価格をかけ，割引率で現在価値に換算したものを合計したものとして計算した。

$$ESP_j = P \cdot E_j \cdot \left(1 + \frac{1}{1+r} + \frac{1}{(1+r)^2} + \cdots + \frac{1}{(1+r)^{19}} \right) \quad \cdots\cdots(2)$$

ただし，P は買取価格（都道府県共通），E_j は都道府県 j の 1 kW の設備当りの毎年の発電量（予想量），r は利子率である。また，太陽光パネルの寿命の法定耐用年数は17年であるが，実際の耐用年数は20～30年とされている。したがって，本章では，買取期間の間発電でき，それ以降は発電できないものと想定する。本章では，10kW 以上の規模の設備を対象にして分析するため，買取期間は20年として計算している。

本章では，2012年7月1日から2013年6月30日までの1年間に認定を受けた設備容量あるいは運転を開始した設備容量を対象に分析する。この場合，2012年度に認定を受けた設備と2013年度に認定を受けた設備とでは買取価格が異なる。**表9-1**に示すように，2012年度の買取価格（税抜き）は40円/kWh であり，2013年度のそれは36円/kWh であった。したがって，以下では，その平均値（39円/kWh[5]）を買取価格として計算した[4]。利子率は，2012年末の20年の国債の利子率を用いた（0.15％）。

年間の発電量予想量 E_j の計算方法については NEDO（独立行政法人　新エネルギー・産業技術総合開発機構）の太陽光発電ガイドラインを参考にした。（3）式に示すように，kw あたりの1日当たり毎年の発電量は，設置面の1日あたり

---

(4)　40円/kWh × 9 か月/12か月 + 36円/kWh × 3 か月/12か月 = 39円/kWh

の年平均日射量（kWh/m²/日）と損失係数の積を標準状態における日射強度（kW/m²）で割ることにより求められる。

$$E_j = H_j \times K \times 365(日) \div 1 \qquad \cdots\cdots(3)$$

ここで，H_jは，都道府県 j における設置面の1日あたりの年平均日射量，K は損失係数である。設置面の1日あたりの年平均日射量（kWh/m²/日）については，NEDO が提供している日射量閲覧データベースより確認することができ，それを利用した。損失係数はモジュールの種類，受光面の汚れ等で多少変わるが，本稿では平均的な損失係数を73％と設定した。なお，この内訳は，年平均セルの温度上昇による損失約15％，パワーコンディショナによる損失約8％，配線，受光面の汚れ等の損失約7％である。

（3）データ

太陽光発電設備容量については，経済産業省資源エネルギー庁による資料『都道府県別再生可能エネルギー設備認定状況』から入手した。なお，被説明変数は，2012年7月1日〜2013年6月30日までの認定容量，同期間において運転容量の2種類を考え，2つのモデルを推計する。また，本章では，10kW 以上の容量をもつ設備を対象に分析する。これは，分析対象期間において，10kW 未満の設備は，余剰電力買取制度の対象となっており，本章で議論している全量買取制度の対象になっていないからである。なお，太陽光発電設備容量（認定容量，運転容量）の90％前後は10kW 以上の容量をもつ設備であるため，10kW 以上の容量に限定して分析しても，大きな問題とならない。

可住面積，人口密度は，総務省統計局『統計でみる都道府県のすがた　2013』から入手した。なお，可住面積とは，総土地面積から林野および湖沼面積を差し引いた面積として定義される。林野や湖沼は太陽光発電施設の設置に適さないと考えられるため，これを除いた面積を説明変数として用いた。日射量は，NEDO 日射量データベースを利用して入手した。データの基本統計量は**表9−3**のとおりである。表から，日照時間の違いに起因して，売電収入の最も多い

表9-3 基本統計量

変数	平均	標準偏差	最小値	最大値
認定設置容量（10kw以上）(kW)	26,555.70	18,432.29	3,685.99	87,536.62
運転容量（10kw以上）(kW)	35,432.28	26,434.85	1,341	120,520
売電収入現在価値合計（円/kW）	759,101.26	37,427.84	688,306.58	870,130.3
人口密度（人数/km²）	1,369.34	1,634.80	258.4	8,818.9
可住面積（km²）	2,598.57	3,049.64	853	22,193

都道府県は少ない都道府県と比べて，26％程度収入が多いことが分かる。

（4）推計結果

（1）式を最小二乗法で推計した結果は**表9-4，5**に示すとおりである。なお，モデル1は，（1）式を意味している。モデル2は，容量の対数をとったものを被説明変数とした場合のモデルであり，モデル3は，説明変数のダミー変数以外の変数について対数をとったものを説明変数とした場合のモデルである。モデル4は，被説明変数，説明変数ともに対数をとった場合のモデルである。また，**表9-4**は，分析期間におい運転を開始した設備の容量（運転容量）を被説明変数にした場合の推計結果を，**表9-5**は，分析期間に認定を受けた設備の容量（認定容量）を被説明変数にした場合の推計結果を表している。

まず，運転容量を被説明変数とした場合の推計結果を見てみよう。**表9-4**からわかるように，1kWあたりの売電収入現在価値合計のパラメータはいずれのモデルでも正であり，1％の有意水準で有意であった。このことは，買取価格を高く設定することで，運転容量を増加できることを意味している。この他，可住面積のパラメータはモデル3と4では，5％あるいは1％の有意水準で正であった。また，モデル1と2では正であったが，有意とならなかった。このことから，必ずしもロバストではないが，可住面積の大きい都道府県ほど（すなわち，太陽光発電施設を設置するスペースの多い都道府県ほど）運転容量が大きくなる傾向があるといえる。

次に，認定容量を被説明変数とした場合の推計結果を見てみよう。**表9-5**

第9章 日本の固定価格買取制度と太陽光発電普及の効果

表9-4 推計結果（被説明変数が運転容量のケース）

運転容量10 kw以上	モデル1			モデル2			モデル3			モデル4		
	推計値	標準偏差	P値	推計値	標準偏差	P値	推計値	標準偏差	P値	推計値	標準偏差	P値
売電収入	0.3166243	0.096	***	0.0000154	0.000003	***	230119	69707.21	***	11.41856	2.301	***
人口密度	-1.796843	2.347		-0.0000717	0.000074		10034.35	6040.187		0.224802	0.199	
可住面積	0.8160399	1.233		0.0000306	0.000039		22443.13	6944.719	***	0.573166	0.229	**
政令指定都市ダミー	18736.69	8425.346	**	0.6891931	0.267089	**	2576.753	8897.042		0.282539	0.294	
定数	-210158.8	72735.35	***	-1.725946	2.305758		-3321086	934595.6	***	-150.465	30.857	***

注：***，**はそれぞれ1％の有意水準，5％の有意水準で有意であることを示している。

表9-5 推計結果（被説明変数が認定容量のケース）

認定容量10 kw以上	モデル1			モデル2			モデル3			モデル4		
	推計値	標準偏差	P値	推計値	標準偏差	P値	推計値	標準偏差	P値	推計値	標準偏差	P値
売電収入	3.204132	1.04	***	0.0000129	0.000003	***	3141700	815238.6	***	11.35079	2.249	***
人口密度	-45.60464	25.44	*	-0.0002089	0.000077	**	-83291.22	70641.09		-0.24827	0.195	
可住面積	92.48389	13.37	***	0.0001214	0.000040	***	503789.6	81219.75	***	0.996514	0.224	***
政令指定都市ダミー	79965.21	91344.16		0.5771781	0.276334	**	34949.04	104052.5		0.292307	0.287	
定数	-2221823	788566.90	***	2.477675	2.385569		-45400000	10900000	***	-147.172	30.151	***

注：***，**，*はそれぞれ1％の有意水準，5％の有意水準，10％の有意水準で有意であることを示している。

からわかるように，1kWあたりの売電収入現在価値合計のパラメータはいずれのモデルでも正であり，1％の有意水準で有意であった。このことから，運転容量の場合と同様に，買取価格を高く設定することで，認定容量を増加できるといえる。この他，可住面積のパラメータはいずれのモデルでも，正であり，1％の有意水準で有意水準であった。このことから，可住面積の大きい県ほど（すなわち，太陽光発電施設を設置するスペースの多い県ほど）認定容量が大きくなる傾向があるといえる。

さらに，人口密度のパラメータは，モデル1と2において負であり，5％あるいは10％の有意水準で有意であった。また，モデル3と4では有意ではなかったが，符号が負となる傾向があることを示していた。このことから，ロバストではないが，人口密度が高い都道府県ほど，すなわち，建築物による土地利用が多い都道府県ほど，規模の大きい太陽光発電に適した土地が少なくなるため，認定容量が少なくなる傾向があることが分かった。

表9-6　1％の買取価格上昇による容量の増加

	モデル1	モデル2	モデル3	モデル4
運転容量（kW）の増加	240	3,104	230,119	303,001
認定容量（kW）の増加	2,432	34,697	3,141,700	402,155

　最後に，運転容量と認定容量のそれぞれのモデルにおける1kWあたりの売電収入の現在価値合計のパラメータの推計結果を使って，1％の売電収入の増加（すなわち，1％の買取価格の上昇）が運転容量及び認定容量に与える影響を計算すると，**表9-6**のようになる。ただし，計算に当たって，モデル3以外のモデルについては，平均値を使って評価した[5]。

　表9-6からわかるように，買取価格が認定容量に与える効果は，運転容量のそれと比べて3倍（モデル4）〜14倍程度（モデル3）大きい。制度導入当初は，認定を受け，電力会社に接続申し込みをした時点の買取価格が適用された。加えて，必ずしもすぐに接続契約を締結する必要はなかったため，契約締結に至らないままの状態を維持することが可能であった。このため，より高い価格の適用を狙って認定のみを急ぐインセンティブが強くなり認定容量の場合，運転容量に比べて，より価格の効果が大きくなったものと考えられる。

4　制度改正の意義と今後の規制緩和

　再生可能エネルギー固定価格買取制度導入によって，短期間の間に大量の太陽光発電の認定申請が進んだが，多くの設備が運転開始していないという問題が生じた。これは，制度導入当初，認定申請の段階で土地や設備が確保されていなくても，申請が可能であり，また，電力会社が買い取る価格は，再生可能エネルギー事業者が発電を開始した時点ではなく，認定を取得し，電力会社に接続申し込みをした時点（すなわち，接続契約が締結される前の時点）で設定され

---

[5]　運転容量平均値＝26555.7，認定容量平均値＝35432.2，1kWあたり売電収入現在価値合計平均値＝759101.2を用いた。

第9章 日本の固定価格買取制度と太陽光発電普及の効果

ている買取価格が適用された（図9-1参照）ことに起因すると考えられる（接続の手続きがなされていなくても）。このため，再生可能エネルギー事業者のなかには，認定をできるだけ早く受けておいて，設備費用の下落を待って運転を開始することを想定して認定を受ける者も多かったと考えられる。

　本章第3節では，制度導入当初（制度変更前）のデータを用いて，制度開始当初，認定とともに運転を開始した設備および認定を受けた設備（運転を開始した設備と開始しなかった設備の両方を含む）に対して，固定価格買取制度がどの程度設備設置を促進する効果をもったかについて分析した。分析の結果，再生可能エネルギー（特に，太陽光発電）の導入は，価格に対して感応であるが，認定を受けた設備に対する価格の促進効果はすぐに運転開始する設備と比べて，3～14倍程度大きいことがわかった。すなわち，当初の制度設計は，より高い買取価格を求めて，早期に認定だけを受けることに対して強いインセンティブを与えていた可能性があることが示唆された。

　すぐに運転開始する計画のない事業者が早期に認定を受けるインセンティブを弱めるため，平成27年度からは，一部制度が改正され，太陽光発電事業者については，電力会社との接続契約を締結した時点での買取価格が適用されることとなった。この制度変更で，早く認定申請をしたとしても，電力会社と接続契約が遅くなれば，より安い買取価格が適用されてしまうため，申請を早めたうえで，運転開始を遅らせるメリットは小さくなる。このため，すぐに運転開始する計画がないにもかかわらず，早期の認定取得のみ目的とした認定取得が減少するものと期待される。

　最後に，今後，再生可能エネルギーの普及のためには，制度的な要因を改革することでリードタイムの短くし，事業リスクを減らすことも重要な政策課題である。太陽光発電（メガソーラ）の場合，運転開始まで1年前後の期間が必要なのに対し，陸上風力の場合5～8年程度，バイオマス発電（木質専焼）の場合4～5年程度，地熱発電の場合11～13年程度，小水力の場合3～5年程度かかるといわれている。環境アセスメントの短縮化，規制緩和などを進めることでリードタイムの短縮化を図っていくことが求められている。

謝辞

本研究は，経済産業研究所「原発事故後の経済状況及び産業構造変化がエネルギー需給に与える影響」研究会 JSPS科研費（25245043, 25380325）及び環境省環境研究総合推進費（S-14-5）の助成を受けて実施された。ここに記して謝意を表する。

●参考文献────────

REN21（2013）"Renewables 2013 Global Status Report",（http://www.ren21.net/REN21 Activities/GlobalStatusReport.aspx）.

経済産業省資源エネルギー庁ウェブサイト『なっとく！ 再生可能エネルギー』（http://www.enecho.meti.go.jp/category/saving_and_new/saiene/kaitori/kakaku.html）

総合資源エネルギー調査会 基本政策分科会 再生可能エネルギー導入促進関連制度改革小委員会（2015）「第2回」配布資料（http://www.meti.go.jp/committee/sougouenergy/kihonseisaku/saisei_kanou/002_haifu.html）

日引聡・庫川幸秀（2013）「再生可能エネルギー普及促進策の経済分析～固定価格買取（FIT）制度と再生可能エネルギー利用割合基準（RPS）制度のどちらが望ましいか？～」RIETI Discussion Paper Series 13-J-070（http://www.rieti.go.jp/jp/publications/dp/13j070.pdf）

明城聡・大橋弘（2010）「太陽光発電買取制度の定量分析」住宅土地経済, No. 78, pp 29-35.

あとがき

　最後に本書の内容を要約し，この分野の今後の展望を示したい。
　第1章では産業部門を中心に電気や自家発電用燃料が値上がりした場合に自家発電にどのような影響が及ぼされるかを検証している。分析の結果，購入電力よりも自家発電力のほうが安価な傾向にあるにもかかわらず，電気や燃料の値上がりの帰結として必ずしも自家発電のシェア増大には結びつかないことが示されている。すなわち電気料金値上げの影響を自家発電導入によって緩和することはほとんどの産業で難しいことを示す結果といえる。ただしこの帰結は産業ごとの特性に依存することも示されており，産業別に検討を行っていくことの重要性も指摘している。また，自家発電燃料の値上がりが自家発電燃料需要に影響を与えることも示しており，炭素税のような価格による政策が二酸化炭素削減に有効性を持ちうることを明らかにした点も特筆される。
　第2章では原発の停止分の電力をさまざまな火力発電で代替した場合の電力価格をシミュレートしている。全原発がなくなる場合にはどの季節・時間帯においても全体に，そしてピーク時間帯に特に電力価格が上昇することを示し，地域的には関西を中心とした西日本と北海道で大幅な上昇が見込まれることを示している。また原発脱落分をガスタービン複合火力で補う場合，1日全体としては電力価格の上昇幅は減少するが，夜間の電力価格が相対的に大きく上昇することを明らかにしている。このことは主に夜間に電気を使うオール電化設備を導入している需要家および電気自動車による夜間充電の割安さを見込んでいる需要家にとっては想定していない状況であるといえ，今後の対応策が重要となることを指摘している。
　第3章では時間帯別に柔軟に料金を設定する仕組みであるダイナミックプライシングの影響を横浜市で行われたフィールド実験の結果をもとに示している。

この実験は余剰電力買取の仕組みに直面する太陽光発電設備を持つ消費者を対象としている点が特徴であり，余剰電力が存在する状況でのダイナミックプライシングの可能性として，ピーク電力時の売電価格を増大させることの効果を検証している。実験の結果，太陽光発電システムを持つ世帯のピークカット効果は一般世帯に対する効果の4分の1にとどまることが明らかとなったものの，これらの世帯は夏季のピーク時間帯に自宅の消費量を賄い，さらに余剰電力を供給している点に注目すべき点，そしてピーク時間帯に自宅での消費量を節約し，売電に充てようとするインセンティブが働くことによる一定のピークカット効果がみられる点を指摘している。

　第4章では京都府で行われたフィールド実験の結果を紹介し，節電の社会規範に関する情報が家計の省エネルギー行動に及ぼす影響を検証している。実験の結果，節電効果が確認されたのはオール電化契約を結ぶ家計のみであり，かつ家族そろって活動する可能性の高い朝と夜の時間帯に効果が大きいことを見出している。このことから非価格介入政策においては対象を限定した適用が重要であることを指摘している。他方で価格介入政策であるピークプライシングの実験の結果も示しており，非価格介入政策とは対照的に節電効果は（ピーク時間帯に限定されるものの）幅広い世帯を対象に適用できる可能性を指摘している。

　第5章では震災後の企業（自動車・同付属品製造業および半導体製造業）の生産活動回復の決定要因を検証しており，事業所の規模が大きく，労働生産性が高いことに加えて，本社従業員数が大きく，キャッシュフローが潤沢な企業ほど早期に回復したことを明らかにしている。また，海外進出をしていて国際的な生産体制を整備している企業が生産を海外にシフトさせた可能性を指摘しており，そのような企業は国内の事業所の生産回復が早いということは言えないとしている。さらに，震源から遠くに立地する事業所は早く回復したことも示している一方で，被災3県に立地する事業所は政策的支援や自助努力により非被災地以上に急速に生産を回復させたことも指摘している。

　第6章では紙パルプ産業およびセメント産業のエネルギー効率性に対して産

あとがき

業集積が及ぼす影響を検証しており，紙パルプ産業においてその影響を見出している。具体的にはエネルギー効率のトップランナーとなる事業所のエネルギー効率を高める効果は見いだされない一方で，地域内の技術スピルオーバーが存在することを見出している。セメント産業においては，原材料が立地の大きな制約となり，その制約がエネルギー効率に先立つ可能性が指摘されている。これまでのエネルギー効率に関する議論は技術進歩およびその普及に注目がなされてきている一方で，その普及には産業集積をはじめとする地域特性が影響することを指摘するものである。このことは今後の産業集積政策の在り方を考える際に重要となるものと考えられる。

第7章では温室効果ガスの削減が比較的達成されてきているといわれる産業部門において，温室効果ガスの削減がこれまでどのような要因によって達成されてきたのかを検証している。要因として取り上げているのは，エネルギー効率性，有形固定資産回転率，資本労働比率，規模の4つであり，都道府県別の集計データを用いた分析では製造業でのエネルギー削減は主として規模と生産活動の縮小，およびエネルギー効率改善によってもたらされたことを見出し，事業所個票データを用いた検証においてもセメントと製紙・パルプ産業で同様の傾向を見出している。

第8章では全国規模のアンケート調査データをもとに消費者の自動車購入における意思決定の要因分析を行っている。燃費選択に対しては各世帯の所得や家族構成などの特徴が影響することを示し，各世帯の制約条件が重要となることを明らかにしている。また消費者の燃費表示に関する理解や認識の程度が影響することも見出しており，情報認識の問題が消費行動に影響する点を指摘している。このことは現状の燃費表示だけでなく実際のエネルギー費用の形で提示するなど，消費者に適切に情報を与えるような燃費表示の在り方についての取り組み可能性を示唆するものといえる。さらにそうした認識あるいは機器選択に関する情報提供などを充実させていくことが価格インセンティブに基づいた省エネ機器の普及促進の費用対効果を高めることも指摘している。

第9章では再生可能エネルギー導入を促進するための政策手段である固定価

格買取制度に着目し，制度導入がなされた2012年7月から2013年6月末までに認定された太陽光発電設備及び運転を開始した太陽光発電設備を対象に，都道府県レベルのクロスセクションデータを用いて，買取価格が認定容量および運転開始容量にどのような影響を与えたのかを検証している．分析の結果，買取価格が認定容量に与える影響は運転容量のそれと比べて3～14倍程度大きいことが示され，より高い買取価格を求めて，早期に認定だけを受けるインセンティブが働いていたことを実証的に示している．

　以上要約した章より震災後のエネルギー需給の今後の注意点を概観することができる．すなわち，企業においては震災のような大規模停電及び電力使用量制約といったリスクそして今後のエネルギー価格上昇可能性に鑑みたとき，第1章にあるように自家発電により経済的負担を緩和することは難しい可能性が示唆されたものの，第5章にあるように事業所の規模，労働生産性，本社従業員数，キャッシュフローの潤沢さなどが生産活動の回復に影響をするという点，第7章にあるようにエネルギー削減はエネルギー効率改善によって大きくもたらされてきた点，を認識しておくことが今後の経営に重要な示唆と考えられる．また一般の家庭は第2章より原発脱落分をどのような火力発電で代替していくかによって，電気料金特に夜間電力の上昇に結び付く可能性があることが示されている点，第3章および第4章で示されているような時間帯別の電気料金の検討が現在なされていること，特にピーク時間帯には電気の購入だけでなく売電においても金額に差が設けられることも検討されている点を認識しておくことで2016年4月に開始される電力小売り全面自由化の流れにスムーズに乗ることができると考えられる．また，行政としては第1章より炭素税のような価格による政策が自家発電燃料需要に影響を与えること，第2章より原発脱落分を代替する火力発電の種類が電力価格に差異を生じさせる点，特に夜間電力に影響が大きい点，第3章よりピーク電力時の売電価格を増大させることにより，太陽光発電設備を導入している家計において節電のインセンティブが生じ，一定のピークカット効果が見込める点，第4章より節電の社会規範に関する情報を家計に認識させることでオール電化契約を結ぶ家計が朝と夜の時間帯に節電

を行う可能性が示唆された点，第5章より被災3県に立地する事業所は政策的支援や自助努力により非被災地以上に急速に生産を回復させた点，第6章より産業集積が紙パルプ産業においてエネルギー効率性を低減させることを見出している点，第7章より製造業でのエネルギー削減にはエネルギー効率改善が強く影響していることが見出された点，第8章より燃費選択に対しては各世帯の所得や家族構成などの制約条件が影響すること，そして消費者に適切に情報を与えるような取り組みあるいは機器選択に関する情報提供などが省エネ機器の普及促進に効果的である点，第9章より固定価格買取制度において，より高い買取価格を求めて，早期に認定だけを受けるインセンティブが働いていた点などが得られた示唆と言える。

2016年4月から，一般家庭において電力自由化が開始された。震災等による非常時電源の確保，固定価格買い取り制度による賦課金の増大や火力代替による電気料金の上昇を背景に，価格介入政策や非価格介入政策がより一層重要となると考えられ，本書が今後のエネルギー需給動向に良い影響を及ぼすことを期待し，本書を締めくくりたい。

2016年4月

馬奈木俊介
鶴見哲也

索　引

あ 行

アジア通貨危機　195
インセンティブ　97
失われた10年　195
エネルギーインフラネットワーク　176, 190
エネルギー強度　171
エネルギー効率改善　245
エネルギー効率性　171, 210
エネルギー効率性ギャップ　213, 225
エネルギー効率利用　175
エネルギー需要　12
エネルギー情勢　25
エネルギーの価格弾力性　15
エネルギー白書　9
オール電化　90
オール電化設備　89
オフピーク期　65, 66, 76, 87
オフピーク時間帯　76, 90
温室効果ガス　195
温情　112

か 行

加圧水（PWR）型原発　80, 82
外因的動機　113
海外展開　166
買取価格　230, 232, 234
買取価格決定時期　233
買取期間　230
改良ラスパイレス型　199
価格介入　109
価格指標　35

価格弾力性　16, 39, 74, 90
ガスタービン複合火力（GTCC）　62, 69, 70, 73, 74, 76, 81
ガスタービン複合火力発電所　70, 89
ガスタービン補完　84
ガスパイプライン　38
仮想均衡　73
ガソリン　216
紙パルプ産業　191
茅恒等式　199
川内原子力発電所　61
環境配慮行動の心理　22
間接被害　147, 148
完全競争的市場　63
感応度分析　74
企業活動基本調査　144, 150, 151
起業特性　166
企業の生産活動　143
技術スピルオーバー　175, 191
基準均衡　71
規制緩和　173
帰属消費　202
気づき　113
規模　211
規模と生産活動の縮小　245
キャリブレート　68
急激な価格上昇（スパイク）　88
京都議定書　195
空間的部分均衡モデル　63, 71
グリーン税制化　216
クリティカルピークプライシング（ピーク時料金）→CPP

ピーク時料金　110
けいはんな大規模電力デマンドレスポンス実証　111, 114, 116
限界価格形成　63
研究開発集約度　158
原子力発電所　61
原子力発電所脱落　68
原子力発電の電力構成　6
原子炉運転期間　5, 6
原発依存度　62
原発停止　61, 243
工業統計調査　208
工業立地論　175
鉱工業生産指数　145
交叉価格弾力性　43
購入電力　42
高齢機廃炉　85
コージェネレーション　48, 190
コージェネレーションシステム　18
国際競争力　148
国際比較　171
固定価格買取（FIT）　228
固定価格買取制度　8, 227, 229, 230, 232, 234, 240
コントロールグループ　95

さ　行

災害救助法　151
再稼働差し止め仮処分　61
再生可能エネルギー　8, 227
再生可能エネルギーの導入促進　93
再生可能エネルギー発電促進賦課金単価　11
再生可能エネルギー発電力の調達価格　9
再生可能エネルギー利用割合（RPS）　228
再生可能エネルギー利用割合基準　228
サプライチェーン　143, 167, 168
産業・エネルギー転換部門の業種別動向　21

産業集積　175
サンプルのランダム化　122
シーレーン　3
シェアリング　176
シェール革命　3
自家発電　31, 243
自家発電用燃料　34, 36, 42
時間選好　214
時間帯別料金　95
自給自足体制　83
事業所の規模　154, 156, 157
資金制約　159
自助努力　164
システム・プライス　73
次世代エネルギー・社会システム実証　96
自然災害　147, 148, 168
実験データ　112
自動車関連税　216
自動車購入　216
自動車産業　152
支払意思額　71
資本労働比率　200, 211
シミュレーション　66
住宅エネルギー・レポート→HER
周波数変換設備（FC）　62, 67, 80
需要側のマネジメント　93
主要国の削減目標　20
省エネアドバイスシート　116
省エネ技術普及　224
省エネ法　195
省エネ法改正　17
省エネルギー政策　109
消費動態統計　209
震源地からの距離　162
震災後のエネルギー需給　246
震災後の電気料金　7
スマート・グリッド構想　89

制作的支援　164
生産回復　149, 158
生産効率性　173, 177
生産指数　145
生産動態統計調査　144, 150, 155
生産の変動　156
製造業　146, 149
石油危機　2
接続申し込み　234
設備容量　64
設備利用率　76
セメント産業　190
線形確率モデル　161
全原発脱落　74
全要素生産性→TFP
送電線の混雑　82

た 行

代替電源　62, 70
代替電源導入　71
ダイナミックプライシング　93–96, 99, 104, 106, 243
代表的な1日　87, 88
太陽光発電　93, 98, 99, 102, 106, 232
太陽光発電設備容量　235, 237
高浜原子力発電所　61
宅内表示器→IHD
他者比較　110, 111, 113, 114, 121, 132, 138
地域間送電　67, 76, 83
地域間送電パタン　67
地域間の電力融通　62
地域間連系線　71
地域間連系線の混雑　90
地域的要因　62
地球温暖化への対応　19
中小企業　167
長期エネルギー需給見通し　1

長期的な回復　167
長期の経済成長　148
直接被害　147
津波浸水地域　152
ディビシア型　199
データ包絡分析→DEA
デマンドレスポンス　25, 93–96, 98, 99, 101
電気自動車　89
電気需要平準化評価原単位　18
電源構成　90, 202
電力会社　2
電力価格上昇　89
電力危機　82
電力供給の寸断　144
電力供給の不安定性　160
電力空間均衡モデル　63
電力需給　64
電力需要の価格弾力性　68
電力と安全　4
電力と環境性　7
電力融通　62
東北地方　146
トップランナー　245
都道府県別エネルギー消費統計　13, 16
トリートメントグループ　95
トレンド　158

な 行

内因的動機　112, 113, 138
2方向固定効果モデル　128, 130
日本卸電力取引所　73
認定手続　233
ネットワーク　149
燃費選択　224
燃料価格　64, 90
燃料の選択　49
燃料パタン　37

は行

ハイブリッドカー　216
発電単価　6, 64, 66, 70, 71, 90
パネルデータ　38, 50, 150
パネル分析　111
バブル崩壊　203
半導体産業　152
ピークカット効果　105, 244
ピーク期　87
ピーク時間帯　69, 74, 76, 85
ピーク電源　66
ピーク用電源　76
非価格介入　110
東日本大震災　1, 143, 155, 197
東日本大震災の影響　31
被災事業所　143
費用関数　34
フィールド実験　94-98, 244
ブーメラン効果　133, 135
負荷平準化　89
沸騰水型原発　73, 80, 82, 89
プロシューマー　98
ベース電源　74
変動　152
貿易の利益　82
北本連糸線　82
補助金　109, 167, 216
北海道＝東北連糸線　80, 90
ボトルネック設備　80

ま行

マッチング　151
無作為比較対照法→RCT
メタンハイドレード　4
メリット・オーダー曲線　66, 69
モノジェネレーション　48

や行

有形固定資産回転率　200, 211
要因分析法　198

ら行

ラスパイレス型　199
ランダム化　124
ランニングコスト　48
リアルタイムプライシング　95
リードタイム　90, 232
リーマンショック　154, 195
リスク　24
利他性　112
流動資産比率　158
連糸線（FC連糸線）　67
連糸線混雑　78
労働生産性　158

アルファベット

CPP（critical peak pricing）　95-95, 97, 99, 101, 102, 105, 110, 111, 115, 116, 118, 119, 122, 124, 126, 128, 130, 133, 135, 138, 139, 244
DEA（Data Envelopment Analysis）　174, 176
FC連糸線　71, 78, 80, 82, 83
FIT制度　228
HEMS（home energy management system）　94
HER（home energy report）　110, 111, 114, 116, 122, 126, 128-130, 132-139
IHD（in-home display）　113-116, 136
LA/AIDSモデルの説明　33
LMDI法（Logarithmic Mean Divisia Index Method）　198
Malmquist生産性指標　178, 183

索　引

MPGイリュージョン　217, 224
RCT（randomized controlled trial）　94, 96, 100
RCTフィールド実験　94-96, 106
RPS制度　228
TFP（Total factor productivity）　173

〈執筆者紹介〉（執筆順）

馬奈木俊介（まなぎ・しゅんすけ）**はしがき，序章，第1章，第6章，第8章，あとがき担当**
編著者紹介参照。

北村　利彦（きたむら・としひこ）**序章，第1章担当**
現　　在　九州大学大学院工学府都市環境システム工学専攻博士課程（2014年10月東京電力株式会社退社）。

細江　宣裕（ほそえ・のぶひろ）**第2章担当**
最終学歴　大阪大学大学院経済学研究科博士後期課程修了。博士（経済学）。
現　　在　政策研究大学院大学准教授，One-year/Two-year Master's Program of Public Policy ディレクター。
主　　著　（我澤賢之・橋本日出男との共著）『テキストブック応用一般均衡モデリング──プログラムからシミュレーションまで［第2版］』東京大学出版会，2016年。
　　　　　（高木真吾との共著）「小売電力入札における応札意思決定と自由化の競争促進効果」『日本経済研究』61, pp.1-26, 2009年。
　　　　　（秋山修一との共著）「送電料金改革の効果分析──パンケーキ方式から郵便切手方式へ」八田達夫・田中誠編著『規制改革の経済分析』日本経済新聞出版社，第2章, pp.75-99, 2007年。

田中　誠（たなか・まこと）**第3章担当**
最終学歴　東京大学大学院経済学研究科博士課程修了。博士（経済学）。
現　　在　政策研究大学院大学教授。
主　　著　（八田達夫との共編）『電力自由化の経済学』，東洋経済新報社，2004年。
　　　　　（八田達夫との共編）『規制改革の経済分析』，日本経済新聞出版社，2007年。

依田　高典（いだ・たかのり）**第3章担当**
最終学歴　京都大学大学院経済学研究科博士課程修了。博士（経済学）。
現　　在　京都大学大学院経済学研究科副研究科長・評議員・教授。
主　　著　"Discrete Choice Analysis of Demand for Broadband in Japan," (with T. Kuroda) *Journal of Regulatory Economics*, 29（1）, pp.5-22, 2006.
　　　　　"Simultaneous Measurement of Time and Risk Preferences: Stated Preference Discrete Choice Modeling Analysis Depending on Smoking Behavior," (with R. Goto) *International Economic Review* 50（4）, pp.1169-1182, 2009.
　　　　　"Consumers' Willingness to Pay for Renewable and Nuclear Energy: A Comparative Analysis between the US and Japan," (with K. Murakami, M. Tanaka and L. Friedman) *Energy Economics*, 50, pp.178-189, 2015.

村上　佳世（むらかみ・かよ）第3章担当
最終学歴　京都大学大学院経済学研究科博士課程修了。博士（経済学）。
現　在　筑紫女学園大学現代社会学部講師。
主　著　（丸山達也・林健太・行本雅との共著）「消費者の知識と信念の更新——オーガニック・ラベルのコンジョイント分析」『日本経済研究』68, pp.23-43, 2013年。

"Development of weighting factors for G20 countries: Explore the difference in environmental awareness between developed and emerging countries," (with N. Itsubo, K. Kuriyama, K. Yoshida, K. Tokimatsu, and A. Inaba) *The International Journal of Life Cycle Assessment*, Open access: DOI 10. 1007/s11367-015-0881-z., 2015.

"Consumers' Willingness to Pay for Renewable and Nuclear Energy: A Comparative Analysis between the US and Japan," (with T. Ida, M. Tanaka, and L. Friedman) *Energy Economics*, 50, pp.178-189, 2015.

松川　勇（まつかわ・いさむ）第4章担当
最終学歴　筑波大学大学院修士課程経営・政策科学研究科修了。筑波大学大学院博士課程社会工学研究科博士（社会経済）。
現　在　武蔵大学経済学部教授。
主　著　Consumer Energy Conservation Behavior After Fukushima: Evidence from Field Experiments, Springer, 2016.

"Customer Preferences for Reliable Power Supply: Using Data on Actual Choices of Back-Up Equipment," (with Y. Fujii) *Review of Economics and Statistics*, 76, pp.434-446, 1994.

『ピークロード料金の経済分析——理論・実証・政策』日本評論社，2003年。

乾　友彦（いぬい・ともひこ）第5章担当
最終学歴　一橋大学経済学研究科博士後期課程単位取得退学。
現　在　学習院大学国際社会科学部教授。
主　著　Tomohiko Inui, Keiko Ito and Daisuke Miyakawa, "Overseas Market Information and Firms' Export Decisions", (with K. Ito and D. Miyabana) *Wiley Economic Inquiry*, Vol. 53, No. 3, pp.1671-1688, 2015

"Globalisation, Multinationals and Productivity in Japan's Lost Decade," (with R. Kneller, D. McGowan and T. Matsuura) *Journal of the Japanese and International Economics*, Volume 26, Issue 1, pp.110-128, 2012.

"Does Offshoring Pay? Firm-Level Evidence from Japan," (With A. Hijzen and Y. Todo), *Economic Inquiry*, Volume 48, Issue 47, pp.880-895, 2015.

枝村　一磨（えだむら・かずま）第5章担当
最終学歴　一橋大学大学院経済学研究科博士後期課程単位取得退学。
現　在　文部科学省科学技術・学術政策研究所第2研究グループ研究員。
主　著　"How enterprise strategies are related to innovation and productivity change: An empiri-

cal study of Japanese manufacturing firms," (with H. Fujii, K. Sumikura, Y. Furuksawa, N. Fukuzawa and S. Managi) *Economics of Innovation and New Technology*, 24, pp.248-262, 2015.

"Impact of Chines Cross-Border Outbound M&As on Firm Performance : Econometric Analysis Using Firm-Level Data," (with S. Haneda, T. Inui, X. Tan, and Y. Todo), *China Economic Review*, 30, pp.169-179, 2014.

「社会資本の生産力効果の再検討」(宮川努・川崎一泰との共著)『経済研究』第64巻，2013年．

一宮　央樹（いちみや・ひろき）第5章担当
最終学歴　東京工業大学大学院情報理工学研究科情報環境学専攻博士課程修了。
現　　在　株式会社富士通総研勤務。

田中　健太（たなか・けんた）第6章，第7章，第8章担当
最終学歴　東北大学大学院環境科学研究科博士後期課程修了。博士（環境科学）。
現　　在　武蔵大学経済学部准教授。
主　　著　"Measuring Productivity Gains from Deregulation of the Japanese Urban Gas Industry," (with S. Managi) *Energy Journal*, 34（4）, pp.181-198, 2013.

"A Laboratory Assessment of the Choice of Vessel Size under Individual Transferable Quota Regimes," (with K. Higashida and S. Managi) *The Australian Journal of Agricultural and Resource Economics*, 58（3）, pp.353-373, 2014.

岩田　和之（いわた・かずゆき）第7章担当
最終学歴　上智大学大学院経済学研究科博士後期課程経済制度・組織専攻満期修了退学。博士（経済学）。
現　　在　高崎経済大学地域政策学部准教授。
主　　著　*An Evaluation of Japanese Environmental Regulations: Quantitative Approaches from Environmental Economics*, (with T. Arimura) Springer, 2015.

（有村俊秀との共著）『環境規制の政策評――環境経済学のアプローチ』SUP 上智大学出版，2011年．

日引　聡（ひびき・あきら）第9章担当
最終学歴　東京大学大学院経済学研究科第2種博士課程単位取得退学。経済学博士（上智大学）。
現　　在　東北大学大学院経済学研究科教授，国立環境研究所環境経済評価連携研究グループリーダー長（併任）。
主　　著　『入門　環境経済学――環境問題解決へのアプローチ』(有村俊秀との共著)，中公新書，2002年．

"Does Trade Openness Improve Environmental Quality?," (with S. Managi and T. Tsurumi), *Journal of Environmental Economics and Management*, 58（3）, pp.346-363, 2009.

"Productivity or Technology Adoption: A Case Study in Waste Treatment Technology," (with S. Managi and T. Shimane) *Resource and Energy Economics*, 36（2）, pp.586-600, 2014.

鶴見　哲也（つるみ・てつや）**あとがき担当**
最終学歴　横浜国立大学大学院国際社会科学研究科博士課程後期単位取得退学。博士（学術）。
現　　在　南山大学総合政策学部准教授。
主　　著　"Environmental value of green spaces in Japan: An application of the life satisfaction approach," (with S. Managi) *Ecological Economics*, 120（C）, pp.1-12, 2015.
"Does Energy Substitution Affect Carbon Dioxide Emissions-Income Relationship?," (with S. Managi), *Journal of The Japanese and International Economics*, 24（4）, pp.540-551, 2010.
"Does Trade Openness Improve Environmental Quality?," (with S. Managi and A. Hibiki), *Journal of Environmental Economics and Management*, 58（3）, pp.346-363, 2009.

〈編著者紹介〉
馬奈木俊介（まなぎ・しゅんすけ）
九州大学主幹教授・都市研究センター長。
九州大学工学部飛び級。九州大学大学院工学研究科修士課程修了。米ロードアイランド大学大学院博士課程修了（Ph.D.〈経済学〉）。現在，九州大学大学院工学研究院都市システム工学講座教授。東京大学客員教授，経済産業研究所ファカルティフェロー，「気候変動に関する政府間パネル（IPCC）」代表執筆者，「生物多様性および生態系サービスに関する政府間プラットフォーム（IPBES）」総括代表執筆者，国連「新国富報告書」ディレクターを兼任。学術誌 *Environmental Economics and Policy Studies* 共同編集長。専門は経済学，都市工学。
著書に『環境と効率の経済分析──包括的生産性アプローチによる最適水準の推計』（日本経済新聞出版社，2013年），『日本の将来を変えるグリーン・イノベーション』（共編著，中央経済社，2012年）など。

原発事故後のエネルギー供給からみる日本経済
──東日本大震災はいかなる影響をもたらしたのか──

2016年7月20日　初版第1刷発行　　　　　〈検印省略〉

定価はカバーに表示しています

編著者	馬奈木　俊　介	
発行者	杉　田　啓　三	
印刷者	藤　森　英　夫	

発行所　株式会社　ミネルヴァ書房
607-8494　京都市山科区日ノ岡堤谷町1
電話代表　(075)581-5191
振替口座　01020-0-8076

©馬奈木俊介, 2016　　　　　　　　亜細亜印刷

ISBN978-4-623-07671-0
Printed in Japan

除本理史・渡辺淑彦 編著 原発災害はなぜ不均等な復興をもたらすのか	Ａ５版・280頁 本 体 2800円
本田 豊・中澤純治 著 東日本大震災からの地域経済復興	Ａ５版・304頁 本 体 6500円
田中重好・舩橋晴俊・正村俊之 編著 東日本大震災と社会学	Ａ５判・364頁 本 体 6000円
関西大学 社会安全学部 編 東日本大震災　復興５年目の検証	Ａ５判・380頁 本 体 3800円
神戸大学震災復興支援プラットフォーム 編 震災復興学	Ａ５版・308頁 本 体 3000円
丸山康司・西城戸誠・本巣芽美 編著 再生可能エネルギーのリスクとガバナンス	Ａ５版・288頁 本 体 5000円
細田衛士 編著 環境経済学	Ａ５版・326頁 本 体 4000円
環境政策研究会 編 地域環境政策	Ａ５版・228頁 本 体 3200円
除本理史・大島堅一・上園昌武 著 環境の政治経済学	Ａ５判・288頁 本 体 2800円
関谷直也・瀬川至朗 編著 メディアは環境問題をどう伝えてきたのか	Ａ５判・338頁 本 体 4000円
稲村光郎 著 ごみと日本人	四六判・338頁 本 体 2200円

── ミネルヴァ書房 ──

http://www.minervasobo.co.jp/